LE
RAPPORT RABIER

LA RÉPUBLIQUE
ET
LES CONGRÉGATIONS

PRÉCÉDÉ

D'UNE LETTRE-PRÉFACE

DE M. Henri BRISSON

Ancien Président de la Chambre des Députés
Ancien Président du Conseil des Ministres

PARIS

H. SIMONIS EMPIS, ÉDITEUR

21, RUE DES PETITS-CHAMPS, 21

1903

LE RAPPORT RADIER

LA RÉPUBLIQUE ET LES CONGRÉGATIONS

ÉMILE COLIN, IMPRIMERIE DE LAGNY (S.-ET-M.)

LE
RAPPORT RABIER

LA RÉPUBLIQUE
ET
LES CONGRÉGATIONS

PRÉCÉDÉ

D'UNE LETTRE-PRÉFACE

DE M. Henri BRISSON

Ancien Président de la Chambre des Députés
Ancien Président du Conseil des Ministres

PARIS

H. SIMONIS EMPIS, ÉDITEUR

21, RUE DES PETITS-CHAMPS, 21

1903

Il a été tiré de cet ouvrage
dix exemplaires sur papier de Hollande.

LETTRE-PRÉFACE

Paris, 2 mars 1903.

Mon cher Rabier,

Vous savez par quelle crise j'ai passé : durant plus de huit mois, je n'ai pas pu suivre les travaux de la Chambre ; aussi, je tiens à vous remercier de votre rapport, il me remet au courant. Vous avez divisé votre sujet :

Congrégations enseignantes ;

Congrégations prédicantes ;

Congrégations industrielles et commerçantes. Vous ne nous parlez que d'une seule de ce genre : les Chartreux ; il y en a bien d'autres pourtant ; lorsque je rentre chez moi, le soir, en traversant la place de l'Opéra, mes yeux sont éblouis par les réclames des

Bénédictins de Soulac en faveur de leur eau dentifrice ; vous ne nous en dites rien ; sans doute, ils n'ont pas demandé d'autorisation et nous les retrouverons dans quelque autre catégorie, à moins qu'ils ne se dissimulent derrière quelque société anonyme ; c'est un peu l'habitude des Bénédictins, comme en fait foi le jugement rendu contre ceux de Solesmes, le 7 novembre 1899, par le tribunal de La Flèche. Ces congrégations-là, peut-être faudra-t-il les appeler devant les tribunaux et ce ne sera pas une petite affaire. Pour faire court, j'avais, le 24 janvier 1900, proposé de mettre tout de suite en liquidation les congrégations d'hommes non autorisées. Voici quel était mon raisonnement : « Ces congrégations, disais-je, n'ont pas d'existence, elles sont illicites ; d'après les jurisconsultes les plus modérés, leurs biens sont vacants et sans maître ; ils doivent faire retour aux familles ou à l'État ; mettons-nous à l'œuvre sur-le-champ. » Une autre procédure a été préférée et nous voici, deux ans plus tard, en train de discuter si elles existeront ou n'existeront pas ; peut-être bien ne pouvait-on pas faire autrement et, d'ailleurs, je me suis prêté moi-même à cette méthode.

Je reviens à la division que vous avez

faite de votre sujet ; la division est bonne et nécessaire, c'est la loi du discours et des écrits ; aussi bien, l'on ne peut pas tout dire à la fois ; mais vous savez bien, vous Rabier, quoique vous en comptiez 1473, vous savez bien qu'il n'y a pas « des congrégations » ; il y a, comme disaient nos pères, comme le dit le titre de mon livre, il y a « la Congrégation. » Qu'elle enseigne, qu'elle catéchise ou qu'elle alcoolise les nations (*docete omnes gentes*), qu'elle fabrique, au témoignage des évêques, « des dessous pour demi-mondaines » ou des procureurs de la République pour tel tribunal remarqué des départements de l'Est, c'est toujours la Congrégation ; son but, ce n'est ni la propagation de la foi, ni celle du savoir, ni celle des liqueurs, ni la galanterie interlope, gardons-nous de l'en accuser ; son but, c'est la domination, la domination politique ; le reste n'est que moyen ; nos besoins, nos passions, nos vices, la Congrégation exploite tout ; seulement, elle a divisé son travail et, par là même, vous oblige à diviser le vôtre ; mais nous nous entendons, n'est-ce pas ? Déjà, dans un discours du 9 décembre 1880, je montrais le fonctionnement de ce gouvernement politique, juridique et financier commun à toutes les congrégations ; vous l'avez, vous aussi, certainement pris sur le fait.

Où se retrouve d'ailleurs l'unité du sujet, c'est dans les « avis des préfets » qui occupent les annexes de votre rapport.

S'agit-il des Frères de l'instruction chrétienne de Ploërmel? Nous apprenons qu'à Pont-Audemer, ils ne sont « que les instruments du parti réactionnaire qui combat avec acharnement les institutions républicaines. » Dans le Finistère, « leurs établissements constituent une œuvre de combat entre les mains de la réaction. » Dans la Loire-Inférieure, « les adversaires des institutions républicaines font de ces écoles une arme de conquête et de domination; aussi veillent-ils à en assurer le recrutement par une pression éhontée sur les fermiers, ouvriers et petits fournisseurs. » A Villiers-les-Nancy, le directeur-adjoint « se montre l'adversaire résolu du régime républicain et n'hésite pas à intervenir dans les luttes électorales. »

Dans la Mayenne, les Frères de Sainte-Croix de Neuilly sont « l'instrument politique des réactionnaires les plus intransigeants ».

Dans le Puy-de-Dôme, là où les Frères du Sacré-Cœur du Paradis sont établis, « les luttes politiques prennent plus d'acuité que dans les autres communes, résultat de l'enseignement congréganiste, contraire aux idées républicaines ». Dans le Rhône, « leur action se manifeste surtout en période électorale. »

Dans les Vosges, les Frères de la Société de Marie, dits Marianistes, de Paris, « ne limitent pas la propagande antirépublicaine à leur institution, ils l'exercent aussi dans la plupart des familles. » Dans la Haute-Saône, « le personnel de leurs établissements est nettement hostile aux institutions républicaines ; il entretient des divisions tout à fait regrettables. »

L'établissement des Clercs du Saint-Viateur, aux Ternes, dans le Cantal, « a toujours été un foyer d'agitation politique et, durant la dernière période électorale, il a été particulièrement ardent. »

A Saint-Paul, dans le Doubs, « toute famille qui n'obéit pas à la direction politique des Petits-Frères de Marie est privée des travaux qui pourraient lui être confiés. » Leur établissement, à Saint-Didier, dans l'Ain, « sert de lieu de réunion et de centre d'action pour le parti hostile aux institutions républicaines. »

Dans le Doubs, les « Eudistes, très militants, n'ont jamais dissimulé leurs sentiments d'hostilité à l'égard du gouvernement de la République. » En Ille-et-Vilaine, « les Eudistes sont, dans toute l'acception du mot, des réactionnaires militants. »

Les Dominicains enseignants, dans le Tarn, « ne laissent passer aucune occasion de manifester leur hostilité à l'égard de nos institutions. »

Et ainsi de suite.

Voilà pour les congrégations enseignantes.

Les prédicantes marchent du même pas, au même but.

Dans un sermon prononcé le 9 mai 1900, dans le Lot, un capucin, « abordant les questions politiques, » représente la France comme « pourrie ».

Dans les Bouches-du-Rhône, « les Prémontrés sont des adversaires déclarés de la République; ils ont, toujours et constamment, fait preuve d'hostilité contre tout ce qui touche, de près ou de loin, au régime républicain... Ils prennent une part active à toutes les manifestations anti-républicaines. »

Les Rédemptoristes paraissent, en certaines localités, avoir pris la suite des affaires des Assomptionnistes. Dans la Vendée,

« ils prêchent la haine entre les citoyens et poussent à la guerre civile. Leurs œuvres sont, en réalité, autant d'organisations politiques ; les adhérents sont embrigadés, hiérarchisés, tous obéissent à des chefs reconnus. » Dans l'Allier, « ils se livrent à une propagande hostile aux lois fondamentales du pays. »

Les Dominicains prêcheurs ne le cèdent pas aux enseignants : « Leurs œuvres ne présentent aucun caractère d'utilité publique et sont dirigées plutôt contre les institutions républicaines. »

De même pour les Passionnistes français, les religieux des Sacrés-Cœurs de Jésus et de Marie de Picpus, les Oblats de Saint-François de Sales, les Franciscains, les Chanoines de Latran, les Bénédictins du Sacré-Cœur de la Pierre-qui-Vire, les Barnabites, etc., etc.

Plusieurs de ces congrégations, à côté du but fixé par leurs statuts, se livrent à l'agriculture, au commerce, à l'industrie, à des fabrications diverses, et partout leur action, souvent nuisible aux producteurs locaux, est dirigée contre la République.

Voilà l'ennemi, comme disait Peyrat, et, après lui, Gambetta. Trois ou quatre fois déjà, il a mis la République en péril ; il a fomenté la guerre civile dans les esprits, il n'a pas été loin de la faire descendre dans la rue, il s'y est essayé. Un gouvernement courageux entreprend de nous en débarrasser; vous lui prêtez votre concours, mon cher Rabier; je vous reconnais à votre œuvre. La majorité républicaine a déjà compris qu'il n'y a qu'à vous suivre. Toute hésitation sur la marche que vous proposez, toute proposition à côté, fût-elle plus radicale en apparence, compromettrait le succès, et risquerait le rompre le faisceau de la majorité. La commission et le ministère nous demandent de ne pas passer à la discussion des articles des trois projets de loi. Il n'y a pas autre chose à faire.

En face d'un ennemi aussi redoutablement uni, la discipline est un devoir.

Tout à vous,

HENRI BRISSON.

DISCOURS

DE M. WALDECK-ROUSSEAU

DISCOURS DE M. WALDECK-ROUSSEAU

Nous reproduisons ici le discours prononcé, le 21 janvier 1901, par M. Waldeck-Rousseau, alors Président du Conseil, dans la discussion de la loi sur les Associations.

En répondant à M. de Mun, M. Waldeck-Rousseau a non-seulement posé le problème de l'existence des congrégations dans la société laïque, mais il a encore été amené à faire un lumineux historique de la politique suivie à l'égard de ces congrégations par la monarchie française.

C'est surtout à ce point de vue historique que nous nous sommes placés, en reproduisant le discours de l'ancien Président du Conseil.

M. WALDECK-ROUSSEAU, Président du Conseil, ministre de l'intérieur et des cultes.

Messieurs, le débat qui est engagé devant la Chambre a mis en présence les opinions les plus opposées, et il a fait surgir de part et d'autre des contradictions aussi éloquentes que passionnées. Il ne faut pas en être surpris, car une loi sur les

associations est le point inévitable de rencontre
où doivent venir se heurter deux doctrines qui, depuis longtemps, se disputent l'empire du monde
et le gouvernement des États, celle de la suprématie de la société civile, celle de la prééminence
du pouvoir religieux. (*Applaudissements à
gauche.*)

Nous verrons une fois de plus — car cette dé-
monstration ne sera jamais assez faite — que la
thèse de l'indépendance absolue des associations
religieuses, des congrégations soustraites à l'autorisation préalable, soustraites au contrôle, n'a jamais été une thèse de gouvernement ou d'État, et
qu'au contraire elle a toujours été l'une des formes
de ce que l'honorable M. Piou appelait, à une
séance précédente, inexactement peut-être, l'affirmation catholique.

Quoi qu'il en soit, messieurs, il me semble qu'un
premier résultat est déjà acquis. On peut rester
fidèle à la première de ces doctrines...

M. MAURICE BINDER. — Ce n'est pas votre cas.
(*Exclamations à gauche.*)

M. LE PRÉSIDENT DU CONSEIL. — Et alors il faut
lui donner et l'organisation et les sanctions logi-
ques qu'elle comporte ; on peut, au contraire,
rompre avec elle, tourner le dos à une tradition à
la fois universelle et séculaire ; il faut encore le dire
très hautement, très franchement. Mais ce qui
n'est pas possible, c'est de conserver un *statu quo*
qui ne constitue plus, à vrai dire, qu'une équivoque

dangereuse et également impuissante à sauvegar-
der la suprématie qu'elle reconnaît ou empêcher
les empiètements qu'elle condamne. (*Applaudissements à gauche et à l'extrême gauche.*)

Le projet de loi qui est soumis à la Chambre,
et que je défendrai devant elle, ne me paraît pas
mériter du moins le reproche d'être un projet de
circonstance. J'ai eu l'honneur de le déposer en
1882, au lendemain de la chute du ministère
Gambetta, qui l'avait élaboré. Je l'ai repris ensuite,
au nom du ministère Ferry, en 1883, et, en présence des affirmations que j'ai entendues tout à
l'heure et qui tendent à présenter cette entreprise
comme aussi récente que téméraire, il me faut
quelque effort de mémoire pour me souvenir que,
dans le ministère Ferry, je n'avais point M. Mille-
rand comme collaborateur, mais que j'avais l'honneur d'être assis à ses Conseils entre M. Challe-
mel-Lacour et l'honorable M. Méline. (*Vifs
applaudissements à l'extrême gauche et à gauche. — Bruit au centre.*)

M. Jules Méline. — Dans le projet dont vous
parliez, il n'y avait pas la confiscation.

M. le Président du Conseil. — Le ministère
actuel a fait de la loi sur les associations un des articles essentiels de son programme. Il considère le
vote de cette loi comme une partie nécessaire de
son œuvre; il demande à la Chambre, qui lui a
donné sa confiance depuis dix-huit mois, de la lui
maintenir afin que cette partie de sa tâche s'accom-

plisse et, si nous nous étions trompés, nous déclinerions des responsabilités qu'il est aisé d'apercevoir et que nous n'entendons pas encourir. C'est la seule réponse que je veuille faire à des récits ou à des fables ou trop ingénieuses, ou trop ridicules, mais dont une certaine perfidie marque suffisamment la source et l'origine. (*Applaudissements à gauche, à l'extrême gauche et sur divers bancs au centre.*)

M. Symian. — La morale des jésuites en action!

M. Maurice Binder. — Quand on a affiché des variations politiques telles que les vôtres, monsieur le président du Conseil, on ne peut pas tenir un pareil langage.

M. le Président. — Je vous prie, monsieur Binder, de ne pas interrompre.

M. le Président du Conseil. — Le projet du gouvernement a été attaqué à la fois au point de vue politique et au point de vue des intérêts religieux. Je m'efforcerai de répondre aux considérations qui ont été développées dans ces divers ordres d'idées.

Je montre par là suffisamment à la Chambre que ma tâche est lourde; qu'elle sera peut-être longue. Il me faudra pénétrer d'abord dans le domaine un peu aride, mais calme du droit, pour rentrer ensuite dans la zône, à coup sûr plus agitée, de la politique et des considérations qui ont été apportées ici même avec tant d'éloquence.

Quelle est l'économie du projet? Je tiens à la

faire saisir dans sa précision, car beaucoup d'arguments qui ont été développés reposent sur une équivoque, et cette équivoque, je voudrais essayer de la faire disparaître.

Le titre même qu'il porte indique le critérium auquel, suivant nous, il convient de demander la solution d'un problème qui a préoccupé tous les hommes publics et tous les législateurs. Les mots dont on s'est servi le plus souvent : « liberté d'association », m'ont paru, tout en contenant une vérité, répondre cependant à une terminologie un peu trop vague. Quand on dit : « liberté de penser, liberté d'écrire », on emploie des termes à la fois exacts et suffisants, car chacune de ces libertés, pour se manifester, n'a besoin que d'un acte individuel et ne suppose pas un accord intervenu entre plusieurs. Que si, au contraire, nous parlons de la liberté d'association, le mot est juste en ce sens qu'il n'est pas plus permis de contraindre quelqu'un à l'association que de la lui interdire. Mais s'il veut mettre ce droit en œuvre, il faut qu'il s'adresse à d'autres citoyens; il faut qu'il jette avec ces personnes les bases d'une entente, qu'il forme, en un mot, un contrat. C'est pourquoi l'article 1er du projet définit l'association : une convention qui intervient entre deux ou plusieurs personnes dans un but déterminé.

Cette constatation inscrite au frontispice du projet de loi n'a pas seulement pour but de donner satisfaction à la curiosité ou à l'esprit critique du

jurisconsulte; ell. emporte, à notre sens, des
conséquences beaucoup plus graves, car elle a
pour effet de déterminer *a priori* quels sont les
principes qui vont s'appliquer à l'association.

Si l'association est un contrat ordinaire sem-
blable à tous les autres, la loi existe déjà virtuelle-
ment; elle n'est plus à faire; on pourrait soutenir
qu'elle est faite.

Elle est faite, messieurs, sur un premier point
et non pas le moindre. C'est un des principes du
droit commun les plus certains qu'il suffit, pour
qu'une convention se forme valablement, qu'elle
ait un objet licite et qu'elle ne saurait se former si
elle a en vue un objet illicite. Par conséquent, on
ne peut demander au nombre des associés le motif
en vertu duquel une association sera permise et
telle autre défendue; et, pour rappeler une expression que j'avais insérée dans l'exposé des motifs
de 1882, on ne saurait plus soutenir que ce sera un
chiffre qui, entre ce qui est permis et ce qui est
défendu, servira de frontière. (*Très bien! Très
bien!*)

Mais, à l'inverse, ce qui sera permis ou défendu
se trouve déterminé et précisé avec non moins de
clarté et de force.

Toute convention, je viens de le dire, suppose
un objet licite. Aucune convention ne peut se
former si elle blesse une règle d'ordre public. De
là vient que, dans l'article 2, nous avons inscrit ce
principe qu'une association fondée sur une cause

illicite, contraire aux lois, aux bonnes mœurs ou
à l'ordre public est une convention nulle; et je ne
crois pas que, contre cette proposition, on puisse
valablement s'inscrire.

Toutefois, je dois reconnaître que l'honorable
M. Renault-Morlière a éprouvé devant ces mots
« l'ordre public » une certaine hésitation; il les
trouve trop vagues, pas assez expressifs. Qu'est-ce
que l'ordre public ? Il éprouve des scrupules qui
m'étonnent chez un jurisconsulte aussi éminent,
car les expressions qu'il critique dans le contrat
d'association sont inscrites, on peut le dire, dans
tous les contrats que notre code a réglés. Elles sont
écrites dans l'article 1108 : « Il faut une cause
licite à l'obligation »; dans l'article 1131 : « L'o-
bligation sur cause illicite est nulle » ; et dans l'article 1133 qu'il connaît à merveille : « La cause
est illicite quand elle est contraire aux bonnes
mœurs et à l'ordre public ».

Je remarque que la même expression qui, dans
l'article 1133, n'avait éveillé dans son esprit aucune hésitation, aucun trouble, ne lui a semblé
trop vague et indéterminée que du moment où
elle a trouvé place dans le projet de loi actuel.

Mais la loi contient encore des précisions précieuses qui viennent à notre secours. Par exemple,
l'article 1128 : « Il n'y a que les choses qui sont
dans le commerce qui puissent être l'objet de convention ». Il existe encore un article 1780, qui
prohibe les engagements perpétuels; tout un cha-

pitre de notre code repose sur la règle d'ordre public, de la libre circulation des biens, et je n'ai pas à apprendre à ceux qui ont fait la moindre étude de ces matières que toutes sortes de servitudes personnelles sont encore interdites.

Donc, nous ne faisons, en matière d'association, que ce qui a été fait pour la vente, le louage, l'échange, on peut dire pour tous les contrats. (*Très bien ! Très bien ! à gauche.*)

M. JULIEN GOUJON. — Quand les tribunaux annulent un contrat, ils ne prononcent jamais la confiscation générale.

M. LE PRÉSIDENT DU CONSEIL. — Le projet de loi prévoit le jugement qui déclare l'association illicite. Si elle se dissout, si elle obéit à la loi, elle n'encourt aucune peine, aucune confiscation. (*Très bien! Très bien! sur un grand nombre de bancs.*)

C'est encore le droit commun qui fournit la solution d'une des plus grosses difficultés qui aient pesé sur tous les projets touchant aux associations. Je fais allusion a ce qui concerne les biens et leur régime. On n'a, en effet, jamais manqué de dire : Si vous affranchissez l'association de toutes espèces de règles préventives, que va-t-il arriver? Cent, deux cents personnes, mille peut-être vont se réunir, s'associer, verser des cotisations, thésauriser, recevoir des dons et voilà, par conséquent, que va se former une mainmorte pleine de périls ; comment pouvez-vous envisager tranquillement ce danger, vous qui dénoncez avec tant d'ardeur le péril de la mainmorte ?

Rien n'est plus en contradiction avec les principes du droit que cette objection.

Une association s'est formée : elle cesse d'être une association pure et simple, si elle ne se borne pas à mettre en commun des facultés, des intelligences dans un but autre que d'obtenir des bénéfices. Il peut arriver — rien ne sera plus permis — que ce but abstrait n'apparaisse pas comme suffisant, que même pour parvenir plus sûrement à l'atteindre on juge utile de faire quelque chose de plus : les associés apporteront des biens, les mettront en commun.

Dans ce cas, quel fait va se produire ? A côté de l'association se juxtapose une seconde convention ; cette seconde convention sera une société de biens, si on les met en commun en vue de partager les bénéfices ; ce sera une communauté de biens pure et simple si l'on ne convient pas de partager les bénéfices. Mais quel que soit le régime auquel, par la convention ou par la loi, les biens se trouveront assujettis, jamais ils ne cesseront d'être la copropriété de chacun des associés. (*Très bien ! très bien à gauche.*)

Chacun des associés, venant à se retirer, remportera sa part de cette masse indivise. L'un de ces associés venant à mourir, chacun de ses héritiers pourra la revendiquer comme faisant partie de son héritage, et, pour qu'il en soit autrement, il

faut que l'association ne se borne pas à conclure
en dehors du premier contrat, l'association, une
seconde convention, la société. Il faut que l'État
intervienne ; il faut que l'État lui confère la personnalité civile ; il faut, en un mot, alors que les
personnes physiques sont nécessairement péris-
sables, — ce qui assure précisément la circulation
des biens, — il faut que l'État crée à côté et au-dessus des personnes physiques une personne morale
qui est son œuvre, qui sera éternelle... Je me
trompe, qui sera d'aussi longue durée que l'État
le jugera nécessaire (*Très bien! très bien!*), car
formée par son autorisation, placée sous son contrôle, n'ayant pu naître que de lui, elle ne peut
vivre sans sa volonté. (*Applaudissements à
gauche.*)

Telle est la très grande différence qui existe
entre la société de biens et l'association ayant des
biens et jouissant de la personnalité civile.

M. de Mun, dans l'admirable discours que nous
avons tous écouté avec une si naturelle attention, parlait d'une mainmorte qu'il appelle la
mainmorte anonyme, la mainmorte des sociétés
anonymes. Ah! certes, je puis bien le dire, et je
ne le blesserai point, — qu'autant il est grand orateur, autant il est mauvais jurisconsulte, car dans
une société anonyme ou autre, la propriété des
biens mis en société ne cesse pas un instant, enten-
dez-le bien, d'appartenir à chacun des sociétaires.
(*Très bien! très bien!*)

Ce qui se passe quand on forme une société, c'est que l'apport social se dénature. Vous apportez un immeuble ou des espèces ; la société vous donne un titre. Si c'est une société anonyme ou une société par actions, vous avez dans la main la représentation de votre propriété ; elle est négociable, elle est cessible ; et même, dans une société qui ne comporte pas d'actions, vous savez à merveille qu'une part d'intérêts peut être cédée. De sorte qu'une société de biens, à aucun point de vue, ne peut être considérée comme déterminant une personnalité morale, comme créant une mainmorte. C'est là une confusion qu'il faut s'empresser de bannir. (*Applaudissements à gauche.*)

Ce sont encore les mêmes principes de droit commun qui règleront en cas de dissolution volontaire ou judiciaire le sort des biens de l'association. S'il existe un acte, si les droits de chacun ont été déterminés, on suivra la loi de cette convention particulière ; s'il n'y en a pas, on réglera l'état de droit qui s'est constitué par le fait même de la mise en commun des biens. On se trouvera le plus souvent en présence de cette indivision que prévoit notre article 8.

S'il s'agit d'une association ayant la personnalité civile, le décret même d'autorisation aura réglé la façon dont devra s'opérer la liquidation.

Enfin, s'il s'agit d'une association nulle, illicite, sans existence légale, c'est la règle commune à tous les contrats, que les parties doivent être remises au même état que si elles n'avaient pas contracté. Ceux qui auront apporté des biens à l'association illicite pourront les reprendre ; ceux qui les auront donnés ne seront point engagés par l'acceptation qu'elle en a faite ; ils pourront également les reprendre, et s'il reste quelque bien qui n'ait pas été apporté par un sociétaire ou donné par un tiers, par qui pourra-t-il donc être revendiqué ? Est-ce que cette association a une personnalité quelconque ? Est-ce qu'elle a pu véritablement acquérir, valablement posséder ? N'ayant pas le droit d'acquérir elle-même, a-t-elle pu le communiquer à un de ses membres ? Ce sont là en vérité des considérations tellement élémentaires que je rougirais d'y insister. (*Applaudissements à gauche et à l'extrême gauche.*)

Si la propriété de ces biens ne réside ni dans l'association ni dans la personnalité de ses membres, elle tombe dans le domaine public ; c'est encore là un fait qui n'est pas particulier au contrat d'association, et c'est alors à l'État de rechercher quel est l'usage le plus naturel, le plus légitime qu'il peut faire d'une vacation héréditaire — car c'est bien de cela qu'il s'agit — qui vient de s'exercer à son profit. (*Applaudissements à gauche et à l'extrême gauche.*)

Je pourrais montrer encore que ce sont les règles du droit commun, celles des articles 1280, 1765 et 1769 qui ont inspiré la solution donnée par la loi en cas de retraite d'un associé. Lorsqu'une

convention n'est pas faite pour un temps déterminé
elle peut être rompue à condition de ne l'être point
à contre-temps ; si elle a été faite pour un temps
déterminé, c'est l'article 1134 qui domine la question : elle doit être exécutée à peine de dommages-
intérêts.

Je pourrais parcourir ainsi tout le projet, article
par article, et montrer que chacun d'eux n'est que
l'application au contrat d'association, soit d'une
règle commune à toutes les conventions, soit d'une
règle spéciale qui se dégage de sa nature même.

Je voudrais montrer — et c'est là l'un des points
vifs du débat — que c'est encore la plus simple
application des principes que je viens de rappeler
— qui fournit la solution, par l'application du
droit commun, de la question des congrégations.

Nous avons dit — article 2 — qu'aucune convention ne peut se former si elle est contraire à
l'ordre public, contraire aux lois. N'allons pas
plus loin, cela suffit.

L'ordre public exige d'abord, et essentiellement,
qu'aucune intervention particulière ne porte atteinte à la libre circulation des biens. Le code
civil contient, quant aux personnes, des dispositions qui ne sont ni moins étroites, ni moins
décisives. J'ai rappelé tout à l'heure l'article 1780
qui prohibe les engagements perpétuels ; je rap-
pelle l'article 1128, disant qu'il n'y a que les
choses qui sont dans le commerce qui puissent
faire l'objet d'une convention. Les droits attachés

à la personne sont-ils dans le commerce? Nul ne
l'a soutenu, nul ne le soutiendra. (*Très bien !
très bien à gauche.*)

Et quels sont ces droits attachés à la personne
et qui ne peuvent pas être aliénés ? C'est le droit
d'acquérir, c'est le droit de posséder. On peut
s'engager à ne pas acquérir tel ou tel objet, meuble
ou immeuble ; on ne peut pas s'engager à ne pas
acquérir d'une façon générale et à ne pas posséder. C'est le droit de faire le commerce, inalié-
nable aussi : on peut renoncer à faire tel commerce dans telle ville ou telle région ; on ne peut
renoncer d'une façon générale à faire le commerce. C'est enfin le droit de se marier, — et ici
l'interdiction pourrait être considérée comme plus
absolue, car je ne sais même pas s'il est permis
de prendre l'engagement de ne pas épouser une
personne déterminée, — mais quant à l'engagement de ne pas contracter de mariage, il n'en est
pas de plus nul au point de vue de l'ordre public !
(*Très bien ! à gauche et à l'extrême gauche.*)

Or, si cela est, messieurs, la congrégation sup-
pose-t-elle, oui ou non, toutes ces nullités, alors
qu'une d'elles suffirait? Voici ce que je disais, —
on m'a cité souvent, on me permettra de me citer
une fois, — dans l'exposé des motifs du projet
de 1882 :

« Notre droit public proscrit tout ce qui consti-
tuerait une abdication des droits de l'individu,
une renonciation à l'exercice des facultés natu-

relles à tous les citoyens : droit de se marier, d'acheter, de vendre, de faire le commerce, d'exercer une profession quelconque, de posséder ; en un mot, tout ce qui ressemblerait à une servitude personnelle. De là vient que tout engagement personnel doit être temporaire, et que, même pour un temps, il ne peut être absolu, porter sur l'ensemble des facultés ou des droits de la personne. Autrement, loin de tourner au profit de chacun de ses membres, il le diminue ou l'anéantit.

« Or, tel est le vice de la congrégation.

« Elle n'est pas une association formée pour développer l'individu : elle le supprime ; il n'en profite pas, il s'y absorbe. » (*Applaudissements à gauche et à l'extrême gauche.*)

Et plus tard, lorsque devant le Sénat j'ai eu la tâche très lourde de répondre à un autre grand orateur, qui était l'honorable M. Jules Simon, voici en quels termes je développais la même thèse :

« Je ne pense pas qu'on conteste qu'aucune congrégation digne de ce nom, rentrant dans les cadres prévus des congrégations, ne se forme sans un triple vœu : le vœu d'obéissance, le vœu de pauvreté et le vœu de chasteté.

« Par l'un de ces vœux, on se détache absolument de ces intérêts considérés comme vulgaires, qui consistent à être propriétaire, en d'autres termes à travailler à la prospérité de son pays.

« Par un autre de ces vœux, on se débarrasse de ce que les théologiens ont appelé un second souci. Ce souci, c'est d'avoir une famille, d'appartenir à cette famille et surtout de vivre pour elle. (*Applaudissements sur les mêmes bancs.*)

« Par le vœu d'obéissance, on fait cette chose qui peut vous sembler toute naturelle, qui, à moi, me paraît précisément la négation de la personnalité humaine, on fait, dis-je, non plus suivant l'expression de jurisconsultes, mais suivant l'expression d'hommes qui donnent cet enseignement, « donation de soi-même à Dieu dans la personne d'un homme. »

Or, quand de la personnalité humaine vous avez retranché ce qui fait qu'on possède, ce qu fait qu'on raisonne, ce qui fait qu'on se survit, je demande ce qui reste de cette personnalité. (*Vifs applaudissements à gauche et à l'extrême gauche.*)

M. DE GAILHARD-BANCEL. — Il reste le bien que les congrégations ont fait et les services qu'elles ont rendus.

M. LEROLLE. — Le P. Lacordaire n'avait pas de personnalité.

M. LE PRÉSIDENT DU CONSEIL. — Voici comment se justifie l'application aux congrégations religieuses des dispositions du droit commun.

On a reproché au projet — et cela, messieurs, me paraît un peu singulier — de n'avoir pas les expressions mêmes de « congrégations religieuses. »

J'attache à cette constatation beaucoup de prix.

Il me semble que toute la thèse qui a été développée, toutes celles qui pourront arriver à cette tribune supporteront nécessairement cette accusation : « Vous faites une loi d'exception, vous avez pour les congrégations religieuses d'autres dispositions, d'autres principes que pour les associations civiles. »

Comment ! Mais où sont donc les congrégations religieuses dans le projet de loi que nous vous demandons de voter? A quels signes vont-elles se reconnaître ? Diront-elles : « Mais vous frappez les associations contraires aux lois; nous sommes donc frappées ? Vous annulez les conventions blessantes pour l'ordre public, blessantes pour les libertés élémentaires et pour les droits inaliénables des citoyens; nous allons disparaître?... (*Très bien ! très bien à gauche.*)

La thèse alors se dessine. Ce qu'on demande pour les congrégations, c'est une loi d'exception ; ce n'est pas la loi commune. (*Très bien! très bien à gauche.*) Car il faut arriver jusqu'à soutenir qu'une association qui ne serait pas une congrégation sera justement dissoute et poursuivie si elle porte atteinte à quelqu'un des principes qui sont consacrés par la loi, tandis qu'on n'admettra pas qu'il en puisse être ainsi pour les congrégations religieuses. (*Applaudissements à gauche.*)

Il est donc bien vrai que nous vous offrons le droit commun et que vous réclamez l'exception. (*Nouveaux applaudissements.*)

Je voudrais montrer maintenant que la conclusion à laquelle on arrive ne se dégage pas seulement des règles du droit, mais qu'elle est rattachée par une tradition immuable à un principe supérieur encore à ceux que je rappelais et qui est le principe de la conservation des États.

Il faut, messieurs, que chaque forme d'objection prenne un corps précis; il ne suffit pas de dire : Vous édictez, contre les congrégations, des lois d'exception. Il faudrait montrer que ce qu'on appelle l'exception n'a pas été la règle invariablement édictée à travers tous les temps et quelle que fût la forme des gouvernements.

Le projet qui vous est soumis maintient toutes les congrégations qui se seront soumises à la loi, qui auront été autorisées ; il proclame en outre ce principe que celles qui voudront se former pourront obtenir l'autorisation de l'État. Or a-t-il existé une période de l'histoire, un pays, un régime devant lesquels des congrégations religieuses aient pu se former sans l'autorisation de l'État, grandir, se développer en échappant à son contrôle, en un mot substituer leur volonté propre à l'intérêt supérieur de l'État ? Voilà le problème. (*Applaudissements à gauche et à l'extrême gauche.*)

Il est aisé à résoudre.

Je me garderai bien de faire étalage à cette tribune d'une érudition d'historien qui pourrait paraître suspecte. Mais il n'est pas besoin de refaire l'histoire, il suffit en quelque sorte d'en parcourir les sommets. En France — cela est vrai — il y a une période durant laquelle les congrégations pouvaient se former avec la seule autorisation des évêques ; mais elle commence et elle finit — chacun le sait — avec ces temps troublés durant lesquels toute la puissance civile se résumait dans l'emploi de la force, où elle n'a ni règles, ni constitution. Mais aussitôt que la monarchie se dégage de ce chaos, de cette obscurité, du jour où elle a des institutions et des lois, elle se dégage de cette théocratie.

A quel sentiment obéit-elle en édictant la première des dispositions qui placent les congrégations, leur développement et leur vie sous la main de l'État ? Ce n'est pas de nos jours qu'ont été écrites ces lignes que je demande la permission de mettre sous vos yeux ; elles indiquent bien la préoccupation à laquelle a obéi leur auteur.

« Est-ce avoir renoncé au monde, demande-t-il, que d'augmenter tous les jours ses biens par tous les moyens, licites ou illicites, en promettant le paradis ou en menaçant de l'enfer ?... (*Applaudissements et rires à gauche et à l'extrême gauche.*)

L'auteur de ces lignes passionnées, bien plus passionnées que je ne le suis dans mon langage, — car il y a une grande différence à faire entre les mœurs des congrégations d'aujourd'hui et celles de certaines congrégations d'autrefois, — s'appelait Charlemagne. (*Nouveaux rires et applaudissements à l'extrême gauche. — Rumeurs à droite.*)

Allons un peu plus loin.

Nous trouvons dans un document qu'on appelle les Établissements de Saint-Louis...

M. LE MARQUIS DE KÉROUARTZ. — Vous, vous n'êtes ni un grand homme ni un saint! (*Bruit.*)

M. LE PRÉSIDENT DU CONSEIL. —... Et qui est en réalité le recueil de toutes les ordonnances en vigueur à cette date, nous trouvons résumée la législation royale à cette date à l'encontre des congrégations. Elle tient en trois principes : nécessité de l'autorisation, nécessité de la surveillance et, de plus, — et pour empêcher par certaines habiletés que la mainmorte, qu'on ne voit pas grandir avec faveur, ne se développe, — un droit auprès duquel le droit d'accroissement qui a soulevé tant de colères est en vérité bien petit garçon, c'est le droit d'amortissement. Il est tantôt de quatre fois, tantôt de six fois le produit des biens religieux, tantôt d'un tiers de leur valeur, ce qui revient à dire que l'État se réserve le droit de reprendre ces biens de mainmorte aussitôt qu'il juge que leur détention devient dangereuse pour son intérêt ou sa sécurité. (*Applaudissements à gauche et à l'extrême gauche.*)

C'est le long enchaînement des édits de 1560 à 1659, qui atteste la continuité et la rigueur de cette tradition.

Un siècle s'écoule encore, et nous voici en 1749. A cette date, un homme, l'un des plus grands parmi les hommes d'État et parmi les jurisconsultes, d'Aguesseau, écrit d'un burin vigoureux,

en caractères qui ne s'effaceront pas, l'édit de 1749,
qui demeure l'expression complète et définitive de
ce droit de contrôle, de ce droit de défense d'une
société contre l'intrusion d'un Etat dans l'Etat, et
je ne crois pas que la loi que nous vous demandons
de voter puisse recevoir un plus admirable commentaire que celui que je vais lui donner par
quelques courtes lectures.

Et d'abord, quelle est à ce moment la préoccupation de la royauté? La voici. Dans le préambule de l'édit je trouve ces lignes :

« Le désir que nous avons de profiter du retour
de la paix pour maintenir de plus en plus le bon
ordre dans l'intérieur de notre royaume nous fait
regarder comme un des principaux objets de notre
attention les inconvénients de la multiplication
des établissements de gens de mainmorte et de la
facilité qu'ils trouvent à acquérir des fonds natu-
rellement destinés à la subsistance et à la conservation des familles; en sorte qu'une très grande
partie des fonds de notre royaume se trouve actuellement possédée par ceux dont les biens, ne
pouvant être diminués par des aliénations, aug-
mentent au contraire par de nouvelles acquisitions. »

Voilà la raison d'être de la loi. Voici maintenant
la règle qu'elle pose :

« Renouvelant autant que de besoin les dé-
fenses portées par les ordonnances des rois, nos
prédécesseurs, voulons qu'il ne puisse être fait

aucun nouvel établissement de chapitres, collèges, séminaires, maisons ou communautés religieuses, même sous prétexte d'hospices, congrégations, confréries, hôpitaux ou autres corps... de quelque qualité qu'ils soient, ni pareillement aucune nouvelle érection de chapelle, ou autre titre de bénéfices dans toute l'étendue de notre royaume, terres, pays de notre obéissance, si ce n'est en vertu de notre permission expresse, portée par nos lettres patentes, enregistrées en nos parlements ou conseils, chacun dans son ressort, en la forme qui sera prescrite ci-après. Défendons de faire à l'avenir aucune disposition par acte de dernière volonté pour fonder un nouvel établissement de la qualité de ceux qui sont mentionnés à l'article précédent ou au profit des personnes qui seraient chargées de former ledit établissement... »

C'est donc l'interdiction pour une congrégation de se fonder sans l'autorisation expresse de la royauté; c'est l'interdiction, pour cette congrégation, de recevoir sans l'intervention de l'Etat. C'est, en un mot, la doctrine ferme et traditionnelle de la tutelle nécessaire de l'Etat sur les congrégations. (*Applaudissements à gauche.*)

Voulez-vous, pour finir, que nous arrivions aux sanctions ? Quand on a été l'objet de si graves reproches, quand la voix de M. de Mun nous dénonce comme spoliateurs, c'est un sujet de réconfort, pour un homme politique humble comme je le suis, que d'être, en compagnie d'hommes d'Etat

de cette envergure, l'objet des mêmes reproches
et des mêmes attaques. Et nous n'avons pas été si
loin que d'Aguesseau. (*Bruit à droite.*)

Désirant assurer pleinement l'exécution des dispositions du présent édit, concernant les établissements mentionnés dans l'article 1er, « déclarons
nuls tous ceux qui seraient faits à l'avenir sans
avoir obtenu nos lettres patentes et les avoir fait
enregistrer dans les formes ci-dessus prescrites.
Voulons que tous les actes et dispositions qui
pourraient avoir été faits en leur faveur, directement ou indirectement, par lesquels ils auraient
acquis des biens de quelque nature que ce soit, à
titre gratuit ou onéreux, soient déclarés nuls, sans
qu'il soit besoin d'obtenir des lettres de rescision
contre lesdits actes, et que ceux qui se seraient
ainsi établis et qui auraient été chargés de former
ou administrer lesdits établissements soient déchus
de tous les droits résultant desdits actes et dispositions, même de la répétition des sommes qu'ils
auraient payées pour lesdites acquisitions, ou employées en constitutions de rentes; ce qui sera ob-
servé, nonobstant toutes prescriptions, et tous
consentements exprès ou tacites qui pourraient
avoir été donnés à l'exécution desdits actes et dispositions.

Et écoutez ceci, messieurs :

« Les enfants ou présomptifs héritiers seront
admis, même du vivant de ceux qui auront fait
lesdits actes ou dispositions, à réclamer les biens

par eux donnés ou aliénés. Voulons qu'ils en soient envoyés en possession, pour en jouir en toute perpétuité, avec restitution des fruits ou arrérages à compter du jour de la demande qu'ils avaient formulée... (*Très bien! très bien! à gauche et à l'extrême gauche.*)

« Enjoignons à nos procureurs généraux, dans chacun de cesdits parlements et conseils supérieurs, de tenir la main à l'exécution du présent édit concernant lesdits établissements; et, en cas de négligence de la part des parties ci-dessus mentionnées, il sera ordonné, sur la réquisition de notre procureur général, que, faute par les personnes dénommées en l'article 10 et par les seigneurs qui ne seraient gens de mainmorte de former leur demande dans le délai qui sera fixé à cet effet et qui courra du jour de la publication des affiches, faites au lieu accoutumé, de l'arrêt qui aura été rendu, lesdits biens seront vendus au plus offrant et dernier enchérisseur (*très bien! très bien! à gauche*), et que le prix en sera confisqué à notre profit pour être par nous appliqué à des hôpitaux ou à tels ouvrages publics que nous jugerons à propos. « (*Vifs applaudissements à gauche et à l'extrême gauche*).

M. Camille Fouquet. — Alors vous n'êtes que les copistes de la monarchie?

M. le Président du Conseil. — J'entends l'objection; j'y répondrai tout à l'heure. En ce moment, j'accomplis une tâche déterminée. J'ai

affirmé que la nécessité d'une autorisation, que la
permanence du contrôle de l'Etat était une doctrine aussi ancienne que les Etats organisés eux-
mêmes, que jamais elle n'avait été délaissée. Et
ce n'est point pour le vain plaisir de montrer avec
quelle rigueur la monarchie traitait les ordres
religieux — il y avait à cette époque un état d'esprit sur lequel je reviendrai tout à l'heure — que
j'ai cité ce texte, c'est pour montrer par des preuves
irrécusables que la proposition que j'ai émise, si
absolue qu'elle pût paraître, était absolument
exacte. (*Applaudissements à gauche.*)

Après la monarchie, vient la révolution.

On a assez parlé des lois de 1790 et de 1792
pour que je n'aie pas besoin d'y revenir.

Puis, après la révolution, c'est la Restauration.
Qu'a fait la Restauration en ce qui concerne les
communautés religieuses ? Il s'est produit à
cette époque un fait tout à fait remarquable : sous
l'impulsion d'un parti qui ne connaissait plus de
mesure, on a songé à créer une loi qui ferait disparaître cet état de choses, cette nécessité de l'autorisation de l'Etat, et un projet fut proposé en ce
sens.

Eh bien ! telle était la force du principe tutélaire
incorporé au droit public qu'il n'est entré dans les
Chambres de la monarchie, dans celle des pairs,
entendez-moi bien, que pour s'y transformer, et
qu'il en est sorti avec le titre de loi de 1825, proclamant qu'aucun établissement, même de femmes,

ne pourrait être fondé sans une loi; que pour ceux qui existaient déjà, aucun établissement ne pourrait être formé par ces communautés, par ces ordres, sans l'autorisation du roi, sans un décret; de sorte que, tour à tour, on exige une loi ou un décret, mais on exige toujours et invariablement le consentement, l'autorisation et l'intervention de l'Etat. (*Très bien ! très bien ! à gauche.*)

Après la Restauration, la monarchie de Juillet ne modifie pas la législation.

Nous arrivons au Second Empire. Est-ce qu'il méconnaît la nécessité de l'autorisation ? Il modifie la loi de 1825 — il préfère le décret à la loi ; il réserve au chef de l'Etat le droit d'autoriser par décret, mais le principe de la nécessité de l'autorisation reste absolument intact.

Et ce que je viens de montrer pour la France, je pourrais le montrer pour tous les pays d'Europe : pour l'Espagne, pour l'Italie, pour l'Allemagne catholique, pour la Bavière toujours catholique, pour l'Angleterre pendant qu'elle avait des rois catholiques. Et si, au lieu de descendre le cours de l'histoire, nous avions la fantaisie de le remonter ; si, laissant de côté ces législations successives proclamant toutes le même principe, nous allions jusqu'au berceau de la législation romaine relative aux congrégations catholiques, nous trouverions — ce sont des dates que je donne à ceux qui voudront se reporter à ces documents, — des lois de 370, de 372, de 390, rendant caducs tous les legs faits aux églises ou aux communautés religieuses, interdisant toute fondation.

Et ce texte si brutal recueille des adhésions bien précieuses ! Deux hommes, deux croyants, sans doute, l'un s'appelle Jérôme et l'autre Ambroise, applaudissent aux lois de l'empire, n'ayant point conçu encore que l'amas de certaines richesses pût être une force pour ceux dont le royaume n'était pas de ce monde ; ils regrettent seulement les mille ruses et artifices des clercs, qui réussissent à en paralyser les effets. (*Rires et applaudissements à gauche.*)

De sorte qu'on peut dire avec certitude que jamais en aucun temps, sous aucun régime, les congrégations religieuses n'ont pu se former sans autorisation.

Mais c'est là qu'on me fait l'objection coutumière : la monarchie était conséquente avec son principe, la république ne l'est pas avec le sien. Je pourrais dire qu'elle l'est, en tout cas, avec les principes de la révolution, et rappeler les lois de 1790 et de 1792. Mais il y a, messieurs, une autre réponse à faire.

Sans doute, la monarchie et la république ont des principes différents. Sous une monarchie, toute autorité découle de la volonté du souverain ; sa sagesse pourvoit à l'exercice de tous les droits, et son investiture remplace les mandats ; dans une démocratie, au contraire, tout pouvoir vient du peuple ; toute autorité, toute investiture vient du

suffrage universel, et un tel régime ne pourrait
sans contradiction se mettre en opposition avec
des principes qui sont sa raison d'être. Mais est-ce
que pour tout régime, quel qu'il soit, il n'y a pas
des règles communes, des principes d'ordre public,
des idées de conservation sociale, supérieurs à la
forme même du régime ? (*Vifs applaudissements
à gauche. Interruptions à droite.*)

De sorte que par une dérision singulière, imposée par ses adversaires au gouvernement répu-
blicair il devrait être le seul à ne point observer
ces règles essentielles qui ne sont pas d'ordre politique mais d'ordre social et auxquelles sont liées la
conservation et la destinée des peuples. (*Très bien!
très bien! à gauche. Interruptions à droite.*)

En vérité, je ne sais quel langage on peut tenir
au commencement de ce vingtième siècle, sans
étonner, sans surprendre! Mais avant moi quel
langage tenaient des hommes beaucoup plus considérables et dont l'autorité, j'imagine, n'effrayera
pas les plus circonspects et les plus modérés ?

Quand on a discuté l'interpellation de 1845, on
a soulevé des controverses très vives sur le point
de savoir si la législation qui soumettait les congrégations à l'autorisation était ou non restée en
vigueur et on a tiré, pour soutenir qu'elle était
abolie, argument de la Charte. C'est alors un
homme qui s'appelait Pasquier qui est monté à la
tribune de la Chambre des Pairs et qui a prononcé
ces mots :

« On a cherché à élever quelque équivoque sur l'application des lois existantes. Il y a ici plus qu'une loi. C'est un principe éternel et indépendant des lois positives, que celui qui ne permet pas qu'une société quelconque se forme dans un Etat, sans l'approbation des grands pouvoirs de la nation... » (*Très bien ! très bien ! à gauche.*)

Et après M. Pasquier, je ne veux pas citer M. Thiers. Je voudrais cependant dire que, dans tous les débats concernant l'existence des congrégations, il n'est peut-être pas de plus fortes paroles que celles qui ont été prononcées par Portalis. Les voici : « Ce qui ne doit pas être possible, c'est qu'un établissement, même utile, existe lorsqu'il ne peut avoir aucune existence de droit et que loin d'être protégé par la puissance des lois, il le soit par leur impuissance. » (*Très bien ! très bien !*)

On ne pouvait pas, longtemps à l'avance, définir d'une façon plus claire et en termes plus saisissants la situation du moment présent. Ce n'est donc pas une innovation que de demander au Parlement de décider que les congrégations religieuses ne puissent pas se fonder sans autorisation, et, par conséquent, la loi que nous proposons à la Chambre nous est parvenue à travers les siècles, portant le sceau de tous les gouvernements successifs qui ont eu quelque souci de l'autorité et de la suprématie de la société civile. (*Applaudissements à gauche et à l'extrême gauche.*)

J'arrive alors, messieurs, à examiner les considérations qui ont été présentées à la Chambre — elle sait avec quel talent et quelle force — au point de vue de l'intérêt religieux, de l'intérêt catholique.

On dit et on affirme que l'intérêt catholique est menacé par la loi actuelle sur les congrégations. C'est même pour répondre avec plus d'autorité à cette accusation que j'ai infligé à la Chambre cet assez long exposé historique.

On nous dit : « Les congrégations ne vont plus pouvoir exister ; c'est l'Eglise elle-même qui est menacée, car la coexistence des congrégations est indispensable à l'Église et au fonctionnement du culte catholique. »

Je dis d'abord qu'on pose mal la question. On la pose mal, parce qu'il n'est dit nulle part dans la loi, soit que les congrégations, autorisées existantes seront supprimées, soit que d'autres congrégations ne pourront plus se former.

Il vous faut, par conséquent, faire un pas de plus et formuler votre thèse véritable ; c'est que les congrégations étant avant tout d'intérêt religieux, ne doivent pas être subordonnées à la loi civile. (*Très bien ! très bien ! à gauche et à l'extrême gauche.*)

Et quand je dis que ce sont là vos principes, je suis bien assuré que l'honorable M. de Mun ne me démentira pas.

Il faut aller jusqu'à dire que les collectivités religieuses ne seront pas soumises à l'État. Voilà la thèse. J'ai déjà montré à quel point elle est inadmissible dans une société comme la nôtre où précisément la prééminence de la société civile est affirmée par tous. (*Applaudissements sur les mêmes bancs.*)

Mais en vérité est-ce que cette accusation est fondée ? Est-ce qu'elle est sérieuse, et j'entends par là facile à prouver ? Comment ! il faut, il est essentiel pour le culte catholique que les congrégations se forment librement, sans autorisation ? qu'elles vivent sans l'intervention de l'État, qu'elles puissent se développer à leur gré ? Prenez garde ! vous venez de dire que l'intérêt essentiel de l'Eglise a été méconnu pendant dix-huit siècles, depuis saint Louis jusqu'à Louis XVI, pendant le gouvernement de Louis XVIII et de Charles X !

Il m'a semblé entendre dire tout à l'heure de ce côté (*la droite*) que saint Louis n'était ni un grand saint ni un grand roi.

M. LE MARQUIS DE KÉROUARTZ. — Ce n'est pas cela que j'ai dit.

M. LE PRÉSIDENT DU CONSEIL. — C'est une opinion qu'à coup sûr on peut s'étonner d'entendre partir d'un certain côté de la Chambre. Ira-t-on jusqu'à dire qu'il ait été un persécuteur de la foi ? (*Bruit à droite.*)

M. de Mun a parlé du Concordat ; il a annoncé qu'il en parlerait encore. Je laisse de côté, pour éviter toute controverse, tout autre document que celui qui porte la signature du cardinal Consalvi, qui est du 26 messidor an X. C'est le pacte synallagmatique.

Dans quel but le Concordat a-t-il été édicté ? Le préambule le dit : c'est pour le plus grand bien de l'Eglise et de la tranquillité publique.

Mais, à cette époque, il s'était produit deux faits : le premier, la suppression des rapports de l'Etat avec le clergé séculier, le second, la suppression des congrégations religieuses. Et, s'il faut véritablement, que le catholicisme suffise à sa mission, qu'il soit assisté des congrégations, m'expliquera-t-on comment l'homme éminent qui a mis sa signature au pied de ce document s'est borné à demander le rétablissement du clergé séculier ?

Dans ce même document figure un article 9 ; il porte qu'aucune paroisse, aucune cure nouvelle ne pourra être établie sans l'autorisation du gouvernement.

Voilà que, dans aucune commune, on ne pourra établir un prêtre chargé du service catholique sans que l'Etat intervienne, sans que l'Etat sanctionne la proposition qui lui est faite. Et vous pensez que si l'on ne peut pas accomplir cet acte qui est, en réalité, d'une importance minime, on pourra, sans l'autorisation de l'Etat, faire surgir une, dix, cent, mille congrégations peut-être ! Mais c'est la négation même de la base fondamentale que le Concordat a donnée à l'exercice du culte catholique. (*Vifs applaudissements à gauche et à l'extrême gauche.*)

L'accusera-t-on alors d'avoir manqué de prévoyance? Mais, en vérité, il suffit, pour faire comprendre l'injustice de ce reproche, de jeter un coup d'œil sur l'état du clergé. On vous a donné des chiffres ; j'y reviens sans y insister.

Il y a, en France, 87 évêques dirigeant autant de diocèses ; il y a autant de séminaires où les jeunes gens se préparent à l'accomplissement de leurs fonctions ecclésiastiques et il y a 42,000 curés ou desservants rétribués par l'Etat. Est-ce que cela est insuffisant pour le service du culte ? Est-ce que le clergé séculier se plaint ? Ah ! certes, il y a telles communes et telles paroisses, dans la neige des Alpes ou sur les cimes de l'Ariège, par exemple, où le service paroissial devient singulièrement dur et pénible, où le desservant doit franchir de longs espaces dans la boue et parfois sous la neige. Chose singulière ! Dans l'infinie variété des congrégations religieuses, je n'en vois pas une qui se soit proposé pour but de placer à côté du desservant quelque moine pour abréger son labeur. (*Vifs applaudissements à gauche et à l'extrême gauche. Interruptions à droite.*)

Je m'efforce de n'être injuste avec personne et je rendrai tout à l'heure justice à chacun. Si j'ai fait cette constatation, c'est parce qu'elle montre que le culte catholique, dans ce qu'il a de plus essentiel, a des représentants qui suffisent à son exercice.

Si le clergé séculier a des sujets de plaintes ou d'appréhensions, pensez-vous qu'ils tiennent à la crainte de voir périr l'ascendant des congrégations ?

Ah ! si, imitant une parole célèbre et me l'appropriant, j'allais demander au clergé séculier : « Vous sentez-vous menacé par cette loi ? » certes, il est grand nombre de ses membres qui, enveloppés dans la trame monastique, préparés comme ils l'ont été trop longtemps dans des séminaires par les représentants des ordres religieux, me répondraient qu'ils se sentent menacés ; mais soyez sûrs, messieurs, qu'il en est un grand nombre aussi qui laisseraient échapper le secret de ce qu'ils pensent et de ce qu'ils souffrent (*très bien ! très bien.*) et qui viendraient dire de quel poids, dans certaines paroisses et dans certaines communes, pèse sur eux la domination du régulier. (*Applaudissements à gauche et à l'extrême gauche.*)

On disait tout à l'heure : Vous les nommerez. Non, je ne les nommerai pas, parce qu'il n'est pas temps encore de les désigner à vos coups. (*Vifs applaudissements sur les mêmes bancs.*)

M. Lemire. — Je demande la parole.

M. le Président du Conseil. — Quel ministère exerce donc aujourd'hui la congrégation qui ne fût pas réservé au prêtre ? Que perdra-t-elle qui ne lui soit rendu ? En vérité, si l'on en vient à dire que des congrégations religieuses sont nécessaires pour la défense et la propagation du culte

catholique, ne fait-on pas quelque injure immé-
ritée au clergé français ? Est-il donc trop attaché
à la famille dont le sacerdoce, lui, ne rompt pas les
liens ? Est-il trop le fils peut-être aussi de ces pay-
sans de France qui ne cherchent pas ailleurs une
autre patrie ? (*Bruits à droite. — Applaudissements à gauche.*) Ou bien serait-il trop gallican et
pas assez ultramontain ?

Pour juger de sa situation, il suffit de jeter un
regard sur ce qui s'est produit depuis vingt ans.
Les congrégations ont commencé par assumer les
charges les plus lourdes, les besognes les plus dif-
ficiles et les plus dures; c'est dans cette forme de
leur apostolat qu'on aime surtout à les considérer.
Mais, peu à peu, elles ont grandi; leurs biens se
sont développés; elles n'ont pas seulement drainé
des revenus, elles ont drainé des clientèles. Est-ce
que j'apprendrai quelque chose à qui que ce soit
en disant que le confessionnal paroissial ne reçoit
plus que les aveux de consciences vulgaires. (*Applaudissements et rires à gauche.*)

M. LE MARQUIS DE KÉROUARTZ. — Ce n'est pas
au clergé paroissial que vous confiez la vôtre, mais
au Père Dulac. (*Rires à droite.*)

M. LE PRÉSIDENT DU CONSEIL... — Que la chapelle est plus fréquentée souvent que la paroisse ?

Et si, de ce domaine où il n'est question que
d'intérêts quelque peu matériels, nous passons à
un autre plus élevé, est-ce que les congrégations,

par là même que longtemps dans les séminaires, jusqu'à ces derniers mois, elles ont donné l'instruction sacerdotale, n'ont pas sélectionné avec un art merveilleux les intelligences les plus vives, les hommes les plus capables de leur faire honneur dans les différentes fonctions qui leur seraient confiées?

Est-ce que je n'ai pas entendu dire à l'évêque d'un diocèse immédiatement voisin de Paris, mis en demeure, comme les autres, de remplacer les professeurs picpuciens par des prêtres séculiers, qu'il était dans l'embarras, pour ne pas dire dans l'impossibilité de trouver, dans le clergé séculier de tout son diocèse, les deux professeurs qui allaient lui faire défaut?

S'il en est ainsi, quelle est la thèse de persécution, le système d'impiété qui ai fait plus de tort au clergé séculier? La vérité, messieurs, c'est que le clergé catholique pas plus que le culte catholique n'ont rien à redouter d'un régime démocratique. (*Interruptions à droite.*) Parce que si, à certaines époques, le catholicisme a proscrit le libre examen, je n'imagine pas la liberté de penser proscrivant la liberté de croire et on ne me trouvera pas coupable de fanatisme à rebours.

Ils ont une seconde garantie, et surtout dans un pays de suffrage universel, c'est que la politique tient compte des faits, c'est que le catholicisme — Paul Bert a mis cette proposition en pleine lumière dans un admirable rapport sur la séparation des Eglises et de l'Etat, — c'est que le catholicisme est un fait historique presque aussi long que notre histoire; traversant tous les âges, jusqu'à la Réforme, avec le monopole de l'enseignement moral il a représenté pour le peuple sa part d'idéal et d'éducation et aujourd'hui encore, il est pour tous ceux qui ne relèvent pas seulement du libre examen un statut social et religieux, je dirai volontiers plus social que religieux, si puissant et si fort que, chez beaucoup, l'habitude a survécu à la foi. Si, par conséquent, ce n'est pas de notre amour de la liberté que vous voulez des garanties, demandez-les à notre intérêt. Mais vous le savez bien, quoique vous fassiez pour le taire, le clergé catholique n'a rien à redouter du projet de loi actuel; il n'atteint que les congrégations. *(Applaudissements à gauche et à l'extrême gauche. — Interruptions à droite.)*

M. LE GÉNÉRAL JACQUEY. — La gauche a applaudi le contraire tout à l'heure !

M. LE COMTE DE LANJUINAIS. — M. le Président du Conseil n'est pas d'accord avec M. Viviani.

M. LE PRÉSIDENT DU CONSEIL. — Il me reste maintenant à dire pourquoi nous avons saisi la Chambre, depuis longtemps déjà, de ce projet de loi, et pourquoi nous n'avons pas voulu rester dans l'indifférence — ce doux oreiller — qui avait paru pendant longtemps une attitude suffisante.

M. LUCIEN MILLEVOYE. — Vous faites le procès de vos prédécesseurs.

M. LE PRÉSIDENT DU CONSEIL. — C'est parce que le mal est aujourd'hui porté à l'excès, et c'est parce que l'intervention de certaines congrégations religieuses dans le conflit entre le passé et le présent est devenue à la fois trop visible et trop active.

Je ne veux pas faire de statistique ; je voudrais défendre cependant ce milliar [1] que l'honorable M. de Mun a tout à l'heure si vivement attaqué, qu'il a presque fait fondre dans ses mains ingénieuses. « Un milliard de biens appartenant aux congrégations ! y songez-vous ? Comment ce chiffre a-t-il pu faire le tour de la France, presque celui du monde, rencontrer ainsi une croyance universelle ? C'est par l'affirmation seule du Gouvernement ; et le gouvernement ne saurait maintenir avec quelque assurance, à l'heure actuelle, que ce chiffre soit exact. »

L'honorable M. de Mun, qui a dû recevoir, je pense, toutes les rectifications qui pouvaient se produire... (*Rires et applaudissements à gauche.*)

M. LE COMTE ALBERT DE MUN. — Oh ! non.

M. LE PRÉSIDENT DU CONSEIL. — Ce n'est là de ma part qu'une supposition.

M. LE COMTE ALBERT DE MUN. — J'ai lu à la tribune la seule rectification qui soit à ma connaissance ; c'est la lettre publique adressée aux députés de l'Eure. Je n'en ai pas reçu d'autres ; mais je sais que, de toutes part, on se plaint que l'enquête soit impossible à contrôler. (*Très bien ! très bien ! à droite.*)

M. LE PRÉSIDENT DU CONSEIL. — Il résulterait, en tout cas, de ces courtes observations que les redressements ne sont pas venus bien nombreux ni bien pressés.

A DROITE. — Attendez.

M. LE PRÉSIDENT DU CONSEIL. — Mais je suis d'accord avec vous que, dans un travail de cette étendue et de cette importance, comportant des vérifications aussi minutieuses, quelques erreurs ont .pu se glisser. La question que je pose est celle-ci : Se trouvera-t-il quelqu'un pour affirmer avec une foi robuste et sincère qu'à l'heure où je parle le patrimoine des congrégations, surtout si l'on y joint le patrimoine mobilier, ne s'est pas accru et développé dans des proportions formidables? Songez-vous que le point de départ du raisonnement peut être le chiffre de 5o millions de biens, constaté au milieu du siècle ? Que sont-ils devenus ? Et si, en réalité, on a cru si facilement au milliard, laissez-moi vous dire que c'est parce qu'on le voit partout... (*Vifs applaudissements à gauche.*)

M. LASIES. — Combien avait Rothschild au commencement du siècle ?

M. LE PRÉSIDENT DU CONSEIL. —... parce qu'on le voit aussi bien au sommet des collines qu'au creux des vallons et dans les rues de nos grandes villes; c'est parce que les biens immobiliers tout au moins ne peuvent se dérober à la vue.

Mais laissons ce chiffre de 1 milliard. Quel est donc celui que vous allez prendre ? Sera-ce 6oo millions ? sera-ce 56o millions ? Quoi ! depuis quarante ou cinquante ans, nous voici au demi-milliard ! Est-ce là un phénomène qui doive laisser indifférents les hommes publics, les hommes politiques ? S'il est vrai que l'interdiction de la mainmorte soit liée à la conservation nécessaire de l'équilibre économique, peut-on regarder avec indifférence se former un tel patrimoine ?

Mais supposez donc ce qu'il aurait produit livré à des milliers de ces mains françaises, industrieuses, laborieuses, habiles au travail et à l'épargne ! (*Applaudissements à gauche.*)

M. Julien Goujon. — Le nombre des associés a augmenté.

M. le comte de Lanjuinais. — Il se compose surtout de maisons d'habitation.

M. le Président du Conseil. — Est-il dès lors indifférent — puisque nous constatons tout au moins une progression sur laquelle il n'y a pas de contestation possible — que cet accroissement continu, perpétuel, incessant ne puisse être contrôlé, surveillé et au besoin contenu par l'État, qu'il se forme, non pas comme on peut le croire, une mainmorte stupéfiée en quelque sorte dans la main des congrégations religieuses, mais une de ces digues qui provoquent les alluvions et se les incorporent et dont le pouvoir d'attraction se multiplie par chacune de leurs conquêtes ?

Le second fait que je veux dégager des chiffres qui ont été mis sous les yeux de la Chambre et particulièrement des statistiques qui ont été dressées dans les départements à la demande du ministre de l'Intérieur, est d'un ordre plutôt moral. Il consiste à comparer le mouvement des congrégations autorisées par rapport à celles qui ne le sont pas.

En 1877, il y avait 113.750 religieuses autorisées ; il n'y en avait dans la même année que 14.000 non autorisées.

En 1900 les religieuses autorisées sont tombées à 54.409, perdant par conséquent 59.341 membres, et les congrégations non autorisées gagnaient ce que les autres avaient perdu et passaient de 14.000 à 75.000 membres, s'augmentant ainsi de 61.000 membres.

M. JULES BARON. — C'est inexact !

M. LE PRÉSIDENT DU CONSEIL. — Voilà que, par un phénomène qui semble une dérision, la congrégation autorisée elle-même est victime de celle qui ne l'est pas. (*Rumeurs à droite. Applaudissements à gauche et à l'extrême gauche.*)

Et quelle raison essaye-t-on d'en donner ? On a dit, tout récemment, que les congrégations non autorisées ne se développaient pas suffisamment. Ce qui revient à soutenir que, pour être fidèle à la thèse qu'on défend pour que le culte catholique ait tous les auxiliaires qui lui sont nécessaires, il ne suffit pas des congrégations autorisées, il faut des congrégations indépendantes, ne relevant d'aucune loi, dont le développement ne peut être ni contenu, ni mesuré. Je demande si c'est là un état de choses qu'un gouvernement puisse plus longtemps tolérer. (*Applaudissements à gauche.*)

Les ordres religieux, autorisés ou non, ont trouvé des défenseurs d'une admirable éloquence. On vous montre ces moines, persécutés aujourd'hui, rendant les services les plus admirables, sauvant du grand naufrage des premiers siècles tout ce patrimoine de civilisation accumulé par l'antiquité, cultivant les lettres, favorisant la renaissance des arts. Il y aurait peut-être bien des ombres à apporter à ce tableau. (*Applaudissements à l'extrême gauche et à gauche.*)

M. Gustave Rouanet. — Ils ont ouvert l'Empire aux barbares. (*Bruits à droite.*)

M. le Président du Conseil. — Je crains qu'on ne fasse surtout l'histoire d'une élite et je me garderai bien — car je ne fais rien, je pense, pour passionner cette partie de ma discussion — d'invoquer ici les rois, leurs ministres, les écrivains les moins suspects d'impiété, les réquisitoires brûlants, violents qu'ils ont dirigés contre le désordre ou la dissolution de certaines mœurs, contre les ambitions temporelles portées jusqu'à la frénésie.

C'est là le mauvais côté de l'histoire; laissons-le, car en admettant que les ordres monastiques aient rendu les services que vous dites, en admettant que la charité soit l'idéal qui leur tient le plus au cœur, — et c'est la considération qui les recommande à l'Etat, — que c'est du côté des misères humaines que tout leur élan les porte, vous aurez prouvé que les gouvernements antérieurs ont parfaitement fait de maintenir l'autorisation qu'ils avaient donnée à un grand nombre de congrégations charitables, que la loi actuelle est prévoyante en ne fermant pas la porte aux autorisations. Mais conclure de ce que les ordres monastiques ont pu rendre des services qu'il ne doit plus y avoir pour eux de frein, ni de contrôle, c'est toujours retomber dans cette erreur de doctrine qu'un Etat moderne ne pourra jamais admettre. (*Très bien! très bien! à gauche et à l'extrême gauche.*)

Je vais plus loin. On a parlé tout à l'heure de services rendus à la charité. Ici encore quelques chiffres se dégagent de la statistique qui a été mise sous les yeux de la Chambre, qui ont peut-être leur signification.

Quel est donc, dans le nombre d'enfants, de vieillards, d'infirmes secourus par les congrégations, la part des congrégations autorisées et la part de celles qui ne le sont pas?

La part des congrégations autorisées, avec 54.000 membres seulement, est de 57.000 assistés; celle des congrégations non autorisées, avec 75.000 membres, est de 25.000 assistés, seulement. De sorte qu'il n'y a pas de présomption à penser que les congrégations autorisées ont, je ne dis pas le monopole des œuvres charitables, mais un goût plus développé pour ces œuvres, que les congrégations qui ne le sont pas. (*Applaudissements à gauche.*)

Qu'il y ait des congrégations qu'anime le zèle le plus sincère et le plus désintéressé, que la combinaison de la foi et de la pitié qui s'éveille au cœur de la femme sachent susciter des dévouements admirables, nul ne le conteste; seulement il ne faudrait cependant pas omettre de dire que ces mêmes dons de charité et de tendresse s'exercent aussi dans la vie sociale, dans la famille (*vifs applaudissements à gauche et à l'extrême gauche*), et qu'il n'est pas de si humble maison où il n'y ait une femme, une fille, une sœur pour soigner le vieillard usé par le travail et pour se pencher sur l'enfant chétif qui résume trop souvent dans son être souffreteux toute une hérédité de misère. (*Nouveaux applaudissements sur les mêmes bancs.*)

Je ne conteste pas davantage que la soif du sacrifice, dont nous a parlé M. de Mun, un besoin de conquête morale, le tourment de communiquer à d'autres ce que l'on considère être la vérité, ne fassent surgir des apôtres, des missionnaires, prêts à tous les sacrifices, et ne les conduisent et dans les colonies et jusque chez les lépreux des îles Sandwich. Ni l'intérêt, ni le péril de ce débat ne les menacent; ils passent bien au-dessus de leurs têtes, car, à côté de ceux-là dont tout le monde a le respect, il est des ordres auxquels ni les secours que la charité donne, ni même l'action que l'on exerce sur les consciences n'ont jamais suffi, et dont les desseins, ou plus ouverts ou plus cachés, n'ont pas cessé de temps en temps de traverser, de menacer

et de dominer parfois la politique des gouvernements. (*Applaudissements à gauche et à l'extrême gauche.*)

M. Camille Fouquet. — Vous préférez les
francs-maçons ?

M. le Président du Conseil. — Leur immixtion dans le domaine temporel, évidente sous l'ancien régime, fut cependant moins périlleuse que de
nos jours. Elle détermine un conflit de domination,
non point un conflit politique. Elles n'ont point à
redire à la forme du régime ; il leur suffit de le
diriger. Elles chercheront à le dominer, non pas à
le détruire. Leur développement, leur expansion
se sont d'ailleurs contenus par les brusques re-
tours de ces gouvernements au sentiment de leur
orgueilleuse suprématie, contenus encore par la
puissance du clergé séculier lui-même. Car des
évêques, presque toujours choisis dans la noblesse, parfois dans la cour, un ordre ecclésiastique qui possède 3 milliards de biens-fonds et
100 millions de dîmes, sont une proie moins facile
que l'humble clergé concordataire.

De là vient qu'à part des événements soudains
qui mettent en présence bien plutôt des rivaux que
des ennemis, les ordres monastiques sous l'ancien
régime, passez-moi l'expression bien moderne, demeurant loyalistes, ils sont peu nombreux : il y
avait 60.000 religieux en 1788, il y en a 190.000
en 1900.

Il leur manque, pour prendre plus d'essor, une

raison d'être d'opposition et de combat capable de réunir ou de rassembler des partis et de former, avec tous les ressentiments, toutes les rivalités de la veille, la grande ligue du lendemain.

La Révolution leur a fourni cette raison d'être. Une transformation radicale et profonde, un renversement complet du principe d'autorité, plus de fonctions héréditaires, la loi du nombre substituée au gouvernement des oligarchies, l'égalité successorale, le dissolvant du partage introduit dans les successions, tout cet ensemble de faits nouveaux et destructeurs du passé constitue un événement auquel répondent des colères inapaisées, des ambitions jadis rassasiées et aujourd'hui inassouvies, des rancunes mortelles, des espoirs de revanche, tous les éléments d'une même volonté tournée vers le passé, menaçant les temps nouveaux, divisés jadis et qu'une même pensée va unir dans un même effort. (*Applaudissements à gauche et à l'extrême gauche.*)

C'est là l'œuvre que nous allons voir se poursuivre ; c'est la leçon de choses qui nous est offerte dans le siècle même qui vient de finir.

Les politiques, comme on les appelait, ceux qui revenaient d'exil, s'imaginèrent d'abord qu'il suffisait de relever le trône pour faire reparaître les institutions. Erreur ! le mal fait par la Révolution est si grand que la monarchie elle-même est obligée d'accepter l'humiliation d'une Charte libérale. Chaque parti poursuit sa chimère : légitimistes qui rêvent d'un effacement complet des vingt dernières années ; orléanistes qui préparent la trahison de la branche cadette ; bonapartistes, moins ennemis à ce moment de la Révolution que de la royauté, tous demeurent absorbés dans la contemplation du but, mais inconscients des moyens par lesquels on peut l'atteindre.

Au-dessus de ces fragiles desseins s'élabore la méthode vraie, lente, mais sûre.

C'est de la folie de croire qu'on reprendra d'assaut un monde préparé par les souffrances des siècles à l'affranchissement définitif de la Révolution. (*Vifs applaudissements à gauche et à l'extrême gauche.*) C'est la société elle-même qu'il faut tourner contre elle-même ; tout est à refaire et tout est à reprendre. Il faut conquérir le gouvernement des esprits et la direction des consciences, former les générations nouvelles, occuper et distribuer les fonctions, placer des serviteurs dans les grands corps de l'État, unir la foi et l'intérêt, arriver aux fonctions, mettre partout où il y a une force et un pouvoir quelqu'un qui possède la pensée commune. Le but? monarchie absolue? monarchie constitutionnelle ou libérale? Des mots ! le siècle qui commence a un but nouveau : la contre-révolution. (*Salve d'applaudissements à gauche et à l'extrême gauche.*)

Cette thèse, cette vue si juste ne trouve pas d'auxiliaires suffisants dans le clergé séculier : il était encore sous l'impression de la main brutale

qui lui avait appris le respect du concordat. (*Sou-
rires.*) Les chefs de l'Église demeurent partagés
entre les périls séduisants de l'opposition et les
conseils de la prudence ; et quant à ses plus
humbles soldats, ils n'ont point tant à regretter
des privilèges qu'ils n'avaient pas connus et des
bénéfices qui ne leur étaient jamais distribués.
(*Rires à gauche.*)

Mais tandis qu'on disputait — je l'ai rappelé
tout à l'heure — sur l'influence que la Charte avait
bien pu exercer sur le régime des congrégations,
elles rentraient une à une, silencieuses d'abord,
plus bruyantes ensuite, élite le premier jour,
presque légion le surlendemain. Toute l'histoire de
la Restauration, y compris les ordonnances, toute
celle de la monarchie de Juillet, coupée seulement par la grande protestation de 1845, et celle
de 1850, y compris la loi Falloux, racontent leurs
efforts, leurs progrès et leur œuvre.

Dès 1818, les missions ont été lancées sur la
France ; elles se déchaînent si violentes, qu'elles
arrachent à un catholique convaincu et pratiquant,
Montlosier, ce cri d'alarme : « Nos missionnaires
ont mis le feu partout. Qu'on nous envoie la peste
de Marseille si l'on veut ; mais qu'on ne nous envoie plus de missionnaires ! » (*Applaudissements
et rires à gauche.*)

La congrégation des jésuites a rouvert ses
écoles, et l'élection de la « Chambre introu-
vable », répondant plus vite qu'on ne l'eut es-

péré à l'effort jusqu'alors insaisissable, produit un véritable déchaînement d'aveux ; on livre les secrets du programme qu'on rêve de réaliser. Je tiens à le lire ; nous verrons qu'il n'est point déserté aujourd'hui ; c'est bien le programme de la contre-révolution que formulent les discours et les écrits de ces temps :

Un seul culte reconnu, le culte catholique ; sa pratique obligatoire ; les noms des non-pratiquants cloués à la porte des paroisses ; la restitution des biens ecclésiastiques, le mariage civil déclaré un concubinage, les registres de l'état-civil rendus au clergé.

Voilà ce que réclament avec leur fougue imprudente ceux qui avaient conduit la bataille et qui veulent escompter la victoire.

Tant d'arrogance, ces menaces trop bruyantes réveillent pour un temps l'esprit d'indépendance dont le ferment agitait déjà les deux siècles précédents et un tel mouvement d'indignation se déchaîne qu'il a fallu ajourner et reculer pour longtemps l'accomplissement de ces espoirs.

Mais un parti qui a traversé tant d'orages ne se décourage pas si vite. Il se redresse. Sous Louis-Philippe il obtient la législation de 1833 ; il se prépare à celle de 1850.

Puis la monarchie tombe, la seconde République vient, l'empire se déroule ; la République est de nouveau proclamée, trente années s'écoulent encore.

Où en sommes-nous aujourd'hui ? Quel est l'idéal qu'on caresse et par quels moyens espère-t-on l'attendre?

Jamais l'état des congrégations n'a été plus considérable. On peut envisager ce fait à des points de vue très différents, le considérer comme heureux ou le trouver détestable; mais le fait matériel est là. Elles sont enseignantes parce que, je le disais tout à l'heure, il faut former les esprits; elles sont commerçantes, non pas par avidité, mais parce que à une immense entreprise il faut d'immenses moyens; elles sont partout où peut se jouer demain la partie décisive (*très bien! très bien!*) telles enfin qu'il n'est pas jusqu'à l'aspect extérieur des choses et du culte qui ne réponde à ce grand travail et à ce grand effort : une thaumaturgie grossière à l'usage des foules, la dévotion facile mise à la place de la foi (*très bien! très bien! à gauche.*), pour les ambitieux une fidélité éprouvée à servir qui les sert, d'énormes ressources et d'innombrables relations leur assurent une influence qui ouvre toutes les avenues.

Et comme la France est devenue un pays de suffrage universel et que si l'on n'a pas le suffrage universel, on n'a rien, il faut le conquérir. (*Très bien! très bien! à gauche.*)

Et alors, au-dessus de tant d'autres congrégations, il s'en forme une nouvelle encore qui va tenir le compte courant des élections, ayant une agence ou un agent dans chaque commune de

France et auprès de laquelle, en vérité, ce qu'on appelait, sous la monarchie de Juillet, la congrégation de la rue du Bac n'est qu'un misérable embryon.

Eh bien ! où va-t-on ? A qui le demander, sinon à l'homme qui a su, le plus éloquemment et avec le plus de franchise, défendre les idées auxquelles il a consacré toute sa vie, laissant à d'autres le soin, s'ils l'osent, de couvrir d'apparences mensongères des réalités devant lesquelles, lui, il ne recule pas ?

Que disait-il — c'est de M. de Mun que je parle — le 22 mai 1875 lors de la clôture de la troisième assemblée générale des membres du cercle catholique ?

« Le génie de la Révolution, après avoir, pendant des siècles, tourmenté le monde de sa haine, s'est enfin incarné dans une dernière forme, et de celle-là Joseph de Maistre a dit qu'elle était satanique. Sous cette forme il s'est, depuis quatre-vingts ans, emparé de la France ; il a fait d'elle son domaine privé et comme le terrain d'expériences de son infernale tactique : aujourd'hui nous sommes las de ce long esclavage et nous venons revendiquer notre affranchissement...

« L'Etat mis à la place de Dieu, et l'ordre légal substitué à l'ordre divin ; l'enseignement public en lutte ouverte avec la religion et la raison humaine révoltée contre la révélation surnaturelle (*applaudissements à gauche et à l'extrême gauche.*) ; le jour du Seigneur profané, et la débauche du lundi préférée au repos du dimanche. »

Sommes-nous si loin de ce programme que je lisais tout à l'heure? (*Vifs applaudissements sur les mêmes bancs.*)

Mais voici qui n'est pas moins éloquent, qui est plus décisif encore.

« Les violences, les crimes, les transformations politiques accomplis en 1792, en 1793, ce sont des incidents de l'époque révolutionnaire, ce sont des événements, ce sont des faits qui l'ont agitée, troublée, qui ont modifié sa marche; ce n'est pas la révolution, c'est le renversement du trône, c'est le meurtre des personnes royales, c'est le massacre de tous ceux qui gênaient la r   lution, artisans, hommes du monde, campagnards aussi bien, beaucoup plus encore que nobles et prêtres. C'est la violence; mais, encore une fois, la révolution n'est pas là. Elle est en 1789, et elle se manifeste par un système social, politique et économique éclos dans le cerveau des philosophes; sans souci de la tradition et caractérisé par la négation de Dieu sur la société publique.

« C'est là qu'est la révolution et c'est là qu'il faut l'attaquer. »

Et pour ne pas citer seulement des paroles tombées d'une autre tribune, voici ce que l'honorable M. de Mun .sait à la Chambre même au mois de novembre 1878 :

« La Révolution n'est ni un acte, ni un fait.

Elle est une doctrine qui prétend fonder la Société sur la volonté de l'homme au lieu de la fonder sur la volonté de Dieu... C'est là qu'est la Révolution; le reste n'est rien, ou plutôt tout découle de là, de cette révolte orgueilleuse d'où est sorti l'Etat moderne, l'Etat qui a pris la place de tout, qui est devenu votre Dieu et que nous nous refusons à adorer avec vous. La contre-révolution c'est le principe contraire, c'est la doctrine qui fait reposer la Société sur la loi chrétienne ».

Eh bien ! quand on parle avec cette franchise, avec cette éloquence, quand on invoque ces maximes, on est logique, on n'est que logique quand on vient à cette tribune dire qu'à l'Eglise envisagée comme la directrice des sociétés, il ne peut pas être assigné de frontières ni de limites ; que les associations religieuses ne doivent relever que d'elle, qu'elles ne peuvent connaître que l'Eglise, qu'elles doivent ignorer l'Etat.

Dans cette doctrine tout se tient. Ce n'est même pas la doctrine de Léon XIII, c'est celle de Grégoire VII et d'Innocent III (*Applaudissements a gauche et à l'extrême gauche.*)

Si l'on veut aller jusque-là, vous avez raison : plus d'autorisations pour les congrégations religieuses, elles ne relèveront plus que du domaine et de l'autorité de l'Eglise. — Mais si l'on ne veut pas faire ce saut dans le passé, si l'on préfère la révolution à la contre-révolution il faut rester fidèle à ses maximes et ses principes.

Il faut savoir choisir (*très bien, très bien*), il faut se rendre compte que l'on ne juge point des lois seulement par les faits immédiats auxquels elles répondent, qu'il faut encore se souvenir et prévoir.

On objecte la liberté. Comme s'il pouvait y avoir une liberté contre l'ordre public !

M. Fernand de Ramel. — C'est la thèse de la tyrannie !

M. le Président du Conseil. — Cette éternelle objection avait été formulée en termes moins éloquents, avec non moins de force, dans le grand débat qui a été si souvent rappelé, celui de 1845, et voici en quels termes M. Thiers s'exprimait : « On dit que la liberté est tellement puissante qu'avec sa force de discussion elle résisterait aux jésuites. Si cela devait se passer en discussion, je m'y résignerais peut-être. Mais si cela aboutit à une guerre civile, il me semble que votre société idéale devient sanguinairement ridicule. »

En relisant ces lignes je ne pouvais m'empêcher de penser à des événements qui ne sont pas si loin de nous, à des excitations que tout le monde a entendues, à ces fureurs dirigées par un système évoqué du plus sombre passé contre toute une race... (*Applaudissements vifs et répétés à gauche, à l'extrême gauche, et sur divers bancs au centre.*)

M. Lasies. — Nous en reparlerons.

M. le Président du Conseil... — Et je me demandais ce qui avait manqué, en vérité, ou un peu plus d'audace d'un côté ou un peu moins de résolution de l'autre pour qu'au lieu de parler de discorde civile, il eût été permis de parler de guerre.

Ce que nous voulons, le but que nous poursuivons, c'est d'assurer par une mesure nécessaire la paix et le développement régulier de la Société qui est sortie de la Révolution Française. (*Applaudissements sur les mêmes bancs. Interruptions à droite.*)

Au projet que nous vous soumettons, il n'eût pas manqué, sous la monarchie de Juillet, une voix des libéraux, il n'eût pas manqué une voix des républicains sous la république de 1880. (*Applaudissements à gauche et à l'extrême gauche. — Bruit à droite.*)

M. Fernand de Ramel. — Vous n'avez pas le droit de parler des libéraux. (*Bruit.*)

M. le Président du Conseil. — N'ose-t-on plus penser comme Dupin ou parler comme Pasquier ?

A la dernière séance, M. Piou me rappelait que j'ai parlé de république ouverte. Ah ! s'il entend cette expression dans le sens où on l'emploie pour dépeindre une ville entourée d'assaillants qui n'a à leur opposer que de faibles remparts, non, je ne veux pas une République ouverte.

Il s'entend par là, comme je l'ai dit, que personne n'a sur la République, ni un droit de privilège, ni un droit de préférence, qu'elle ne doit repousser aucun de ceux qui embrassent avec sincérité ses principes, qu'elle soit et qu'elle demeure ouverte, mais pour qu'on y puisse entrer et non pas pour qu'on en puisse sortir. (*Applaudissements vifs et répétés à gauche, à l'extrême gauche, et sur divers bancs au centre.*) L'orateur en regagnant le banc du gouvernement reçoit de nombreuses félicitations.

M. HENRI BRISSON. — Au nom d'un grand nombre de mes amis, je demande l'affichage du discours que vient de prononcer M. le Président du Conseil. (*Applaudissements à l'extrême gauche et à gauche.*)

M. LE PRÉSIDENT. — Je mets aux voix la proposition d'affichage.

Il y a une demande de scrutin, signée de MM. Odilon-Barot, Augé, Guillement, Malaspisna, Lhopiteau, Louis Blanc, Lafferre, Gueneau, Gaston Thomson, Dutailles, Decker David, Dauzon, Delmas, etc.

Le scrutin est ouvert :

Les votes sont recueillis. — MM. les secrétaires en font le dépouillement.

M. LE PRÉSIDENT. — Voici le résultat du dépouillement du scrutin.

Nombre des votants.	524.
Majorité absolue	263.
Pour l'adoption	298.
Contre	226.

La Chambre des députés a adopté. (*Applaudissements à gauche et à l'extrême gauche.*)

Ces débats eurent pour sanction le vote de la loi du
1er juillet 1901 sur les Associations.

Les articles 13 et 18 de cette loi visent spécialement
les Congrégations religieuses.

Article 13. — Aucune Congrégation religieuse
ne peut se former sans une autorisation donnée par
une loi qui déterminera les conditions de son fonctionnement.

Article 18. — Les Congrégations existantes au
moment de la promulgation de la présente loi qui
n'auraient pas encore été autorisées ou reconnues
devront, dans le délai de trois mois, justifier
qu'elles ont fait les diligences nécessaires pour se
conformer à ses prescriptions.

C'est l'application de ces deux articles qui a amené le
gouvernement à présenter dans la Séance du 2 décembre
1902 trois projets de loi dont il importe de donner le
titre et les exposés de motifs. Car ils sont la consécration de la loi sur les Associations et la source du Rapport
Rabier.

PROJETS DE LOI

DU GOUVERNEMENT, RELATIFS

AUX CONGRÉGATIONS RELIGIEUSES

PROJETS DE LOI DU GOUVERNEMENT

RELATIFS

AUX CONGRÉGATIONS RELIGIEUSES

PROJETS DE LOI

relatifs aux demandes en autorisation formées par les Congrégations de :

1° Frères de l'instruction chrétienne de Ploermel;
— de la doctrine chrétienne de Nancy;
— de Sainte-Croix de Neuilly;
— de l'instruction chrétienne de Saint-Gabriel, de Saint-Laurent-sur-Sèvre;
— de Saint-Joseph de Saint-Fuscien;
— du Sacré-Cœur de Paradis ;
— de la Société de Marie, dits Marianistes de Paris;

Clercs du Saint-Viateur de Vourles ;
Petits frères de Marie de Saint-Genis-Laval
Frères de la Croix de Jésus de Ménestruel ;
— agriculteurs de Saint-François-Régis de la
    Roche-Arnaud ;
— des écoles chrétiennes de la Miséricorde de
    Montebourg ;
— de la Sainte-Famille de Belley ;
2° Pères de la congrégation dite des Eudistes ;
— maristes ;
— dominicains enseignants ;
— basiliens ;
— de l'Immaculée-Conception de Saint-Méen ;
— oratoriens ;
— du Sacré-Cœur de Bétharram ;
— de Saint-Pierre-ès-Liens ;
— des enfants de Marie-Immaculée de Cha-
    vagnes ;
— maristes de l'École Saint-Martial ;
— bénédictins anglais de Douai ;
Frères de la congrégation de la doctrine chrétienne
de Solesmes.

EXPOSÉ DES MOTIFS

Messieurs,

Les congrégations de :
1° Frères de l'instruction chrétienne de Ploer-
    mel ;
— de la Doctrine chrétienne de Nancy ;
— de Sainte-Croix de Neuilly ;
— de l'Instruction chrétienne de Saint-
    Gabriel de Saint-Laurent-sur-
    Sèvre ;

Frères de Saint-Joseph de Saint-Fuscien ;
— du Sacré-Cœur de Paradis ;
— de la Société de Marie, dits Marianistes de Paris ;
Clercs du Saint-Viateur de Vourles ;
Petits frères de Marie de Saint-Genis-Laval ;
Frères de la Croix-de-Jésus de Ménestruel ;
— agriculteurs de Saint-François-Régis
de la Roche-Arnaud ;
— des écoles chrétiennes de la Miséricorde de Montebourg ;
— de la Sainte-Famille de Belley.
2° Pères de la Congrégation dite des Eudistes ;
— maristes ;
— dominicains enseignants ;
— basiliens ;
— de l'Immaculée-Conception de Saint-
Méen ;
— oratoriens ;
— du Sacré-Cœur de Bétharram ;
— de Saint-Pierre-ès-Liens ;
— des Enfants de Marie-Immaculée de
Chavagnes ;
— maristes de l'école Saint-Martial ;
— bénédictins anglais de Douai ;
— Frères de la Congrégation de la doctrine chrétienne de Solesmes.

Ont formé en vertu de l'article 18 de la loi
du 1er juillet 1901, et dans les délais qui leur

4.

étaient impartis par ledit article, leur demande en autorisation.

Les premières de ces agrégations se livrent principalement à l'enseignement primaire, et depuis 1882, profitant de tous les défauts de surveillance des pouvoirs publics, en sont arrivées à ouvrir des écoles sur presque tous les points du territoire.

Cependant, ces associations sont bien, ainsi qu'elles l'ont elles-mêmes reconnu, de véritables congrégations, et, à ce titre, ne pouvaient exister régulièrement qu'en vertu d'une loi les autorisant spécialement.

Mais cette loi, à aucune époque, aucune d'elles n'avait osé en affronter la discussion devant le Parlement, se rendant bien compte que, si disposé que celui-ci fût à certaines compromissions, jamais il ne serait allé jusqu'à abandonner les traditions que les régimes passés avaient toujours pris à tâche et à honneur de défendre.

Tout en reculant devant la nécessité d'introduire une demande devant les Chambres, les partisans de ces agrégations n'en reconnaissaient pas moins l'illégalité et l'instabilité de cette situation ; aussi à différentes reprises ont-ils cherché à leur donner, à défaut de l'autorisation légale qui leur était indispensable, une apparence de personnalité par des décisions de simple tolérance, décrets rendus suivant le bon plaisir du pouvoir exécutif de l'époque ou en vertu des articles 31 et 34 de la loi du 15 mars 1850 qui permettait au Ministre de l'Instruction publique de créer des associations d'enseignement.

Mais il n'y avait là que des subtilités ne remplaçant pas l'autorisation qu'une loi seule pouvait conférer aux termes de notre législation définitivement consacrée par la loi du 2 janvier 1817.

D'ailleurs les jurisconsultes ne manquèrent pas de le faire observer et dès 1861, sur un rapport de M. Dupin, la Cour de cassation prononçait, dans un arrêt du 3 juin, que les communautés religieuses d'hommes n'ont d'existence légale qu'autant qu'elles ont été reconnues par une loi et qu'elles ne peuvent tenir cette existence d'une simple ordonnance, même quand il s'agit de congrégations vouées à l'enseignement primaire et auxiliaires de l'Université. Aussi à diverses reprises et lorsque le scandale venait se joindre à l'illégalité, le gouvernement n'hésitait-il pas à prononcer la déchéance e celles de ces associations qui, mésusant des décisions de tolérance prises en leur faveur, attiraient sur elles l'attention par des incidents d'ordre public ou privé. (Décret du 25 septembre 1888, inséré au *Jour l officiel*, retirant l'autorisation accordée à la congrégation des Frères de Saint-Joseph, reconnue comme établissement d'utilité publique et établie à Oullins (Rhône), Citeaux (Côte-d'Or), Soissons (Aisne), etc., etc. Arrêt contentieux du 22 janvier 1892, rejetant le pourvoi formé devant le Conseil d'Etat par ladite association.)

Enfin lors des travaux préparatoires de la loi
du 1ᵉʳ juillet 1901 et pour établir la statistique des
congrégations qui allaient tomber sous le coup de
cette loi, le Conseil d'Etat, consulté, a rendu, à la
date du 16 janvier 1901, l'avis solennel ci-dessous
reproduit : « Considérant que l'article 31 de la loi
du 15 mars 1850, en accordant aux supérieurs des
associations religieuses reconnues comme établissements d'utilité publique, le droit de présentation
aux emplois d'instituteurs communaux, n'a nullement dérogé aux principes qui régissent les congrégations ;

« Que les associations en question ne sauraient
invoquer les décrets ou ordonnances qui postérieurement à la date du 22 janvier 1817, les ont
admises à jouir des droits accordés par les lois
aux associations vouées à l'enseignement, ou
même les ont explicitement reconnues comme
établissements d'utilité publique, pour soutenir
qu'elles ont été constituées de ce fait en congrégations autorisées ;

« Qu'un décret rendu à cette époque ne pouvait, en effet, reconnaître valablement des associations qui, à raison de leur nature et de la qualité
des personnes qui les composent, sont régies par
des lois spéciales ;

« Que dès lors, les associations enseignantes
admises à fournir des instituteurs communaux ou
reconnues d'utilité publique par des décrets ou
ordonnances postérieurs à la loi du 2 janvier 1817

ne sauraient être considérées comme des établissements reconnus au sens de cette dernière loi. »

Les intéressés ne se sont jamais dissimulé la fausseté de la situation dans laquelle ils se trouvaient ; aussi ont-ils été les premiers à s'inspirer de l'avis précité et à former des demandes prescrites par l'article 18 de la loi du 1er juillet 1901.

Les congrégations qui forment la seconde catégorie ci-dessus indiquée se vouent plus particulièrement à l'enseignement secondaire et ne peuvent même pas invoquer des décrets ou ordonnances analogues à ceux dont nous venons de parler.

Elles n'ont jamais eu aucune attache avec les Pouvoirs publics et elles se sont établies et maintenues en France, en contravention aux lois en vigueur, malgré les rappels successifs qui leur ont été faits de ces lois et les exécutions dont elles ont été l'objet.

Ces diverses demandes doivent-elles être accueillies ?

Nous ne le pensons pas.

Il est possible qu'au cours du siècle dernier, l'enseignement public ait eu besoin d'auxiliaires religieux, mais les circonstances qui avaient pu rendre nécessaire le concours de ces auxiliaires ayant disparu, ceux-ci devaient être remerciés. Ils ne pouvaient d'ailleurs se méprendre sur le caractère provisoire de leur condition, sachant bien qu'à aucune époque il n'avait pu être question de confier, d'une manière permanente et définitive, à des congréganistes le service de l'enseignement.

Il n'y a donc, en relevant aujourd'hui ces auxiliaires d'une tâche que nous considérons comme achevée, pas plus d'illégalité que d'ingratitude. Faut-il rappeler qu'au 18 août 1792, l'Assemblée nationale, en même temps qu'elle prononçait la suppression de toutes les congrégations, rendait hommage à celles d'entre elles qui, vouées à l'enseignement public, avaient bien mérité de la patrie ?

Les progrès rapides faits depuis trente ans et particulièrement depuis les lois de 1882 et 1886, les sacrifices consentis par la nation, assurent désormais partout, et dans ses divers ordres, le service de l'instruction publique, et si, malgré le plein achèvement de cette organisation, nous restons partisans du droit de laisser subsister, à côté de notre enseignement, un autre enseignement, d'opposer à nos classes des classes rivales, en vertu d'une concurrence laïque et privée, nous pensons que le maintien dans une situation privilégiée d'institutions confessionnelles dont les membres ont renoncé à la plénitude de leur individualité, dont les services ne répondent plus à aucune nécessité, ne pourrait qu'entretenir dans le pays des divisions profondes.

On invoquera peut-être les services que certaines congrégations rendent en pays étrangers et le concours qu'elles apportent au développement de notre langue et, par suite, de notre influence.

C'est là une question qui pourra faire l'objet d'un examen spécial le jour où l'on se trouvera en présence de demandes limitées à ce but particulier. Mais nous ne sommes saisis actuellement que de demandes d'un caractère général visant l'enseignement en France et, par conséquent, il n'y a pas lieu de s'arrêter à cette considération.

En vertu de l'article 21 du règlement d'administration publique du 16 août 1901, modifié par le décret du 28 novembre 1902, nous avons l'honneur, messieurs, de vous transmettre avec leurs dossiers les demandes des congrégations dont il s'agit, accompagnées, pour concilier les règles spéciales de la loi de 1901 avec celles de la procédure parlementaire, des 28 projets de lois.

PROJETS DE LOI

relatifs aux demandes en autorisation formées par les congrégations des :

1° Capucins, 26.
2° Prémontrés de France, 27.
3° Rédemptoristes, 28.
4° Dominicains prêcheurs, 29.
5° Passionnistes français, 30.
6° Pères du Sacré-Cœur de Picpus, 31.
7° Oblats de Saint-François de Sales, 32.
8° Clercs de Notre-Dame de Sion, 33.
9° Oblats du Sacré-Cœur de Saint-Quentin, 34.
10° Pères de Saint-François d'Assise d'Ambialet, 35.
11° Franciscains, 36.
12° Pères du Très Saint-Sacrement, 37.

13° Chanoines de Latran, 38.
14° Pères de la Retraite ou Missionnaires de Vabres, 39.
15° Oblats de Marie Immaculée, 40.
16° Bénédictins de la Pierre-qui-Vire, 41.
17° Missionnaires de Garaison, 42.
18° Pères de Saint-François de Sales d'Annecy, 43.
19° Missionnaires de Sainte-Garde, 44.
20° Oblats de la Vierge Marie, 45.
21° Chanoines de l'Immaculée-Conception, 46.
22° Pères de l'Oratoire de Saint-Philippe de Néri, 47.
23° Missionnaires de la Miséricorde, dits de France, 48.
24° Barnabites de Gien, 49.
25° Barnabites de Paris, 50.
26° Passionnistes anglais, 51.
27° Pères du Calvaire de Toulouse, 52.
28° Carmes de Laghet, 53.

EXPOSÉ DES MOTIFS

Messieurs,

Les congrégations des :
1° Capucins ;
2° Prémontrés de France ;
3° Rédemptoristes ;
4° Dominicains prêcheurs ;
5° Passionnistes français ;
6° Pères du Sacré-Cœur-de-Picpus ;
7° Oblats de Saint-François de Sales ;
8° Clercs de Notre-Dame de Sion ;
9° Oblats du Sacré-Cœur de Saint-Quentin ;
10° Pères de Saint-François d'Assise d'Ambialet ;

11° Franciscains;

12° Pères du Très-Saint-Sacrement;

13° Chanoines de Latran;

14° Pères de la Retraite ou Missionnaires de Vabres;

15° Oblats de Marie-Immaculée;

16° Bénédictins de la Pierre-qui-Vire;

17° Missionnaires de Garaison;

18° Pères de Saint-François de Sales d'Annecy;

19° Missionnaires de Sainte-Garde;

20° Oblats de la Vierge-Marie;

21° Chanoines de l'Immaculée-Conception;

22° Pères de l'Oratoire de Saint-Philippe de Néri;

23° Missionnaires de la Miséricorde, dits de France;

24° Barnabites de Gien;

25° Barnabites de Paris;

26° Passionnistes anglais;

27° Pères du Calvaire de Toulouse;

28° Carmes de Laghet.

Ont formé, en vertu de l'article 18 de la loi du 1er juillet 1901, et dans les délais qui leur étaient impartis par ledit article, leur demande en autorisation.

Toutes ces congrégations ont pour but avoué l'exercice de la prédication.

Le clergé français, qui aux siècles précédents, a brillé avec tant d'éclat dans l'éloquence sacrée, s'est, de nos jours, déshabitué de la prédication, s'en remettant à de véritables spécialistes qui, dans l'espace de 60 ans, formés en agrégations monacales, sont arrivés à exercer sur ceux auxquels ils prêtaient leur concours une telle domination, que souvent on les confond les uns avec les autres.

Le prêtre français avait cependant non seulement le droit, mais encore le devoir de garder pour lui le monopole de la prédication religieuse.

L'organisation concordataire tout entière repose sur ce fait, et les archives du ministère des Cultes contiennent encore les autographes mêmes de Napoléon réglant, jusque dans ses moindres détails, l'exercice de la prédication, avec l'aide des confrères voisins, en cas d'insuffisance ou de fatigue d'un titulaire de paroisse, et avec le concours de prêtres d'un autre diocèse, en cas de besoins exceptionnels ; mais sans jamais qu'il apparaisse la possibilité, de l'institution en dehors du clergé paroissial, d'un corps spécial de prédicants, véritables *missi dominici* dont il est facile de comprendre le danger.

Sans cesse en contact avec les populations, le prêtre des paroisses y contracte des habitudes de tolérance, de bon sens et de juste appréciation des gens et des choses, que le moine vivant dans l'isolement et la contemplation ne peut pas connaître. Celui-ci, au contraire, systématiquement tenu à l'écart des critiques permanentes de ses concitoyens, ne relevant que d'un supérieur retiré du monde et n'envisageant les choses et les êtres que sous une règle abstraite et inflexible, reste étranger à tout esprit de conciliation ou même de simple modération.

Les commencements du dernier siècle, nous l'avons dit, n'ont pas connu les spécialistes de la chaire. Napoléon les avait sagement prohibés; il savait que les prédications qu'ils donnent perdent bien vite le caractère d'enseignement religieux et deviennent, au contraire, ces excitations violentes et mauvaises, ces manifestations plus politiques que religieuses qui portent le nom de « *Missions* ».

Toutes les tentatives faites pour créer ces sortes de prédications furent toujours étouffées par les pouvoirs publics vigilants. C'est ainsi qu'interviennent le décret du 16 septembre 1809, l'ordonnance du 25 décembre 1830 prononçant la dissolution des missions de France et les mesures prises en 1845, 1857, 1880. Il apparaît donc avec évidence que, depuis la Révolution, la société civile, justement alarmée, s'est vue souvent dans l'obligation de se défendre; mais une fois le péril passé ou cru conjuré, la vigilance s'assoupissait et, à de courtes phases d'énergie nécessaire, succédaient de longues périodes de laisser-aller.

Les agrégations monacales, elles, n'ont jamais désarmé; elles ont toujours profité de ces intermittences et, soutenues par un mot d'ordre venu d'au delà des Alpes, elles ont formé, peu à peu, mais sans relâche, à côté de notre clergé concordataire, un second clergé qui, si l'on n'y prenait garde, dominerait bien vite le premier et ferait de la religion une institution politique.

Nous les avons vues à l'œuvre, chaque fois qu'une crise gouvernementale s'ouvrait, chaque fois que le suffrage universel était appelé à se prononcer. Enfin, vous connaissez les agissements auxquels les membres de ces agrégations se livrent lorsqu'ils viennent à huit, dix ou douze, envahir une paroisse, se substituer au clergé local, s'emparant des confessionnaux comme des autels et jetant du haut de la chaire des excitations contre lesquels nous restons impuissants.

Nous estimons, en conséquence, que les demandes produites ne répondent à aucun besoin réel et que les admettre serait compromettre en France la paix religieuse et l'ordre public.

Il y aurait un danger d'autant plus grand à accorder l'autorisation que l'accaparement du service de la prédication dans les églises ne suffit plus aujourd'hui à l'activité des congrégations.

Encouragées par la tolérance dont elles étaient l'objet, elles se sont appliquées à désorganiser, en le détournant à leur profit, le service paroissial.

Après avoir créé, à côté du personnel du clergé séculier, un personnel presque aussi important et parallèle, elles ont cherché à établir le même parallélisme dans les lieux de culte, en créant, à côté des circonscriptions paroissiales, une série de lieux de culte distincts et non autorisés.

Les trois mille (3.000) cures, les 31 mille (31.000) succursales et tous les oratoires officiellement reconnus pour assurer l'exercice public du culte catholique en France ne leur ont pas paru suffisants. D'ailleurs, la publicité même de ces églises ouvertes à tous, où toutes les classes de la société sont confondues, dans des assemblées d'un caractère trop démocratique et territorial, ne pouvait leur convenir.

Dans la plupart des villes, les congrégations ont ouvert subrepticement des chapelles qui font concurrence à nos églises concordataires, pour l'entretien et la réparation desquelles le contribuable ne cesse cependant de joindre ses sacrifices pécuniaires à ceux des fidèles, et ces chapelles sont devenues rapidement des centres d'action politique et des foyers de réaction.

Cela n'a pas suffi encore. Il a fallu essayer la création de grands courants par l'ouverture de « basiliques, » de sanctuaires spéciaux extra-paroissiaux où, sous prétexte de pèlerinages et d'actions votives, on puisse chercher à diriger les foules.

Pour le service de ces sanctuaires, il s'est même créé des ordres religieux nouveaux, d'anciens presque éteints, ont reparu, dont le succès et la fortune ont atteint, en moins de quarante années, des proportions devant l'importance desquelles la raison reste confondue.

Nous nous bornerons à citer les Pères de Garaison qui tiennent notamment la Grotte de Lourdes et les Oblats de Marie-Immaculée dits de la rue de Saint-Pétersbourg, qui ne tiennent pas moins de huit sanctuaires-pèlerinages :

Notre-Dame de l'Osier (Grenoble);

Notre-Dame de Sion (Nancy);

Notre-Dame de Talence et d'Arcachon (Bordeaux);

Notre-Dame de Bon-Secours (Viviers);

Notre-Dame des Lumières (Avignon);

Notre-Dame de la Garde (Marseille);

Notre Dame de Pontmain (Laval);

Et enfin le Sacré-Cœur de Montmartre (Paris).

Peut-être un certain nombre de ces lieux de culte répondent-ils à un besoin religieux. Mais rien n'empêche les évêques, et l'article 61 de la loi du 18 germinal an X leur en fait même un devoir, de se concerter avec les autorités civiles pour faire autoriser régulièrement l'ouverture de ces lieux de culte et en assurer le fonctionnement par des prêtres du clergé paroissal.

Peut-être aussi invoquera-t-on les services que certaines des congrégations précitées se flattent de rendre en même temps en pays étrangers et le concours qu'elles y apporteraient au développement de la langue et de l'influence françaises ; c'est là une question qui pourra faire l'objet d'un examen spécial le jour où l'on se trouverait en présence de demandes limitées à ce but particulier. Mais nous ne sommes actuellement saisis que de demandes d'un caractère général visant le territoire de la République et, par suite, il n'y a pas lieu de s'arrêter à cette considération.

En vertu de l'article 21 du règlement d'administration publique du 16 août 1901 modifié par le décret du 28 novembre 1902, nous avons l'honneur, Messieurs, de vous transmettre, avec leurs dossiers, les demandes des congrégations dont il s'agit, accompagnées, pour concilier les règles spéciales de la loi 1901 avec celles de la procédure parlementaire, des 28 projets de loi.

PROJET DE LOI

relatif à la demande en autorisation formée par les Congrégations des Chartreux.

Messieurs,

L'ordre des Chartreux a été fondé en 1084, par saint Bruno qui, exilé, vint, sur le Conseil de l'évêque de Grenoble, se retirer avec six compagnons dans les montagnes de Chartreuse. A l'origine, les Chartreux étaient appelés Ermites de la Chartreuse. Ils étaient recrutés parmi les hommes du monde ayant éprouvé de grandes déceptions. « Pour se faire Chartreux, a dit un des religieux de l'Ordre, il faut être dégoûté du monde. » Les religieux se divisaient en Pères qui s'adonnaient à la prière, à la lecture, à la méditation, et en Frères recrutés parmi les ouvriers, les domestiques et qui se livraient aux travaux manuels. L'ordre était gouverné par un général élu par les religieux.

Avant la Révolution, les Chartreux détenaient d'immenses domaines, ils dirigeaient d'importantes exploitations agricoles et avaient créé également des fonderies de fer qui ont disparu depuis longtemps. Exempts de toutes charges et d'impôts, ils s'enrichissaient pendant que les populations environnantes se ruinaient et, étant les banquiers des seigneurs, ils devinrent propriétaires des fiefs que ceux-ci, impuissants à se liquider, étaient obligés de leur abandonner.

Mais, issu de la féodalité, l'Ordre s'amoindrissait à mesure que les abus qui avaient favorisé le développement de ses privilèges disparaissaient. Aussi était-il déjà considérablement diminué au moment de 1789.

Lorsqu'éclata la Révolution et dès qu'il fut question de supprimer les ordres religieux, les Chartreux, inaugurant la tactique qu'ils ont renouvelée depuis, dans tous les moments de crises, tentèrent d'être exceptés des mesures frappant les autres congrégations. Ils adressèrent à cet effet, à la fin de 1789, au Conseil de Grenoble une requête dans laquelle ils alléguaient : « les aumônes qu'ils distribuaient chaque année, les services qu'ils rendaient au Gouvernement en lui fournissant des bois pour la marine et en protégeant la frontière de la Savoie. » Mais, peu air ʼ s des populations environnantes, ils ne trouvèrent aucun défenseur, aucune exception ne fut faite pour les Chartreux ni dans le décret du 2 novembre 1789, mettant les biens ecclésiastiques à la disposition de la Nation, ni dans la loi du 17 février 1790, par laquelle l'Assemblée nationale décréta l'abolition des ordres religieux.

Les Chartreux durent donc fournir l'état de leurs biens. Il en résulte, qu'en 1789, la Grande-Chartreuse détenait, outre les forêts et les montagnes, les trois quarts des propriétés particulières du canton actuel de Saint-Laurent-du-Pont. Tous ces biens furent mis en vente, mais restèrent pour la plus grande partie, notamment les forêts, dans le domaine de l'État. Les Chartreux abandonnèrent leur couvent, le 14 octobre 1792, à l'exception de quelques religieux, qui furent définitivement expulsés en 1793. Le général se retira à Bologne, puis à Rome.

Ce n'est que sous la Restauration, après la chute de Napoléon, que les Chartreux rentrèrent en France. A la date du 27 avril 1816, une ordonnance du roi Louis XVIII décida que « les édifices formant autrefois la maison conventuelle connue sous le nom de Grande-Chartreuse, dans le département de l'Isère, et toutes les propriétés y adhérant, actuellement tenues en régie pour le compte du domaine, autres néanmoins que celles cédées aux hos-

5.

pices de Grenoble, ou administrées par l'Agence forestière, sont affectées à une maison de retraite dont la formation sera déterminée par un règlement particulier qui nous sera soumis dans le délai d'un an ». Aux termes de l'article 2 de cette ordonnance, il devait être pourvu sur les fonds de l'Administration Générale des affaires ecclésiastiques au paiement annuel en faveur du domaine d'une indemnité de 3.000 francs au maximum. Cette indemnité fut réduite à 1.000 francs par une décision ministérielle du 27 août 1822 ; mais elle était toujours supportée par le budget des cultes et ce n'est qu'en 1831 qu'elle fut mise à la charge des concessionnaires, c'est-à-dire des Chartreux, à la suite d'un rapport faisant remarquer ce qu'il y avait d'irrégulier à faire payer par l'État à lui-même le prix d'une concession faite par l'État à des particuliers.

Un décret du 6 juin 1857 augmentant la concession faite à la maison de retraite installée à la Grande-Chartreuse, lui réserva 122 hectares de bois ainsi que divers bâtiments occupés par l'administration forestière et réduisit à 500 francs la redevance annuelle payée par la maison de retraite.

Après leur rentrée en France, les Chartreux n'avaient pas immédiatement retrouvé leur ancienne prospérité. Ce n'est qu'en 1833 qu'ils commencèrent à se livrer à la fabrication des liqueurs ; il ne s'agissait d'abord que de la liqueur blanche appelée « Mélisse » dont on ne fabriquait guère que 2 litres par jour, et qu'un frère Chartreux allait vendre à Grenoble et à Chambéry. Mais la vente augmenta rapidement ; à la liqueur blanche s'ajouta la liqueur verte, puis sous la direction du Père Garnier, la liqueur jaune et les bénéfices procurés par ce commerce devinrent bientôt considérables. La curie romaine, désireuse de s'en assurer l'administration, essaya d'obtenir que le général des Chartreux se fixât à Rome. N'ayant pas réussi, il fut décidé que, pour se conformer aux statuts de l'ordre, la distillerie serait transportée loin du couvent et qu'un tribut annuel serait payé sur les bénéfices à la Propagande, tribut qui, fixé en 1860 au minimum de 100,000 francs, s'éleva rapidement, dit-on, à plus d'un million.

Telle était la situation au moment où est intervenue la loi du 1er juillet 1901 sur le contrat d'association :

Aussitôt la promulgation de cette loi, le Procureur de la Grande-Chartreuse, le Père Valéry Rey, demanda à M. Waldeck-Rousseau de vouloir bien examiner la situation légale de la congrégation des Chartreux qui lui paraissait être autorisée par l'ordonnance du 27 avril 1816.

Or, il convient de remarquer que dès 1817 la question de savoir si les Chartreux étaient régulièrement autorisés était posée par le gouvernement au Conseil d'Etat qui, dans sa séance du 9 décembre 1817, répondait par l'avis suivant :

« Considérant que cette réunion des solitaires

(de la maison de retraite dite de la Grande-Chartreuse), dans l'asile qui leur est affecté par ordonnance royale, doit avoir pour résultat, suivant le
projet de statuts dont l'examen est soumis au
Comité, de venir au secours de l'infortune par les
œuvres de la charité, la distribution d'aumônes
aux nécessiteux, l'instruction gratuite d'un grand
nombre d'enfants et l'exercice de l'hospitalité la
plus étendue ;

« Considérant que cette réunion ne peut avoir
son effet que par l'autorisation qui lui serait
accordée par une loi, laquelle doit être précédée de
l'observation des formes, informations et précautions qui en garantissent l'utilité et en pré-
viennent les abus ;

« Considérant que l'article 2 du nouveau projet
de statuts, se référant, quant au régime intérieur
de cette maison, à la règle des Chartreux leurs
prédécesseurs, ce n'est que lorsque cette règle aura
été mise sous les yeux du Comité, qu'il pourra
donner son avis sur l'adoption de l'ensemble des
nouveaux réglements;

. . . .

« Sont d'avis :

« 1º Qu'il est nécessaire de faire autoriser cette
réunion des solitaires par une loi et qu'en conséquence il y a lieu de suivre l'information d'usage
pour provoquer cette autorisation ;

2º Qu'il est également nécessaire de mettre sous
les yeux du Comité les anciens règlements rap-

pelés dans l'article 2 du nouveau projet de statuts afin qu'il puisse émettre son opinion sur l'ensemble des nouveaux règlements. »

. . . .

A la suite de cet avis, le règlement des solitaires de la Grande-Chartreuse fut transmis le 29 décembre 1817, pour l'instruction réglementaire, au Préfet de l'Isère qui renvoya le dossier à la date du 18 septembre 1818 avec les délibérations favorables des conseils municipaux de Grenoble et de Saint-Pierre-de-Chartreuse et du conseil général de l'Isère. Cependant, aucune suite ne fut donnée à l'affaire.

Après l'avènement de Charles X, nouvelle demande des Chartreux, appuyée par l'autorité diocésaine, par le préfet de l'Isère, par le maire de Grenoble, par le premier président de la Cour Royale, par le président du conseil général, par le lieutenant général commandant la septième division militaire, et enfin par le maire de Saint-Pierre-de-Chartreuse.

Mais, malgré tous ces appuis, le ministre des affaires ecclésiastiques, évêque d'Hermopolis, adresse au général des Chartreux la lettre suivante :

« Monsieur, j'ai reçu la lettre que vous m'avez fait l'honneur de m'écrire pour exprimer le désir que la communauté des Chartreux soit reconnue par le gouvernement. J'ai lu avec l'intérêt le plus vif le mémoire que vous adressez pour cet objet à Sa Majesté. Je ne puis qu'être touché des motifs que vous présentez à l appui de cette demande. Mais je ne sais encore ce que les circonstances me permettront de faire pour aider autant qu'il serait en moi à l'accomplissement d'un si pieux désir. » 1825. — C'était une fin de non recevoir.

En 1857, intervint le décret du 6 juin rappelé ci-dessus, qui augmente les concessions immobilières faites à la maison de retraite de la Grande-Chartreuse ; mais il n'est nullement question de reconnaissance de la congrégation.

En 1880, au moment de l'exécution des décrets du 29 mars, le Supérieur général des Chartreux écrit au ministre de l'Intérieur et des Cultes pour signaler l'erreur qui, d'après lui, se serait glissée dans la liste officielle des congrégations où les Chartreux figurent parmi les congrégations non autorisées, alors que, dit-il, « l'ordonnance du 27 avril 1816, confirmée par de nombreux actes postérieurs de l'administration et du gouvernement, autorise la congrégation d'une manière très régulière. » Le Ministre fait savoir au supérieur général que dès l'année même qui a suivi l'ordonnance de 1816 et conformément à l'avis du Conseil d'Etat du 24 décembre 1817 ci-dessus rapporté, les Chartreux ont été considérés comme constituant une congrégation non reconnue, que c'est par conséquent avec raison qu'ils ont été portés sous cette dénomination dans l'état des congrégations et que par suite les décrets du 29 mars leur sont applicables.

Il est vrai que l'application de ces décrets ne fut pas faite aux Chartreux, mais la question de droit restait entière et ne pouvait soulever aucun doute.

C'est en ce sens que le ministre de l'Intérieur et des Cultes répondit à la date du 26 août 1901 à la consultation qui lui avait été soumise par le procureur des Chartreux.

Les Chartreux essayèrent de discuter la réponse qui leur était faite sinon directement, du moins par la voie de la presse, se prétendant autorisés par l'ordonnance de 1816 et feignant d'ignorer les tentatives infructueuses faites depuis cette époque par leur ordre pour se faire reconnaître.

Néanmoins ils se soumirent et à la date du 22 septembre 1901, le Père Michel, né Alfred-Louis-Baglin, agissant comme prieur de la Grande-Chartreuse, adressait au ministre des Cultes la demande d'autorisation prévue par l'article 13 de la loi du 1er juillet 1901. Cette demande était accompagnée des pièces réglementaires et récépissé en fut délivré à la date du 25 septembre 1901.

Il convient de remarquer tout d'abord que la demande dont il s'agit s'applique uniquement à la « Maison de la Grande-Chartreuse » sise dans le département de l'Isère et laisse de côté les autres établissements de Chartreux qui existaient sur le territoire français au moment de la promulgation de la loi du 1er juillet 1901.

Ces établissements étaient au nombre de 10,
savoir :

	Membres.
Département de l'Ain, à Portes (commune de Benonce)	40
Département de l'Ain, à Sélignac (commune de Simandre)	36
Département de la Corrèze, au Glandier (commune de Bouyssac)	33
Département de la Dordogne, à Vauclaire (commune de Menestuol-Martignac)	46
Département du Gard, à Valbonne (commune de Saint-Paulet-de-Caisson)	60
Département de l'Hérault, à Mougères (commune de Caux)	22
Département de Meurthe-et-Moselle, la Bosserville (commune d'Art-sur-Meurthe)	60
Département du Pas-de-Calais, à Neuville-sur-Montreuil	51
Département de la Haute-Savoie, au Reposoir	15
Département du Var, à Montrieux (commune de Méonnes)	..

Aucune demande d'autorisation n'ayant été
formée au sujet de ces établissements, le ministre

des Cultes les a signalés au ministre de la Justice en vue de l'application des dispositions de l'article 18 de la loi du 1er juillet 1901.

Les pièces produites à l'appui de la demande du prieur de la Grande-Chartreuse sont, conformément aux dispositions de l'arrêté ministériel du 1er juillet 1901 : 1° les statuts de la congrégation avec engagement de l'évêque de Grenoble de prendre celle-ci sous sa juridiction ; 2° un état des biens meubles et immeubles de la maison de la Grande-Chartreuse, et 3° un état des religieux de la Grande-Chartreuse.

Le dossier ainsi constitué a été transmis pour l'instruction réglementaire au préfet de l'Isère et l'on trouvera ci-joint le rapport de ce fonctionnaire ainsi que l'avis du conseil municipal de la commune de Saint-Pierre-de-Chartreuse, sur le territoire de laquelle est située la maison de la Grande-Chartreuse. Cet avis est entièrement favorable. Le dossier comprend également des pétitions favorables à la demande des Chartreux émanant des municipalités du canton de Saint-Laurent-du-Pont, de la chambre de commerce de Grenoble, ainsi qu'un vœu du conseil municipal de la commune de Saint-Jeoire, transmis par le préfet de la Savoie. Enfin les ministres des Finances, du Commerce et de l'Industrie, consultés, ont formulé leur avis.

Entre temps, le gouvernement a reçu, à la date du 9 novembre 1901, une protestation d'un sieur

Garnier, demeurant à Paris, 52, rue Richer, qui, au nom des héritiers du Père Garnier, ancien Chartreux, qu'il déclare propriétaires des procédés de fabrication des liqueurs de la Grande-Chartreuse, demande que l'autorisation sollicitée ne soit pas accordée aux Chartreux, tant que l'autorité judiciaire compétente n'aura pas statué sur les droits des héritiers Garnier.

L'examen des documents produits par le prieur de la Grande-Chartreuse donne lieu aux observations suivantes :

Les statuts présentent la congrégation des Chartreux comme une association religieuse ayant pour but d'offrir un asile aux ecclésiastiques et aux laïques qui voudraient se retirer du monde pour travailler avec plus de sécurité à leur salut, tout en priant pour celui des autres (article 1er). Dans ce but rentrent également l'hospitalité, la distribution des aumônes et les retraites ecclésiastiques (article 2). L'association se compose de prêtres et de laïques (article 3); les premiers s'occupent d'études ecclésiastiques, les seconds de travaux manuels (article 4).

Il semble donc qu'il s'agisse d'une congrégation purement contemplative. Il n'est nullement question de l'exploitation industrielle qui fait cependant le renom et la richesse des Chartreux, et qui, seule, motive les avis et pétitions favorables qui se trouvent au dossier.

L'état des biens, meubles et immeubles de la

maison de la Grande-Chartreuse produit par le prieur se borne d'ailleurs à mentionner : 1° les revenus des biens appartenant à l'État occupés par la congrégation en vertu de l'ordonnance du 27 avril 1816 et du décret du 26 juin 1857, sans, d'ailleurs, indiquer le montant de ces revenus ; 2° les constructions élevées depuis lors par les Chartreux sur lesdits biens ; 3° le bail qui aurait été consenti à M. Célestin Rey, prêtre, des marques des liqueurs et élixirs fabriqués à la Grande-Chartreuse représentant en argent 50.000 francs et environ 10.000 francs en salaires ; enfin 4° les meubles meublants, objets mobiliers, etc. Pour compléter ces indications sommaires, il n'est pas inutile de faire remarquer que, d'après les renseignements fournis à la date du 7 avril 1902 par le ministre des Finances, les immeubles domaniaux concédés aux Chartreux représentent une valeur vénale de 197.300 francs ; que les constructions édifiées sur ces immeubles pour la fabrication des liqueurs sont évaluées 450.000 francs ; qu'en outre, les Chartreux sont propriétaires, soit pour certains d'entre eux, soit par des tiers, d'immeubles évalués 1.065.000 francs, et qu'enfin les objets mobiliers garnissant les immeubles sont évalués 153.000 francs, de telle sorte que les biens occupés ou possédés par les Chartreux représentent une valeur vénale de 1.865.300 francs.

Il serait d'ailleurs difficile de comprendre comment, avec des revenus aussi limités que ceux indiqués par l'état produit par le Prieur, les Chartreux pourraient faire les aumônes et les libéralités de toutes sortes qui motivent les avis favorables des conseils municipaux du canton de Saint-Laurent-du-Pont, de la Chambre de commerce de Grenoble et de l'inspecteur divisionnaire du travail à Lyon.

Il apparaît donc clairement que l'état des biens et des ressources produit, comme d'ailleurs les statuts eux-mêmes, ne s'appliquent pas à la véritable congrégation des Chartreux, mais ont été établis uniquement en vue de donner une apparence de satisfaction à la loi du 1ᵉʳ juillet 1901.

Il suffit pour s'en convaincre de remarquer que le titulaire du bail cité dans l'état des biens meubles et immeubles de la congrégation, — bail qui n'est pas produit, mais qui, d'après les indications fournies par le ministre des Finances, est daté du 1ᵉʳ septembre 1901, c'est-à-dire postérieur à la loi du 1ᵉʳ juillet et porte non seulement sur les marques des liqueurs mais aussi sur les constructions affectées à leur fabrication, — n'est autre que le Père Valery Rey qui, comme procureur de la Grande-Chartreuse, consultait au mois d'août 1901 le gouvernement sur la situation légale des Chartreux et qui est devenu l'abbé Rey, en vertu d'une prétendue sécularisation. Or, il résulte d'un document que j'annexe au dossier, qu'à la date du 26 septembre 1901, la succursale du Crédit-Lyonnais à Genève versait à M. Rey la somme d'un million, dont 400.000 francs en or et 600.000 francs en billets de banque. Cet argent, expédié préalablement par le Crédit-Lyonnais de Paris, était versé le même jour à la maison de banque genevoise Pictet et Cⁱᵉ, 12, rue Petitot.

Le but poursuivi apparaît donc clairement : dissimuler les ressources véritables des Chartreux, ne présenter au gouvernement Français qu'une sorte de petite congrégation, purement contemplative, en vue d'obtenir une autorisation permettant aux Chartreux de conserver les concessions immobilières qui leur ont été faites en 1816 et 1857 ainsi que leurs exploitations industrielles, qui en apparence sont présentées comme tout à fait étrangères à la congrégation, sauf à faire revivre celle-ci lorsque le moment sera jugé plus favorable.

Au surplus, les statuts prévoient cette hypothèse. C'est ainsi que, bien qu'il ne soit question que de la maison de la Grande-Chartreuse (Isère), les articles 15 et suivants parlent de l'organisation de *chaque maison*, de la réunion, au Chapitre Général, des Prieurs gouvernant les diverses maisons, alors que l'on semble abandonner celles qui existaient avant la loi du 1ᵉʳ juillet et pour lesquelles l'autorisation n'a pas été demandée.

L'article 14 des statuts stipule que les membres de la congrégation sont soumis à l'évêque diocésain, et l'évêque de Grenoble a pris, en effet, l'engagement de prendre la congrégation sous sa juridiction. Mais il convient de remarquer que la stipulation de l'article 14 n'est pas pure et simple. Il y est dit : « Les membres de la congrégation sont soumis à l'évêque diocésain *en tout ce qui le concerne* ». Or, si l'on se reporte au mémoire adressé en 1825 à Charles X par les Chartreux, en vue d'obtenir la reconnaissance légale de leur ordre, on trouve la phrase suivante : « Nous aimons à nous flatter, Sire, que Votre Majesté, à l'imitation de son auguste aïeul, voudra bien nous laisser la prérogative dont les Chartreux ont constamment joui et dont on ne peut pas les accuser d'avoir jamais abusé ni au détriment de la monarchie dont les rois furent toujours sacrés à leurs yeux, ni au préjudice du respect, des égards et de la déférence qui sont essentiellement dus au corps épiscopal. »

On est donc en droit de penser qu'ici encore, comme pour le but et l'importance assignés à la congrégation dans les statuts présentés, on a eu beaucoup plus en vue l'autorisation à obtenir que la réalité des faits.

Dans cette situation, convient-il d'accorder l'autorisation sollicitée et de faire pour les Chartreux ce que ni la Restauration ni le Second Empire n'ont osé faire ? Le Gouvernement ne le pense pas.

Sans doute, on invoquera les avis favorables qui sont au dossier, la charité des Chartreux, leur générosité, les bienfaits qu'ils répandent autour

d'eux. Nous avons vu que c'était déjà l'argument
mis en avant par les Chartreux en 1789 pour
essayer de se mettre à l'abri des lois visant les
autres congrégations, mais nous ne pensons pas
que cet argument puisse être retenu aujourd'hui
plus qu'il ne l'a été à cette époque.

En effet, si les Chartreux font des libéralités
aux communes et aux pauvres de la région, là ne
se borne pas l'emploi qu'ils font de leurs ressources.

« Les Chartreux, dit le Préfet de l'Isère dans
son rapport du 10 février 1902, passent, et avec
toutes les apparences de raison, pour consacrer
une grosse part de leurs ressources au denier de
Saint-Pierre et pour en affecter, en outre, une
portion importante à l'entretien des écoles libres
congréganistes. Ce sont ces dernières libéralités
qui ont provoqué et provoquent encore de justes
critiques à leur endroit.

Quant aux secours qu'ils donnent aux communes pour la construction d'églises et de pres-
bytères, « ils exigent, avant de prendre un engagement définitif, que les fabriques et même les communes, qui cependant ne sont tenues, suivant
l'article 136, paragraphes 11 et 12, de la loi du
5 Avril 1884, de participer à ces dépenses qu'à
titre subsidiaire, aient voté un contingent important. Ces promesses conditionnelles ont pu, dans
certains cas, pousser les communes intéressées à
entreprendre des projets dont la réalisation ne

présentait aucun caractère d'utilité, ni d'urgence. »

Dans son ouvrage intitulé *Le Désert de la Grande-Chartreuse*, M. André Pascal exprime la même opinion sur les résultats que produisent souvent les générosités des Chartreux : « Par l'intermédiaire des curés, ils engagent les habitants à faire reconstruire leurs églises ; mais comme ils ne donnent qu'une subvention, les communes s'imposent les plus grands sacrifices pour avoir de jolis monuments et engagent ainsi toutes leurs ressources, même en augmentant les centimes additionnels. » Et l'auteur publie un tableau extrait de la situation financière des communes de France, duquel il résulte que toutes les communes du canton de Saint-Laurent-du-Pont ont des centimes additionnels, à l'exception de celle de Saint-Christophe qui a conservé ses forêts, alors que le surplus du canton a été dépouillé par les Chartreux de 6.000 hectares de forêts et de 1.866 hectares de prairies qu'ils possédaient.

Beaucoup de bons esprits pensent, en outre, que les Chartreux sont loin d'être une cause de richesse pour la région où ils sont établis. Leur fabrique de liqueurs a développé l'alcoolisme dans la population, qui, d'autre part, comptant sur les aumônes, s'est déshabituée du travail. Les meilleurs ouvriers émigrent plutôt que d'aller solliciter les bienfaits des Chartreux, et la population, dans laquelle s'est développé le paupérisme, s'étiole et diminue, de telle sorte qu'on est obligé de faire appel aux ouvriers italiens pour cultiver les terres.

Quelle que soit, d'ailleurs, la valeur de ces motifs, nous estimons que ce n'est pas au point de vue purement local que peut être envisagée la question de savoir si une congrégation aussi importante et aussi répandue que celle des Chartreux peut être autorisée.

C'est au point de vue de l'intérêt supérieur de la République qu'il convient de se placer. Or, les Chartreux constituent une congrégation cosmopolite.

La liste des membres jointe au dossier de la demande d'autorisation comprend 48 noms, sur lesquels il y a 37 Français, 5 Suisses, 3 Allemands, 1 Italien, 1 Hollandais et 1 Espagnol. Mais ce n'est pas là la liste générale des Chartreux et il est certain qu'un grand nombre de ces religieux appartiennent à des nationalités étrangères. D'autre part, en vertu même des statuts qu'ils présentent, les Chartreux ne répondent à aucun intérêt général. Se considérant eux-mêmes comme les « séraphins de l'église militante » (*La Grande Chartreuse*, par un Chartreux, pp. 383-384), ils sont par leur tradition, par leur existence même, ennemis de toute société civile qui ne se soumet pas aveuglément aux ordres des chefs de l'Eglise.

Il n'y a pas là des motifs suffisants pour permettre à la République de faire ce que la Restauration elle-même n'a pas osé, en accordant aux Chartreux l'existence légale.

En vertu de l'article 21 du règlement d'administration publique du 16 août 1901, modifié par le
décret du 28 novembre 1902, nous avons l'honneur, Messieurs, de vous transmettre, avec le
dossier, la demande de la congrégation dont il
s'agit, accompagnée, pour concilier les règles spéciales de la loi de 1901 avec celles de la procédure
parlementaire, du projet de loi.

RAPPORT

DE M. FERNAND RABIER

RAPPORT DE M. FERNAND RABIER

I. — CONGRÉGATIONS ENSEIGNANTES

Frères de l'instruction chrétienne de Ploërmel ;
—   de la doctrine chrétienne de Nancy ;
—   de Sainte-Croix de Neuilly ;
—   de l'instruction chrétienne de Saint-Gabriel ,
        de Saint-Laurent-sur-Sèvre ;
—   de Saint-Joseph de Saint-Fuscien ;
—   du Sacré-Cœur de Paradis ;
—   de la Société de Marie, dits Marianistes de
        Paris ;
Clercs du Saint-Viateur de Vourles ;
Petits frères de Marie de Saint-Genis-Laval ;

---

(1) Cette commission est composée de MM. Ferdinand Buisson, président ; Charles Bos, Aristide Briand, Braud, Jumel, vice-présidents ; Emmanuel Arène, Krauss, Massé, Claude Rajon, secrétaires ; Lucien Hubert, Bienvenu Martin, Antoine Gras, Baudon, Gentil, Dejeante, Jean Codet, Aubry, Abel-Bernard, Chenavaz, Fernand Rabier, Péronneau, François Deloncle, Tiphaine, Vacherie, Bussière, Chaigne, Gabriel Baron (Bouches-du-Rhône), Chambon, Morel, Jules-Louis Breton, Eugène Réveillaud, Hubbard, Lhopiteau.

Frères de la Croix de Jésus de Ménestruel ;
— agriculteurs de Saint-François-Régis de la
    Roche-Arnaud ;
— des écoles chrétiennes de la Miséricorde de
    Montbourg :
— de la Sainte-Famille de Belley ;
Pères de la congrégation dite des Eudistes :
— maristes :
— dominicains enseignants ;
— basiliens :
— de l'Immaculée-Conception de Saint-Méen ;
— oratoriens :
— du Sacré-Cœur de Bétharram :
— de Saint-Pierre-ès-Liens ;
— des enfants de Marie-Immaculée de Chava-
    gnes ;
— maristes de l'école Saint-Martial ;
— bénédictins anglais de Douai ;
Frères de la congrégatior de la doctrine chrétienne
    de Solesmes :

II. — CONGRÉGATIONS PRÉDICANTES

Capucins ;
Prémontrés de France ;
Rédemptoristes ;
Dominicains prêcheurs ;
Passionnistes français ;
Pères du Sacré-Cœur de Picpus ;
Oblats de Saint-François de Sales ;
Clercs de Notre-Dame de Sion ;
Oblats du Sacré-Cœur de Saint-Quentin ;
Pères de Saint-François d'Assise d'Ambialet ;

Franciscains ;
Pères du Très Saint-Sacrement ;
Chanoine de Latran ;
Pères de la Retraite ou Missionnaires de Vabres ;
Oblats de Marie Immaculée ;
Bénédictins de la Pierre-qui-Vire ;
Missionnaires de Garaison ,
Pères de Saint-François de Sales d'Annecy ;
Missionnaires de Sainte-Garde ;
Oblats de la Vierge Marie ;
Chanoines de l'Immaculée-Conception ;
Pères de l'Oratoire de Saint-Philippe de Néri ;
Missionnaires de la Miséricorde, dits de France ;
Barnabites de Gien ;
Barnabites de Paris ;
Passionnistes anglais ;
Pères du Calvaire de Toulouse ;
Carmes de Laghet.

III. — CHARTREUX

I

Messieurs,

Votre commission a été saisie par le gouvernement d'un certain nombre de demandes en autorisation présentées :

1° Par des congrégations enseignantes;

2° Par des congrégations qui s'adonnent à la prédication;

3° Par la congrégation des Chartreux.

Ces demandes sont formées en vertu de l'article
13, paragraphe 1er de la loi du 1er juillet 1901,
ainsi conçu :

« Aucune congrégation religieuse ne peut se
former sans une autorisation donnée par une loi
qui déterminera les conditions de son fonctionnement; »

Et de l'article 18 de la même loi dont nous rappelons ici la disposition principale :

« Les congrégations existantes au moment de la
promulgation de la présente loi, qui n'auraient
pas encore été antérieurement autorisées ou reconnues, devront, dans le délai de trois mois, justifier
qu'elles ont fait les diligences nécessaires pour se
conformer à ses prescriptions. »

C'est assez dire qu'il ne saurait être aujourd'hui
question de revenir sur une loi qui a été longue-
ment discutée : il ne peut s'agir en ce moment que
de l'exécution de cette loi.

Certes, il est permis de s'étonner que, dans un
grand Etat, la mise en application d'une loi votée
puisse produire une telle émotion.

Les amis de la congrégation, après avoir déclaré que la loi sur les associations ne serait
jamais votée, semblent aujourd'hui nous mettre au
défi de l'appliquer dans son intégralité.

Et, d'autre part, la majorité consciente du pays
électoral attend, avec une profonde anxiété, la résolution que nous allons prendre.

C'est que, en vérité, nous osons la réalisation

d'une mesure qu'aucun gouvernement ne s'était
encore senti le courage de prendre ; nous nous at-
taquons à la seule puissance qui, dans notre pays,
ait pu traiter d'égal à égal avec le gouvernement
et parfois lui imposer ses volontés.

Il serait prétentieux de refaire, après M. Waldeck-Rousseau, l'historique des rapports de l'Etat
et de la congrégation, de rappeler comment, depuis
Charlemagne jusqu'à M. Thiers, et, plus près de
nous, jusqu'à Jules Ferry, tous les hommes de
gouvernement, ou, pour mieux dire, tous les
hommes d'Etat, se sont préoccupés des moyens
propres à assurer la prééminence constante de
l'Etat civil sur les congrégations.

Tous ont été frappés et effrayés de voir croître,
sans cesse, le nombre des congrégations, de voir
se multiplier leurs adhérents et grandir à la fois
leur fortune et leur influence néfaste.

Il nous faut bien constater qu'à aucun moment
de notre histoire la prospérité des congrégations
ne fut aussi florissante que de nos jours, sous la
troisième République.

Il y avait 60.000 religieux en 1789 répartis en
des ordres peu nombreux ; il y en avait près de
200.000 en 1900 avec une augmentation considérable du nombre des congrégations, et l'accroissement de leur fortune a proportionnellement dépassé leur augmentation numérique. Il vous est
loisible, par la simple lecture du « tableau des immeubles possédés et occupés par les congrégations,

communautés et associations religieuses » qui nous a été communiqué, d'acquérir sur ce point une certitude, malgré les réticences des intéressés.

Un coup fatal leur a été porté par la loi du 1ᵉʳ juillet 1901 : mais il est essentiel qu'on tire de cette loi tous les résultats qu'elle comporte.

iI

La première des prétentions erronées mises en avant par les congrégations pour échapper aux lois, aux anciennes, aux lois de la Révolution comme à la loi du 1ᵉʳ juillet 1901, est celle-ci : « Nous ne sommes pas une *congrégation*. Nous ne sommes qu'une *association*. Or, vous avez donné la liberté aux associations ».

Il n'est pas nécessaire de définir rigoureusement la congrégation ; le dernier des hommes du peuple ne s'y trompe pas ; et pendant que le juriste peut hésiter, lui sans aucune hésitation et sans erreur, dit : Voilà une congrégation.

Toutes ont affirmé les mêmes prétentions, ce qui ne les a pas empêchées de présenter leur demande d'autorisation, parce que, à l'époque où elles les ont formulées, les congrégations croyaient que les parquets allaient se mettre sérieusement en mouvement. Nous sommes donc en présence de requérants qui nous demandent de les autoriser comme congrégations, tout en soutenant qu'ils sont des associations.

Le procédé n'est pas nouveau, c'est celui que les associations illégalement reconnues comme aides à l'enseignement par de simples décrets ont toujours mis en avant. C'est celui que le Conseil d'Etat, au contentieux, a trouvé devant lui quand il a examiné la situation légale des frères de Citeaux. Il l'a apprécié à sa juste valeur.

Vous ne vous arrêterez pas à cette prétention, non plus que vous ne serez hésitants sur le point de droit qu'il convient d'établir définitivement au début de ce rapport.

Nous le ferons d'autant plus brièvement que M. Georges Trouillot, rapporteur devant la Chambre du projet de loi sur les associations, a posé, précisé, et, en quelque façon, résolu cette question de droit.

Vous connaissez la thèse présentée par la plupart des congrégations et notamment par les congrégations enseignantes. La plupart ont fait leurs demandes d'autorisation, sous réserve d'autorisations déjà accordées, et, pour ainsi dire, subsidiairement ou éventuellement. L'autorisation nouvelle ne serait que la confirmation et, en quelque façon, la consécration des autorisations antérieures.

Vous avez déjà fait et vous ferez justice de ces prétentions. A peine est-il utile de rappeler les exemples probants du passé, d'invoquer l'autorité des jurisconsultes d'autrefois.

M. Georges Trouillot, dans le rapport auquel

nous faisions allusion, a rappelé que la loi du
24 mai 1825 a implicitement soumis les congrégations d'hommes à l'autorisation législative.

D'autre part, dans l'exposé des motifs présenté
par le gouvernement en tête du projet de loi concernant les congrégations enseignantes, vous avez
trouvé le sens précis de l'arrêt rendu le 3 juin 1861
par la Cour de cassation, sur un rapport de M. Dupin :

« Les communautés religieuses d'hommes n'ont
d'existence légale qu'autant qu'elles ont été reconnues par une loi et qu'elles ne peuvent tenir cette
existence d'une simple ordonnance, même quand
il s'agit de congrégations vouées à l'enseignement
et auxiliaires de l'Université. »

Et c'est ainsi qu'un décret du 25 septembre 1888
retirait l'autorisation accordée à la congrégation
des frères de Saint-Joseph, parce que « le scandale
venait se joindre à l'illégalité » (affaire de Citeaux).

Et si ces exemples ne suffisaient pas, nous vous
donnons ci-après deux documents capitaux : les
avis solennels émis par le Conseil d'État les 16 janvier et 14 février 1901.

*Avis relatif à la question de savoir quels sont les éta-
blissements congréganistes d'hommes ayant le droit de se
dire autorisés.*

ADOPTÉ PAR LE CONSEIL D'ÉTAT

Le Conseil d'Etat,
Consulté par le ministre de l'intérieur et des cultes

sur la question de savoir si l'on peut considérer comme autorisés les établissements congréganistes d'hommes suivants :

1° Quatre associations ayant pour objet, soit les missions à l'étranger ou aux colonies, soit la tenue des grands séminaires : les Lazaristes, les missions étrangères, les prêtres du Saint-Esprit, la Compagnie des prêtres de Saint-Sulpice ;

2° Vingt et une associations vouées à l'enseignement, reconnues par ordonnances ou décrets et relevant du ministère de l'instruction publique ;

3° Les frères des écoles chrétiennes ;

4° Cinq associations religieuses d'hommes ayant leur siège sur le territoire de la Savoie annexé à la France en 1860.

Vu les lois des 13-19 février 1790 et du 18 août 1792 ;

Vu la convention du 26 messidor an IX et l'article 11 de la loi organique du 18 germinal an X ;

Vu le décret du 3 messidor an XII ;

Vu la loi du 2 janvier 1817 ;

Vu l'article 109 du décret du 17 mars 1808 portant organisation de l'Université ;

Vu les ordonnances royales du 2 mars 1815, du 3 février 1816 et du 3 avril de la même année ;

Considérant que les congrégations religieuses, antérieurement à la Révolution, ne pouvaient être légalement fondées qu'en vertu de lettres patentes, dûment enregistrées au Parlement et rendues sur avis de l'Ordinaire ;

Que les lois des 13-19 février 1790 et 18 août 1792 ont dissous toutes les congrégations ou associations religieuses existant à cette époque ;

Considérant que la convention du 26 messidor an IX n'a apporté aucune modification à cet état de choses et ne contient aucune disposition sur les congrégations ; que ce silence s'explique d'autant mieux que, dans l'organisation ecclésiastique telle qu'on la rétablissait, les évêques nommés par le gouvernement sont seuls chargés d'exercer l'autorité religieuse en France; que l'article 11 de la loi du 18 germinal an X n'a laissé subsister que les établissements ecclésiastiques qu'elle mentionne expressément et parmi lesquels les congrégations ne figurent pas;

Considérant, enfin, que la loi du 2 janvier 1817 a proclamé la nécessité d'un acte du législateur pour reconnaître la capacité civile à tout établissement ecclésiastique;

Qu'il résulte de ce qui précède que les congrégations religieuses d'hommes ne peuvent recevoir l'existence légale que d'une autorisation législative.

Considérant toutefois qu'entre la loi du 18 germinal an X et celle du 2 janvier 1817, un décret du 3 messidor an XII ayant force de loi avait reconnu au gouvernement le droit d'autoriser les congrégations ou associations religieuses, sous la condition que leurs statuts seraient examinés et visés;

Que les principes ci-dessus rappelés doivent servir de base à l'examen de la situation légale des diverses congrégations faisant l'objet du présent avis;

En ce qui concerne les lazaristes, les missions étrangères et les prêtres de Saint-Sulpice :

Considérant que les associations des Lazaristes et des Missions étrangères se sont reconstituées en vertu des décrets du 7 prairial an XII et du 2 germinal an XIII; que si ces décrets ont été annulés par le décret du 26 septembre 1809, cet acte a été rapporté à son tour, en tant qu'il supprimait ces deux congrégations, par les ordonnances du 2 mars 1815 et du 3 février 1816, lesquelles en ont autorisé à nouveau l'existence;

Qu'une ordonnance du 3 avril 1816 a, en outre, rétabli l'association des prêtres de Saint-Sulpice;

Qu'en donnant ces autorisations, le gouvernement a

usé du droit que lui reconnaissait le décret du 3 messidor an XII : qu'à la vérité, les décrets et ordonnances
précités ne contiennent aucune mention relative aux
statuts des congrégations auxquelles ils s'appliquent,
mais que lesdites congrégations, par le fait du gouvernement lui-même, qui leur a constitué des dotations,
attribué des immeubles, donné des autorisations de
tutelle, ont joui dès l'origine de la capacité civile ;

Considérant que cette capacité civile a été confirmée
à leur profit par la loi du 2 janvier 1817 ;

Qu'en effet, il ressort des déclarations du ministre de
l'intérieur et du rapporteur à la Chambre des députés
que, si la loi exige un acte du législateur pour donner
dans l'avenir la personnalité civile aux établissements
ecclésiastiques, il rentre néanmoins dans ses prévisions de consacrer la légalité des établissements dont
l'existence est fondée sur des actes antérieurs du gouvernement ; que la jurisprudence administrative et la
jurisprudence judiciaire ont été d'accord jusqu'à ce
jour pour admettre leur capacité civile ;

Que, dans ces conditions, l'existence légale des congrégations des lazaristes, des missions étrangères et de
Saint-Sulpice est suffisamment établie ;

Considérant, d'ailleurs, qu'il résulte des dispositions
ci-dessus visées que l'association des lazaristes et celles
des missions étrangères ne peuvent posséder qu'un seul
établissement et n'ont d'autre objet que d'organiser des
missions hors de France ; que la congrégation des
prêtres de Saint-Sulpice n'a été autorisée qu'en vue
d'assurer le service des séminaires qui lui sont confiés ;

*En ce qui touche l'association des prêtres du Saint-
Esprit :*

Considérant que les pièces jointes au dossier ne permettent pas, quant à présent, de se rendre compte de la
situation légale de cette association ;

Qu'il y a lieu, par suite, de surseoir à son égard ;

En ce qui concerne les associations enseignantes :

Considérant que l'article 31 de la loi du 15 mars 1850, en accordant aux supérieurs des associations religieuses, reconnues comme établissements d'utilité publique, le droit de présentation aux emplois d'instituteurs communaux, n'a nullement dérogé aux principes qui régissent les congrégations ;

Que les associations en question ne sauraient invoquer les décrets ou ordonnances qui, postérieurement à la date du 2 janvier 1817, les ont admises à jouir des droits accordés par les lois aux associations vouées à l'enseignement ou même les ont explicitement reconnues comme établissements d'utilité publique, pour soutenir qu'elles ont été constituées de ce fait en congrégations autorisées ;

Qu'un décret rendu à cette époque ne pouvait, en effet, reconnaître valablement des associations qui, à raison de leur nature et de la qualité des personnes qui les composent, sont régies par des lois spéciales ;

Que, dès lors, les associations enseignantes admises à fournir des instituteurs communaux ou reconnues d'utilité publique par des décrets ou ordonnances postérieurs à la loi du 2 janvier 1817 ne sauraient être considérées comme des établissements reconnus au sens de cette dernière loi ;

En ce qui concerne les Frères des écoles chrétiennes :

Considérant que l'article 109 du décret du 17 mars 1808, rendu en exécution de la loi du 10 mai 1806, porte : « Les Frères des écoles chrétiennes seront brevetés et encouragés par le Grand Maître, qui visera leurs statuts intérieurs, les admettra au serment, leur prescrira un habit particulier et fera surveiller leurs écoles. Les supérieurs de ces congrégations pourront être membres de l'Université » ;

Que ce texte, en même temps qu'il incorpore à l'Université les frères des écoles chrétiennes, constitue en faveur de leur association une véritable autorisation au sens de l'article 4 du décret précité du 3 messidor an XII, dont il a réalisé les conditions;

Qu'aucune loi ni aucun règlement n'ont retiré aux frères des écoles chrétiennes l'exercice de l'enseignement en vue duquel ils ont été reconnus, ni l'autorisation qui leur a été conférée par les textes susvisés;

Que si, conformément à ce qui précède, l'institut des frères des écoles chrétiennes jouit de l'existence légale et peut être autorisé à accepter des libéralités en faveur de ses écoles dans la mesure où le gouvernement estime que les besoins de l'enseignement légitiment leur fonctionnement, aucune disposition ne permet d'étendre à ces écoles le bénéfice de la personnalité civile attachée à l'institut ;

En ce qui concerne les associations religieuses d'hommes de la Savoie :

Considérant que le conseil n'a pas à sa disposition les éléments nécessaires pour se prononcer dès à présent sur la question ;

Est d'avis :

Que les associations de Saint-Lazare, des missions étrangères, des prêtres de Saint-Sulpice, des frères des écoles chrétiennes peuvent être considérées comme des congrégations religieuses légalement autorisées.

Cet avis, délibéré et adopté par le conseil d'Etat, dans sa séance du 16 janvier 1901, se trouve d'ailleurs complété par un deuxième avis du 14 février 1901 ainsi conçu :

Avis relatif à la question de savoir quels sont les établissements congréganistes d'hommes ayant le droit de se dire autorisés.

ADOPTÉ PAR LE CONSEIL D'ÉTAT

Le Conseil d'Etat,

Consulté par le ministre de l'intérieur et des cultes sur la situation légale de divers établissements congréganistes d'hommes :

Vu l'avis du 16 janvier 1901, par lequel le Conseil se prononce définitivement sur les associations de Saint-Lazare, des Missions étrangères, des prêtres de Saint-Sulpice, les associations enseignantes, les Frères des écoles chrétiennes, et surseoit à l'égard des prêtres du Saint-Esprit et de cinq associations religieuses d'hommes de la Savoie ;

Vu les lois des 13-19 février 1790 et du 18 août 1792 ;

Vu la convention du 26 messidor an IX et l'article 11 de la loi organique du 18 germinal an X ;

Vu le décret du 3 messidor an XII ;

Vu la loi du 2 janvier 1817 ;

Vu l'ordonnance royale du 3 février 1816 ;

Vu le traité de Turin du 24 mars 1860, promulgué par décret du 11 juin suivant, le sénatus-consulte du 12 juin 1860 et la convention du 23 août 1860, promulguée par décret du 21 novembre de la même année ;

Vu le décret du 20 décembre 1860, qui met fin aux litiges auxquels avait donné lieu l'application du décret royal annexé à la loi sarde du 29 mai 1855 ;

Vu le protocole réservé du 10 août 1860, joint au traité de Turin et relatif à l'établissement privé de la Haute-Combe ;

Vu l'acte international du 19 février 1863 intervenu entre la France et l'Italie, et concernant le même établissement ;

Vu les autres pièces jointes au dossier ;
En ce qui concerne les prêtres du Saint-Esprit :
Considérant que la congrégation du Saint-Esprit, autorisée en 1726, supprimée par la loi du 18 août 1792, rétablie en vertu du décret du 2 germinal an XIII, supprimée à nouveau par le décret du 26 septembre 1809, a été reconstituée par l'ordonnance du 3 février 1816 ; qu'elle a, dès l'origine, joui de la capacité civile, comme les associations de Saint-Lazare et des missions étrangères, et que cette capacité civile a été également confirmée à son profit par la loi du 2 janvier 1817 ;

Mais considérant qu'il résulte des pièces jointes au dossier qu'en 1845, une association religieuse non autorisée, connue sous le nom de missionnaires du Sacré-Cœur de Marie, a occupé les bâtiments affectés à la congrégation, et que cette occupation, dans les conditions où elle s'est faite, a constitué une véritable substitution de l'association des missionnaires du Sacré-Cœur de Marie à la congrégation du Saint-Esprit, qui allait s'éteindre :

Qu'en 1848, la dénomination sous laquelle cette dernière congrégation avait été admise dans l'Etat a été modifiée, et qu'en 1855 de nouveaux actes sont venus compléter une substitution effectuée en dehors du gouvernement et sans même que l'archevêque de Paris, qui exerçait sur la congrégation la juridiction de l'ordinaire, ait été avisé ;

Qu'en conséquence, sous le nom de la congrégation du Saint-Esprit, on se trouve aujourd'hui en présence de l'association des missionnaires du Saint-Cœur de Marie, et que cette association est sans titre pour invoquer le bénéfice de la personnalité civile autrefois reconnue à la congrégation du Saint-Esprit ;

Considérant qu'en 1848, en 1861 et en 1868, l'attention des pouvoirs publics a été appelée sur cette situation nouvelle dénoncée comme irrégulière par les ministres de la marine et les ministres des cultes, et que, pour y mettre fin, l'association a sollicité, dès 1868, sa reconnaissance légale comme association enseignante ;

Qu'un décret du 20 février 1874, qui, de l'aveu même du supérieur général, vise et régit toute la congrégation, la constitue en association vouée à l'enseignement primaire, la reconnaît comme établissement d'utilité publique et approuve ses statuts ;

Mais, considérant qu'aux termes de l'avis du Conseil d'Etat du 16 janvier dernier, un décret rendu dans ces conditions ne saurait avoir pour effet de conférer l'existence légale à une congrégation religieuse ; que, par suite, l'association dite du Saint-Esprit ne peut s'en prévaloir pour soutenir qu'elle a été constituée de ce fait en établissement reconnu au sens de la loi du 2 janvier 1817 ;

En ce qui concerne les associations religieuses de la Savoie :

Considérant que les établissements de religieux de l'ordre de Saint-François, à Chambéry et à Yenne, des cisterciens, à Albertville, et des missionnaires de Saint-François de Sales, à Annecy n'ont été reconnus par aucune loi française.

Que s'ils ont fait l'objet d'une série de lettres patentes, accordées de 1818 à 1842 par les rois de Sardaigne, ces actes ne sauraient être invoqués utilement comme constituant au profit de ces associations un titre de reconnaissance légale ;

Qu'en effet, il est de principe que la législation française dans son ensemble est applicable à toutes les parties du territoire français et que, par suite, elle régit nécessairement les territoires qui y sont incorporés, sauf le cas exceptionnel où des dérogations auraient été expressément stipulées dans les actes diplomatiques intervenus au moment de la cession ;

Que, lors de la cession de la Savoie et du Comté de Nice, nulle exception n'a été faite en ce qui touche le régime légal des congrégations religieuses, et qu'aucune stipulation particulière n'est intervenue au sujet des associations dont il s'agit ;

Qu'on prétendrait vainement que l'article 7 de la convention du 23 août 1860 a eu pour effet de leur conférer une autorisation implicite ; que cet article a eu exclusivement en vue les biens susceptibles de revenu qui appartenaient aux collèges et établissements publics jouissant de subventions ou de bourses d'Etat, et qu'il n'a été fait de réserve en faveur des congrégations ni dans cet article 7, ni dans aucune autre disposition de ladite convention ;

Sur l'établissement religieux privé de Haute-Combe :

Considérant que les règles ci-dessus rappelées sont applicables à l'établissemeut de Haute-Combe, mais qu'il y a lieu de retenir les réserves résultant, pour les religieux, du protocole joint au traité du 24 mars 1860 et de l'acte international signé à Paris le 19 février 1863 ;

Que si ces actes n'ont pu avoir pour effet de transformer un établissement privé dépendant du domaine de la couronne d'Italie et confié par elle à la garde des religieux capucins en un établissement ecclésiastique reconnu par la loi française et jouissant de la personnalité civile, ils ont néanmoins garanti aux religieux leur maintien à Haute-Combe, dans les conditions prévues à l'acte international du 19 février 1863, en tant que lesdits religieux sont chargés de la conservation des tombes de la famille royale de Savoie et de l'accomplissement des charges de la fondation du roi Charles-Félix.

Est d'avis :

Que l'association du Saint-Esprit a cessé d'exister et

7.

que celle des missionnaires du Saint-Cœur de Marie,
qui a pris son nom, n'est pas une congrégation religieuse
légalement autorisée ;

Que les associations des religieux de l'ordre de Saint-
François, à Chambéry, Yenne, Haute-Combe ; des
Cisterciens, à Alberville ; des missionnaires de Saint-
François-de-Sales, à Annecy, n'ont pas le titre de congrégations autorisées, sous les réserves, pour les religieux de l'établissement privé de Haute-Combe, des
dispositions des actes diplomatiques du 10 août 1860 et
du 19 février 1863.

Toutefois, et ceci montre avec quelle impartia-
lité l'examen de chaque dossier a été fait par le
Conseil d'Etat :

Sur des pièces nouvelles produites et jointes au
dossier, le Conseil d'Etat est revenu sur sa décision en ce qui concerne l'association du Saint-
Esprit, par un avis en date du 1er août 1901, ainsi
conçu :

« Considérant que l'avis du 14 février 1901 porte que
la congrégation du Saint-Esprit, autorisée en 1726, supprimée par la loi du 18 août 1792, rétablie en vertu du
décret du 2 germinal an XIII, supprimée à nouveau
par le décret du 26 septembre 1809, a été reconstituée
par l'ordonnance du 3 février 1816 ; qu'elle a, dès l'origine, joui de la capacité civile, comme les associations
de Saint-Lazare et des Missions étrangères, et que
cette capacité civile a été également confirmée à son
profit par la loi du 2 janvier 1817 ;

« Considérant, d'une part, qu'aucune disposition
législative n'a modifié la situation légale de cette congrégation ;

« Considérant, d'autre part, qu'il est établi par les nouveaux documents joints au dossier que la congrégation du Saint-Esprit a continué d'exister en fait, et qu'elle a procédé à différentes époques, avec l'approbation des pouvoirs publics, aux actes que lui permettait d'accomplir sa personnalité morale, que dans ces conditions, l'existence légale de cette congrégation est suffisamment justifiée ;

« Que, d'ailleurs, la congrégation ne saurait se prévaloir de son titre pour changer les conditions ou le but de son institution.

« Est d'avis :

« Que l'association du Saint-Esprit peut être considérée comme une congrégation religieuse légalement autorisée. »

Ces avis établissent le droit absolu du Parlement. Ils fixent à cinq le nombre des congrégations religieuses *légalement* autorisées.

Ce sont : *les associations de Saint-Lazare, des missions étrangères, des prêtres de Saint-Sulpice, des frères des écoles chrétiennes et des prêtres du Saint-Esprit.*

C'est donc abusivement que certaines congrégations excipent de prétendus décrets de tutelle pour échapper à la loi du 1er juillet. Grâce à la complicité, à la tolérance coupable ou à la faiblesse excessive de certains gouvernements, les congrégations ont pu se multiplier : mais elles ne sont que tolérées. Elles ont donc le devoir légal de demander l'autorisation et nous avons le droit strict de la leur refuser.

III

CONGRÉGATIONS ENSEIGNANTES

Bien qu'un certain nombre des congrégations qui demandent l'autorisation soient des congrégations enseignantes, il n'est pas question d'une loi sur l'enseignement.

C'est là une œuvre capitale que le parti républicain envisagera plus tard dans toute son ampleur, et sans se dérober aux responsabilités dont il assume la charge devant le pays.

Au reste, il nous sera permis d'invoquer à ce propos la haute autorité de M. le président du conseil qui, dans la séance du 15 janvier dernier, disait à la tribune que « l'occasion se présenterait prochainement de discuter la question de la liberté d'enseignement. »

La liberté d'enseignement n'est point en question à cette heure, et il semble que les congrégations elles-mêmes aient tenu à nous en donner l'assurance.

Il nous serait facile de vous en apporter ici des preuves, de vous montrer comment, de toutes parts, sur les ruines prématurées des congrégations religieuses, se constituent des sociétés civiles qui continueront strictement, et à l'abri de toute surprise de la loi, les traditions d'enseignement et d'hostilité politique de la congrégation.

Nous ne laisserons donc pas dévier le débat, et

pour lui donner sa vraie signification, vous nous permettrez de vous rappeler les termes mêmes dans lesquels la question était récemment posée par M. le président du conseil.

« Nous avons pour principe supérieur d'action que l'intérêt de la République doit prédominer sur tous les intérêts particuliers et toutes les considérations de personnes.

« En même temps, nous ne perdons jamais de vue que cet intérêt est indissolublement lié aux progrès de l'enseignement laïque et à la neutralité confessionnelle de l'enseignement.

« La République a prodigué les millions pour assurer à l'universalité de ses enfants une instruction exclusivement basée sur les principes de raison, de justice et de solidarité.

« Ce serait la trahir que d'annuler, ou même d'affaiblir l'effet de ces sacrifices en laissant, comme par le passé, libre carrière aux entreprises des congrégations. »

Ces entreprises, la Chambre les connaît ; elles lui ont été dénoncées bien des fois. Je ne rappellerai donc pas l'influence pernicieuse et souterraine de la congrégation enseignante, cette déformation savante des cerveaux et des cœurs, cette mainmise sur la raison et la volonté de ceux qui seront demain des hommes, des électeurs, des citoyens, l'avenir du pays.

Ces vérités ne sont pas d'aujourd'hui. Déjà, sous l'ancien régime, dont les traditions paraissent encore chères à quelques-uns, ce danger des congrégations enseignantes était apparu.

La monarchie de droit divin n'était pas tombée, que déjà d'excellents esprits s'inquiétaient de l'œuvre poursuivie par l'Eglise enseignante, qui était une œuvre d'édification chrétienne, non pas une œuvre de l'émancipation de l'esprit, ou même simplement de culture de la raison.

Les programmes des écoles de charité étaient limités à des rudiments de lecture et d'écriture remplis presque entièrement par le catéchisme, la prière, la lecture des ouvrages dévots.

L'enseignement donné par les congrégations n'a pas tellement changé, puisque, dans une séance récente, le président de votre commission, l'honorable M. Buisson, pouvait dire :

« En le combattant, nous ne nous sommes attaqués ni à des sentiments, ni à des idées dignes de respect. Nous ne menaçons la liberté d'aucune conscience humaine, nous dénonçons l'habile et redoutable organisation d'un fétichisme qu'il faut à tout prix extirper de la terre de France ».

C'est un devoir pour tous les républicains, c'est un devoir pour nous de ruiner un tel enseignement. En avons-nous le droit ?

Cette question ne saurait faire doute après les explications que nous avons données plus haut sur la question juridique.

Elle ne se pose pas, d'ailleurs, pour toutes les congrégations enseignantes.

Ainsi que vous allez pouvoir vous en convaincre par les notices consacrées à chaque congrégation, il y a dans les congrégations enseignantes deux catégories distinctes.

Les unes donnent l'enseignement primaire ; les autres se sont spécialisées dans l'enseignement secondaire. Les premières seules peuvent exciper de décrets de tolérance ; les secondes n'ont même pas cet abri derrière lequel quelques-unes espèrent — vainement — pouvoir échapper à la loi.

Les notices que vous allez lire sont strictement impartiales. Dans l'histoire du passé et du présent de chaque congrégation, votre rapporteur a eu la constante préoccupation de la précision et de la vérité nécessaires ; il a eu le souci continuel de s'attacher au caractère général de chaque congrégation, laissant de côté les faiblesses dont ont pu être coupables certains membres. Il est de notre dignité de juger les congrégations sur l'ensemble de l'œuvre qu'elles ont accomplie dans le passé et qu'elles entendent poursuivre dans l'avenir.

Institut des frères de l'instruction chrétienne de Ploërmel.

La congrégation des frères de l'instruction chrétienne, dits « de la Mennais » ou « de Ploërmel », a été fondée en 1817.

Son siège est à Ploërmel (Morbihan).

Elle se prétend légalement reconnue par une ordonnance royale du 1er mai 1822 et un décret du 6 mai 1876.

Son but est « l'enseignement primaire (élémentaire, secondaire ou professionnel) en France ou aux colonies ».

Elle possède des établissements au Sénégal, à Saint-Pierre-Miquelon, à la Guadeloupe, à Tahiti, dans l'île de Jersey et au Canada.

Elle invoque, à l'appui de sa demande, les services qu'elle rendrait aux colonies. Elle publie même une lettre récente aux termes de laquelle le ministre des colonies demande au supérieur général de mettre à sa disposition un frère muni du brevet supérieur, pour remplacer un autre instituteur décédé au Sénégal.

Nombre des établissements.	362
Nombre de départements intéressés . .	25
Avis favorables des préfets (1).	4
— des conseils municipaux.	297
Avis défavorables des préfets	16
— des conseils municipaux.	45

N'ont pas donné leur avis :

Préfets	5
Conseils municipaux.	20
Nombre des membres	2.151

Frères de la doctrine chrétienne de Nancy.

Fondée à Vézélize (Meurthe-et-Moselle), en 1822, par le père Fréchard, de l'ordre des bénédictins sécularisés, la congrégation des frères de la doctrine chrétienne de Nancy, dont le siège principal est à Nancy, rue de Montet, n° 129, a pour but, d'après ses statuts,

(1) Nous devons faire remarquer qu'un même préfet a pu être amené à donner plusieurs avis pour un même département, ce qui explique qu'il n'y a pas concordance entre le nombre des préfets et le nombre des avis, dans certaines notices.

« l'enseignement des jeunes garçons dans les écoles, les orphelinats et les refuges ouverts par la charité aux enfants pauvres ; elle peut aussi fournir aux églises paroissiales des sacristains, des chantres et des organistes ».

Elle se prétend légalement reconnue par une ordonnance royale du 17 juillet 1822, et par un décret du 29 décembre 1873.

Indépendamment de sa maison mère, elle possède en France 5 pensionnats, 3 institutions, 2 maisons et 11 écoles, soit au total 21 établissements.

Pendant longtemps, le gouvernement aurait considéré cette congrégation comme ayant le droit de se prévaloir de l'ordonnance de 1822. C'est ainsi que, sous le Second Empire et sous la présidence du maréchal de Mac-Mahon, plusieurs décrets ont autorisé l'acceptation de libéralités faites à son profit.

Mais le Conseil d'Etat, appelé dans sa séance du 25 juin 1896 à exprimer son avis sur une demande d'emprunt présentée par l'établissement principal de cette association, a déclaré qu'il n'y avait pas lieu de statuer.

Nombre des établissements.	23
Nombre des départements intéressés. . .	11
Avis favorables des préfets	»
— des conseils municipaux. .	14
Avis défavorables des préfets	4
—: des conseils municipaux. .	4

N'ont pas donné leur avis :

Préfets.	7
Conseils municipaux.	5
Nombre des membres	204

Frères de Sainte-Croix de Neuilly
(dits de Saint-Joseph).

La congrégation des pères et des frères de Notre-Dame de Sainte-Croix, dits de Saint-Joseph, dont la maison mère est à Neuilly-sur-Seine, a été fondée en 1821 dans le diocèse du Mans.

Aux termes de ses statuts, la congrégation a pour but la *prédication* dans les campagnes et les missions étrangères ; l'*instruction* et l'éducation chrétienne par le moyen d'écoles et d'agriculture et de métiers.

Elle possède 23 établissements se répartissant sur 8 départements et des missions aux Etats-Unis, au Canada et au Bengale.

Sa procure générale est à Rome, *via* dei Cappucini, 19.

```
Nombre des établissements. . . . . . . .      23
Nombre des départements intéressés. . .       8
Avis favorables des préfets . . . . . . .      1
    —          des conseils municipaux. .     21
Avis défavorables des préfets . . . . . .      5
    —          des conseils municipaux. .      2

    N'ont pas donné leur avis :

Préfets . . . . . . . . . . . . . . . . . .     2
Conseils municipaux. . . . . . . . . . . .      »
Nombre de membres. . . . . . . . . . .        236
```

Frères de l'instruction chrétienne
de Saint-Gabriel.

L'origine des frères de Saint-Gabriel, appelés primitivement frères de l'instruction chrétienne du Saint-

Esprit, remonte au commencement du dix-huitième siècle.

La maison-mère est à Saint-Laurent-sur-Sèvre (Vendée).

Un mémoire fourni par les frères dit qu'après des développements assez rapides, la congrégation subit l'épreuve de la Révolution de 1789 et que, dès les premières années du dix-neuvième siècle, les débris survivants de la petite Société se réunirent à Saint-Laurent-sur-Sèvre (Vendée), où ils reçurent, en 1821, des mains de l'abbé Deshayes, une nouvelle organisation.

Le 17 septembre 1823, la congrégation obtint une ordonnance royale, l'autorisant pour cinq départements, sous le nom de frères de l'instruction chrétienne du Saint-Esprit.

Le 3 mars 1853, elle fut reconnue comme établissement d'utilité publique à titre d'association religieuse vouée à l'enseignement et autorisée à exercer son action sur tout le territoire français sous le nom de Congrégation des frères de l'instruction chrétienne de Saint-Gabriel.

En dehors de leurs établissements d'enseignement primaire, qui sont très nombreux — dans le département de Maine-et-Loire seul ils sont au nombre de 25 — la congrégation de Saint-Gabriel possède 8 institutions régionales pour les sourds-muets et 4 pour les aveugles pour lesquelles les administrations départementales et certains conseils généraux accordent des subventions sous forme de bourses attribuées à des enfants indigents.

A Orléans notamment :

25 sont boursiers du Loiret à 500 francs par an ;

16 sont boursiers du Cher à 300 francs par an ;

20 sont boursiers de Loir-et-Cher à 275 francs par an.

La congrégation compte d'autres institutions de sourds-muets à Lille, Poitiers, Nantes, Bordeaux, Toulouse, Royat, Currière, dépendance de la Grande-Chartreuse, et des institutions de jeunes aveugles à Lille, Poitiers, Nantes et Bordeaux.

Enfin, elle possède plusieurs orphelinats et elle a des missions au Canada, au Congo, en Abyssinie et au Siam.

Nombre des établissements.	161
Nombre des départements intéressés. .	25
Avis favorables des préfets	4
— des conseils municipaux.	97
Avis défavorables des préfets	16
— des conseils municipaux.	42

N'ont pas donné leur avis :

Préfets	6
Conseils municipaux.	22
Nombre des membres	1.183

Frères de Saint-Joseph de Saint-Fuscien (Somme).

La congrégation des frères de Saint-Joseph de Saint-Fuscien se prétend autorisée par une ordonnance royale du 3 décemdre 1823. Elle n'a qu'un seul établissement à Saint-Fuscien (Somme), sorte de pensionnat primaire et secondaire.

Aux termes de ses statuts, cette congrégation aurait pour but de fournir aux communes rurales du département de la Somme des clercs-laïcs placés sous la dépendance immédiate de l'autorité épiscopale et soumis à la juridiction de l'évêque d'Amiens. Ces clercs-laïcs doivent aider les curés dans l'administration des sacrements, l'enseignement du catéchisme, le chant de l'office divin, la bonne tenue de la sacristie et de l'église.

Nombre des établissements 1
Nombre des départements intéressés . . . 1
Avis favorables des préfets . . . . »
    —   des conseils municipaux . . 1
Avis défavorables des préfets. . . . . . . »
    —   des conseils municipaux . »

N'ont pas donné leur avis :

Préfets. 1
Conseils municipaux . . . . »
Nombre des membres. 10

Frères du Sacré-Cœur de Paradis.

Cette congrégation, dont le siège principal est actuellement à Paradis, près le Puy (Haute-Loire), a été fondée en 1821.

Elle a pour but principal l'instruction primaire, mais elle se charge aussi de la direction de Providences, d'orphelinats, d'écoles de sourds-muets, d'écoles professionnelles et d'établissements agricoles.

Elle se prétend reconnue comme association charitable en faveur de l'instruction primaire par deux ordonnances royales ; l'une du 10 mars 1825, l'autre du 29 novembre 1829, et par une décision ministérielle du 19 juin 1851. Elle ajoute qu'elle a été depuis trois quarts de siècle considérée comme association dûment reconnue et que c'est sur la foi de cette reconnaissance qu'elle s'est développée et qu'à diverses époques des particuliers, des communes et même les pouvoirs publics ont traité avec elle.

Parmi ses établissements, deux s'occupent d'enseignement secondaire, dans la Haute-Loire et à Lyon.

Cette congrégation a, à l'étranger, une cinquantaine d'écoles : en Belgique, en Italie, en Syrie, aux Etats-Unis et au Canada.

Nombre des établissements.	136
Nombre des départements intéressés. . .	17
Avis favorables des préfets	»
— des conseils municipaux. .	97
Avis défavorables des préfets	10
— des conseils municipaux.	30

N'ont pas donné leur avis :

Préfets	7
Conseils municipaux	9
Nombre des membres	818

Frères de Marie ou Marianistes ou frères de la Société de Marie.

La Société de Marie ou des Marianistes aurait été, d'après les renseignements qu'elle a produits, fondée à Bordeaux en 1817.

Elle se compose de prêtres et de laïques et a toujours un prêtre comme supérieur général.

Ses membres sont désignés indistinctement sous le nom de frères de Marie ou de marianistes.

Son siège social serait à Paris, rue Montparnasse n° 28, où il aurait été transféré de Bordeaux, lieu d'origine, en vertu d'un décret impérial du 18 août 1860.

Ses statuts auraient été approuvés en 1825 par le conseil royal de l'instruction publique et la société elle-même, de l'avis du Conseil d'Etat, aurait été autorisée par ordonnance royale en date du 18 novembre 1825 comme association charitable en faveur de l'instruction primaire.

La société (article premier des statuts) est vouée à l'enseignement et à l'éducation.

Au nombre de ses œuvres d'éducation et d'enseignement elle compte des orphelinats et des écoles d'agriculture ainsi que des maisons fondées dans les pays de mission.

Elle compterait en France :

1° Une soixantaine d'écoles ou pensionnats primaires;

2° Une douzaine d'établissements secondaires parmi lesquels, à Paris, le collège Stanislas et l'institution Sainte-Marie, 32, rue de Monceau, et, à Cannes, l'institut Stanislas;

3° Une école pratique d'agriculture subventionnée par le gouvernement (Saint-Rémy, Haute-Saône);

4° Quatre orphelinats agricoles dont plusieurs auraient reçu pendant de longues années des subsides du gouvernement.

Hors de France, elle dirige :

Des écoles publiques en Tunisie et des collèges français subventionnés par le gouvernement à Tripoli de Barbarie, à Alep (Syrie) et au Japon, à Tokio, Nagasaki, Osaka, Yokohama.

Sa procure générale est à Rome, viale Manzoni, n° 5.

Nombre des établissements.   95
Nombre des départements intéressés. . .   32
Avis favorables des préfets   10
    —   des conseils municipaux. .   62
Avis défavorables des préfets   64
    —   des conseils municipaux.   29

    N'ont pas donné leur avis :

Préfets   21
Conseils municipaux.   4
Nombre des membres   838

Clercs de Saint-Viateur. '

Fondée en 1820, cette congrégation se prétend autorisée par une ordonnance royale du 10 janvier 1830, comme association charitable en faveur de l'instruction primaire, et avoir toujours été considérée par les gouvernements qui se sont succédé en France, depuis cette époque, comme un établissement d'utilité publique, autorisé et reconnu soit en vertu de l'ordonnance royale précitée, soit en vertu des lois subséquentes, celles des 7-14 août 1850 notamment.

Son siège social est établi à Vourles (Rhône).

Aux termes de ses statuts, elle a pour but :

1° D'instruire et d'élever la jeunesse selon les meilleures méthodes d'enseignement et d'éducation, en se conformant aux lois et règlements en vigueur ; 2° de recueillir les enfants pauvres et délaissés pour les mettre en état d'exercer une profession agricole ou industrielle ; de venir en aide au clergé paroissial dans le service des sacristies et la direction des maîtrises; 4° de propager aux colonies et à l'étranger la langue et l'influence françaises.

Les clercs de Saint-Viateur posséderaient aussi quelques établissements de bienfaisance.

Ils ont des établissements aux Etats-Unis et au Canada.

Ils dirigent à *Fontaines-sur-Saône* une maison qui édite un journal pédagogique, des ouvrages classiques et de piété, et à Oullins, ils publient un bulletin dit de l'*Ange-Gardien*.

```
Nombre des établissements. . . . . . .   112
Nombre des départements intéressés . . .    23
Avis favorables des préfets . . . . . . .     »
    —       des conseils municipaux. .    65
```

Avis défavorables des préfets 15
—   des conseils municipaux . 36

N'ont pas donné leur avis :

Préfets. 8
Conseils municipaux. 11
Nombre des membres. 475

Petits Frères de Marie (dits Frères Maristes).

Fondée le 2 janvier 1817, la congrégation des Petits Frères de Marie a son siège à Saint-Genis-Laval (Rhône).

Elle a pour but principal l'instruction primaire des enfants des campagnes et la direction des orphelinats agricoles ou autres.

A Saint-Genis-Laval, où se trouve la maison mère, le personnel se compose de 204 frères, dont 50 novices et 10 postulants ou juvénistes. La maison produit du biphosphate de chaud et possède une distillerie parfaitement installée pour la fabrication de l'arquebuse de l'Hermitage.

Cette congrégation dirige en France plus de 600 écoles. Hors de France, elle possède 237 écoles qui sont réparties dans les cinq parties du monde.

Plusieurs auraient été fondées en Chine, à la demande du gouvernement, et seraient entretenues par lui.

Les Petits Frères de Marie invoquent en leur faveur cette circonstance, qu'à plusieurs reprises, le gouvernement a fait appel à leur personnel pour remplir des postes d'instituteurs aux colonies.

Cette association a été reconnue comme établissement d'utilité publique voué à l'enseignement, par un décret en date du 20 juin 1851. Elle ajoute que, depuis 1851,

plus de 50 décrets auraient autorisé l'acceptation de libéralités ou seraient intervenus à l'occasion d'actes à
titre onéreux, et que c'est sur la foi de ces décrets
qu'elle s'est développée, que des particuliers, des
communes et les pouvoirs publics ont traité avec elles.

Elle compte 7.000 membres répandus dans l'univers
entier ; elle possède 14 noviciats, 25 juvénats et plus de
800 maisons.

Sa procure générale est à Rome, *via* Montebello.

Nombre des établissements	605
Nombre des départements intéressés. .	58
Avis favorables des préfets	5
— des conseils municipaux.	309
Avis défavorables des préfets.	243
— des conseils municipaux.	233

N'ont pas donné leur avis :

Préfets	357
Conseils municipaux.	63
Nombre des membres	4.240

Frères de la Société de la Croix de Jésus de Menestruel.

La congrégation des Frères de la société de la Croix
de Jésus a été fondée en 1824.

Aux termes de ses statuts, elle a pour but *de se consacrer à l'enseignement* et de se dévouer à toutes espèces de bonnes œuvres se rapportant à ce but.

Elle exploite également une distillerie à Chazay-
d'Azergues (Rhône), où elle fabrique l' « arquebuse de
Saint-François ». Sa maison-mère est à Menestruel,
près Poncin (Ain) ; elle possède, en outre, seize établissements d'enseignement primaire, primaire supérieur et noviciats se répartissant sur six départements.

Nombre des établissements.   17
Nombre des départements intéressés. . .   6
Avis favorables des préfets . . . .   »
— des conseils municipaux .   12
Avis défavorables des préfets   2
— des conseils municipaux. .   5

N'ont pas donné leur avis :

Préfets   4
Conseils municipaux. . . . .   »
Nombre des membres   104

Frères agriculteurs de Saint-François Régis de la Roche-Arnaud (près le Puy).

La congrégation des frères de Saint-François-Régis a été fondée le 23 juin 1850, à Roche-Arnaud, près le Puy. Son origine remonte à 1620.

Elle occupe six établissements dans la Haute-Loire, le Tarn, le Loir-et-Cher, les Bouches-du-Rhône et le Morbihan.

D'après ses statuts elle « a pour fin unique la direction des orphelinats agricoles ».

« Les établissements des frères-agriculteurs sont des fermes modèles où, en proportion des ressources qu'ils se créent par leur travail, les frères consacrent leurs soins aux orphelins pauvres, aux enfants abandonnés et à ceux dont les parents sont indigents. »

La congrégation, dans un mémoire, dit qu'elle est hospitalière, charitable et agricole, mais non enseignante ; elle ajoute que si elle est autorisée en vertu de la loi de 1850, c'est parce qu'il n'y avait pas d'autre moyen de lui accorder l'autorisation, et enfin qu'elle est reconnue d'utilité publique.

Pendant longtemps la ville du Puy, les conseils généraux de la Haute-Loire, du Tarn et du Morbihan, la

Société des agriculteurs de France, le ministère de
l'agriculture avaient accordé aux orphelinats de l'association, soit des bourses en faveur des orphelins, soit
des subventions assez importantes.

Les ministres de l'instruction publique et de l'agriculture consultés ont émis cependant des avis défavorables.

Le ministre de l'agriculture, notamment, s'exprime
ainsi : « Je dois ajouter qu'alors que l'administration de
l'agriculture avait cru pouvoir subventionner quelques-
uns des établissements fondés par la congrégation des
frères de Saint-François-Régis, patronnée par M. le
marquis de Gouvello, mes honorables prédécesseurs se
virent amenés à supprimer successivement les subventions accordées à chacun de ces établissements. » Ces
mesures, comme il a été dit plus haut, ne furent prises
contre lesdits orphelinats qu'en raison des renseignements défavorables fournis au ministère de l'agriculture, tant en ce qui concerne leur attitude politique
qu'en raison de l'insuffisance des services agricoles
rendus par eux.

Nombre des établissements.............	7
Nombre des départements intéressés......	6
Avis favorables des préfets..............	3
— des conseils municipaux...	6
Avis défavorables des préfets............	1
— des conseils municipaux.	»

N'ont pas donné leur opinion :

Préfets...................	3
Conseils municipaux.......	1
Nombre de membres..................	81

Frères des écoles chrétiennes
de la Miséricorde de Montebourg.

Fondée en 1842, cette congrégation qui se prétend reconnue d'utilité publique par un décret en date du 4 septembre 1856, a son siège social à l'abbaye de Montebourg (Manche).

Elle possède en outre vingt établissements, dont dix-huit dans le département de la Manche, un en Seine-et-Oise, et un dans les Deux-Sèvres, à Saint-Maixent.

Suivant ses statuts elle a pour but : « l'instruction primaire et la direction des maisons de providence ou de refuge pour les enfants pauvres et orphelins. »

Nombre des établissements.............	21
Nombre des départements intéressés.....	3
Avis favorables des préfets.............	10
— des conseils municipaux..	17
Avis défavorables des préfets..........	9
— des conseils municipaux.	2

N'ont pas donné leur opinion :

Préfets.............................	2
Conseils municipaux..................	2
Nombre des membres.................	122

Frères de la Sainte-Famille de Belley.

Cette congrégation, établie en 1835, se prétend reconnue comme établissement d'utilité publique par décret du 10 janvier 1874.

Antérieurement, elle aurait été autorisée pour la Savoie par lettres patentes du roi Charles-Albert, du 31 mai 1842.

Elle énonce dans sa demande que, depuis 1874, elle a toujours été traitée par le gouvernement comme asso-

ciation autorisée, et que, c'est sur la foi de cette reconnaissance que l'institut s'est développé, que des
communes, des établissements publics ont traité avec
lui.

Aux termes de l'article premier, les frères de la
Sainte-Famille forment une association religieuse et
charitable dont le but principal est "enseignement primaire, la direction des orphelinats et le service des
églises en qualité de sacristains.

Depuis le 20 mars 1889, cette congrégation s'est établie dans la République de l'Uruguay où elle a quatre
établissements

Nombre des établissements	47
Nombre des départements intéressés	10
Avis favorables des préfets	3
— des conseils municipaux	25
Avis défavorables des préfets	5
— des conseils municipaux.	13

N'ont pas donné leur opinion :

Préfets	2
Conseils municipaux	9
Nombre des membres	274

Congrégation de Jésus et Marie, dite des Eudistes.

Cette congrégation a été fondée en 1643. Elle a son
centre administratif à Paris, 75, rue Denfert-Roche-
reau. Dispersée par la Révolution, elle est rentrée en
1825 et a occupé, successivement, les immeubles situés, 30, rue des Postes, et 193, rue Saint-Jacques.

Aux termes des statuts, elle a pour but la formation
des prêtres par les exercices des petits et grands séminaires, et le bien des âmes pour les missions, les re-

traites, la prédication et autres fonctions du ministère ecclésiastique.

Elle dirige aussi des collèges et elle envoie des missionnaires dans les pays étrangers.

Dans la Manche, les Eudistes sont employés par l'évêque de Coutances comme directeurs d'une école secondaire à Valognes et comme missionnaires diocésains à Granville.

Dans le Morbihan, ils ont la maison de noviciat à Hennebont.

Dans l'Ille-et-Vilaine, ils ont trois établissements, à Rennes, l'école secondaire de Saint-Martin, dite des Capucins, à Redon, l'école secondaire de Saint-Sauveur, à Bains, le scolasticat de leurs jeunes étudiants, etc.

```
Nombre des établissements.............    12
Nombre des départements intéressés.....    9
Avis favorables des préfets............    1
        —        des conseils municipaux.   10
Avis défavorables des préfets..........    5
        —        des conseils municipaux.   »
```

N'ont pas donné leur opinion :

```
Préfets................................    6
Conseils municipaux....................    2
Nombre des membres.....................   200
```

Pères Maristes de Sainte-Foy-lès-Lyon.

Cette congrégation a été fondée en 1836, à Lyon.

Dispersée par la force, en novembre 1880, elle s'est reconstituée vers 1889 et a fixé son siège principal à Sainte-Foy-lès-Lyon.

Elle prit, dès l'origine, le nom de « Société de Marie » qui lui fut confirmé plus tard par le Saint-Siège.

Aux termes de ses statuts, elle a pour but l'enseignement dans les collèges et séminaires, l'exercice de la prédication et des autres fonctions sacerdotales pour lesquelles les évêques veulent bien les autoriser, et enfin l'envoi de missionnaires en Océanie.

Près de trois cents missionnaires, aux dires de la société, évangélisent en Nouvelle-Calédonie, aux îles Wallis et Futana, aux Nouvelles-Hébrides, aux îles Fidji, aux îles Salomon du Nord et du Sud, en Nouvelle-Zélande, etc.

Les Pères Maristes ont annexé, après 1894, à leur procure de Lyon, un pensionnat dont ils ne font pas mention dans leur demande d'autorisation.

Le procureur général, le P. Forestier, réside à Rome, via Goïto, 10.

Nombre des établissements............... 15
Nombre des départements intéressés..... 12
Avis favorables des préfets.............. »
      —   des conseils municipaux.. 9
Avis défavorables des préfets........... 7
      —   des conseils municipaux. 3

N'ont pas donné leur opinion :

Préfets...................... 8
Conseils municipaux. 3
Nombre des membres.................. 154

Dominicains enseignants de Coublevie.

La congrégation dite du tiers ordre enseignant de Saint-Dominique a été fondée vers 1853 par le Père Lacordaire.

Elle s'installa, en 1866, au hameau du Plan, sur la commune de Coublevie, à 3 kilomètres de Voiron.

Le but général de la congrégation est l'enseignement et, spécialement, l'enseignement secondaire.

Elle occupe, pour la formation et l'instruction de ses novices, deux maisons dans l'Isère et le Rhône.

Aux termes de l'article 6, les dominicains enseignants sont employés à titre de directeurs ou professeurs rétribués dans des écoles appartenant à des sociétés anonymes.

Ces établissements sont actuellement en France :

L'école Saint-Thomas-d'Aquin, à Oullins (Rhône) ;

L'école de Sorèze (Tarn) ;

L'école Albert-le-Grand, à Arcueil (Seine) ;

L'école Saint-Elme, à Arcachon.

Le collège d'Arcueil comprend lui-même quatre écoles divisées en deux groupes : Arcueil, écoles Albert-le-Grand et Laplace ; Paris : 35, rue Saint-Didier, école Lacordaire et externat Saint-Dominique.

Toutes ces écoles sont organisées de façon à conduire les élèves à toutes les carrières publiques, quelles qu'elles soient, sans que, pendant la durée de leurs études, ils aient à changer de direction.

A l'étranger, la congrégation possède un collège dans la République Argentine, le collège Lacordaire à Buenos-Ayres.

La procure et le généralat sont à Rome.

Nombre des établissements. 8

Nombre des départements intéressés. . . 5

Avis favorables des préfets 1

— des Conseils municipaux. . 4

Avis défavorables des préfets 2

— des Conseils municipaux. . 4

N'ont pas donné leur opinion :

Préfets 5

Conseils municipaux. . . . . »

Nombre des membres 64

Prêtres de Saint-Basile.

Cette congrégation a son siège à Annonay (Ardèche) et elle a des établissements d'instruction à Annonay et à Blidah. Elle a, en outre, des membres employés dans les petits séminaires d'Aubenas et de Vernoux.

La congrégation a des membres détachés au Canada et aux Etats-Unis.

D'après ses statuts, la congrégation des prêtres de Saint-Basile embrasse tout ministère sacerdotal compatible avec la vie commune ; néanmoins elle se consacre d'une manière particulière à l'enseignement et cela surtout dans les petits séminaires.

Elle a fondé plusieurs établissements, notamment des séminaires pour le recrutement du clergé. Elle a créé un noviciat à Feyzin (Isère), des établissements à Blidah (Algérie), à Toronto (Canada), à Louisville (Etats-Unis).

L'établissement que la congrégation occupe à Prades se compose d'un vaste enclos au centre duquel se trouve une chapelle. L'ensemble forme ce que l'on appelle le calvaire.

Ce calvaire est un lieu de pèlerinage fréquenté particulièrement pendant le mois de septembre.

Nombre des établissements.	6
Nombre des départements intéressés. . .	3
Avis favorables des préfets	»
— des conseils municipaux. .	1
Avis défavorables des préfets	1
— des conseils municipaux. .	2

N'ont pas donné leur opinion :

Préfets	2
Conseils municipaux.	4
Nombre des membres.	134

Pères ou prêtres de l'Immaculée-Conception de Saint-Méen.

Fondée en 1822, la congrégation a son siège à Rennes. Elle a quatre établissements dans l'Ille-et-Vilaine et deux dans les Côtes-du-Nord et le Finistère.

Les prêtres de l'Immaculée-Conception furent chargés en 1823, par l'évêque de Rennes, de réorganiser à Saint-Méen le petit séminaire du diocèse ; ils le dirigent depuis cette époque.

D'après les statuts, ils se proposent :

1º De diriger les grands et petits séminaires qui leur seraient confiés par les évêques ;

2º De s'adonner, à titre d'auxiliaires du clergé des paroisses, aux prédications extraordinaires auxquelles ils seraient appelés par MM. les curés ou desservants ;

3º D'aller dans les pays étrangers fonder des missions, sitôt que le nombre de leurs membres le permettra ;

4º De fournir un personnel dirigeant et enseignant aux établissements d'enseignement secondaire privés.

Ils dirigent des établissements d'enseignement secondaire importants.

Nombre des établissements.	7
Nombre des départements intéressés.	3
Avis favorable des préfets	»
— des conseils municipaux.	»

N'ont pas donné leur opinion :

Préfets	2
Conseils municipaux.	1
Nombre des membres	68

Prêtres de l'Oratoire de Jésus et de Marie.

L'ordre de l'Oratoire de France, fondé en 1611, a été supprimé en 1792 et restauré en 1852.

Aux termes des statuts, l'état de la congrégation est purement sacerdotal, on n'y fait pas de vœux.

En fait, et d'après les statuts eux-mêmes, les prêtres de l'Oratoire, outre les œuvres sacerdotales, ont pour objet principal l'enseignement, la prédication et l'étude.

Le siège principal de la congrégation est situé à Paris, rue d'Orsel, n° 49, où les pères se livrent à la prédication.

Les autres principaux établissements sont :

1° L'école Massillon, quai des Célestins, n° 2, qui constitue un externat de lycéens et une maison d'enseignement ;

2° La maison d'études de l'Oratoire, sise au 4 du quai des Célestins ;

3° La maison d'institution ou de noviciat sise à l'Hay (Seine).

Elle occupe en outre sept autres établissements d'enseignement se répartissant sur sept départements.

Le supérieur général est le cardinal Perraud.

Nombre des établissements.	10
Nombre des départements intéressés. . .	7
Avis favorables des préfets	2
— des conseils municipaux. .	9
Avis défavorable des préfets	1
— des conseils municipaux.	1

N'ont pas donné leur opinion :

Préfets	7
Conseils municipaux.	»
Nombre des membres	93

Pères du Sacré-Cœur de Bétharram.

La congrégation des prêtres du Sacré-Cœur de Jésus de Notre-Dame de Bétharram a été fondée le 9 septembre 1841, à Lestelle-Bétharram (arrondissement de Pau).

Pendant une trentaine d'années, la congrégation, encore peu nombreuse, vécut dans les anciennes constructions contiguës à la chapelle, propriété de la mense épiscopale. Mais, vers 1860, elle fit édifier des bâtiments pour l'installation d'un collège et, en 1897, elle a construit un nouvel immeuble. Elle possède maintenant sept établissements, tous situés dans les Basses-Pyrénées.

La congrégation se compose d'ecclésiastiques et de laïcs ; elle a pour but, aux termes de l'article 2 de ses statuts : 1° la prédication de la parole de Dieu ; 2° l'éducation chrétienne de la jeunesse ; 3° les missions et collèges à l'étranger ; 4° les services auxiliaires demandés par les évêques et compatibles avec ses statuts.

Elle a des établissements en Palestine et dans l'Amérique du Sud.

Nombre des établissements.	7
Nombre des départements intéressés. . .	1
Avis favorables des préfets	1
— des conseils municipaux. .	7
Avis défavorables des préfets.	6
— des conseils municipaux. .	»
N'ont pas donné leur opinion :	
Préfets	»
Conseils municipaux.	»
Nombre des membres.	232

Pères de Saint-Pierre-ès-Liens.

La maison mère est à Marseille, boulevard de la Madeleine ; elle a une succursale à Beaurecueil.

A l'origine, l'établissement de Marseille était une sorte de maison de correction libre ou pénitencier réservé à l'éducation des jeunes gens indisciplinés. Actuellement, cette maison est devenue un établissement d'enseignement primaire et secondaire auquel les pères de Saint-Pierre ont adjoint l'exploitation d'une laiterie et la vente des produits de leur jardin.

La succursale de Beaurecueil, créée en 1857 dans le même but, a subi la même transformation.

M. Allaria (Antoine), directeur de la congrégation, est né le 27 janvier 1843 à Bayardo (Italie), mais il est naturalisé français par décret présidentiel du 17 mars 1890.

Nombre des établissements.	2
Nombre des départements intéressés. . .	1
Avis favorable des préfets.	»
— des conseils municipaux. .	1
Avis défavorable des préfets.	»
— des conseils municipaux. .	1

N'ont pas donné leur opinion :

Préfets	1
Conseils municipaux.	»
Nombre des membres.	24

Pères des Enfants de Marie-Immaculée de Chavagnes.

Le siège de cette congrégation est à Chavagnes-en-Pailliers (Vendée). Elle a été fondée pour venir en aide au clergé séculier, en portant secours aux membres du clergé paroissial arrêtés par la maladie et en se chargeant des prédications extraordinaires. Elle est à la disposition des évêques pour diriger, sous leur autorité, les petits séminaires et autres maisons d'éducation. Elle exerce aussi l'apostolat dans les pays des missions, notamment aux îles de la Dominique et de Sainte-Lucie (Antilles anglaises).

La congrégation s'adjoint un groupe de laïques, qui, sous le nom de frères coadjuteurs, sont exclusivement appliqués aux travaux matériels.

Elle a 8 établissements. Dans certains, on y donne l'enseignement secondaire classique, notamment à Limoux (Aude).

Plusieurs de leurs établissements ont été fermés en 1880.

Le fondateur de cette congrégation est en même temps le fondateur des Ursulines (dites de Chavagnes).

Nombre des établissements.   8
Nombre des départements intéressés. . .   4
Avis favorables les préfets. . . . . . .   »
    — des conseils municipaux .   2
Avis défavorables des préfets   3
    — des conseils municipaux .   4

N'ont pas donné leur opinion :

Préfets   1
Conseils municipaux.   2
Nombre des membres   89

Pères maristes de l'école de Saint-Martial de Limoges.

La congrégation a son siège social à Limoges, 6, rue des Argentiers. Elle a pour but de donner l'instruction secondaire et d'y recevoir des élèves pensionnaires, demi-pensionnaires et externes.

Le nombre des élèves est d'environ 400.

Dans l'annuaire du clergé de 1897, le collège est indiqué comme étant tenu par les pères maristes de Lyon, dont la maison est à Sainte-Foy-lès-Lyon et dont la procure générale est à Rome.

Nombre des établissements.   1
Nombre des départements intéressés. . .   1
Avis favorable des préfets. . . . .   »
     —   des conseils municipaux. .   »
Avis défavorable des préfets.   1
     —   des conseils municipaux.   1

N'ont pas donné leur opinion :

Préfets . . . .   »
Conseils municipaux. . . . .   »
Nombre des membres.   31

Bénédictins anglais.

L'établissement des bénédictins anglais remonte au dix-septième siècle. Il a été institué avec le consentement du pape Clément VIII, sous la condition que les bénédictins retourneraient à leur abbaye en Angleterre, dès que la foi catholique serait rétablie dans la Grande-Bretagne.

Depuis lors, sauf une interruption de quelques années pendant la Révolution, l'établissement des bénédictins anglais n'a pas cessé d'exister à Douai.

Le rôle de cet établissement consiste à former des prêtres anglais (l'établissement n'en contient d'ailleurs pas d'autre) pour les missions catholiques anglaises.

C'est en quelque sorte un séminaire anglais.

Ceux de ses membres qui ont le titre de prêtres disent des messes chez eux ou dans les différentes paroisses de Douai.

Actuellement, il y a huit prêtres et sept frères.

Les œuvres poursuivies par cette congrégation se rapportent à l'Angleterre. Les membres de cet établissement n'ont pour ainsi dire aucune relation avec le public français et ne sortent que pour leurs affaires ou avec leurs élèves.

Nombre des établissements.   1
Nombre des départements intéressés . .   1
Avis favorable des préfets. . . . .   »
    —   des conseils municipaux .   »
Avis défavorable des préfets. . . . . . .   »
    —   des conseils municipaux.   »

N'ont pas donné leur opinion :

Préfets . . . .   »
Conseils municipaux. . . . .   »
Nombre des membres. . . . .   »

Frères de la doctrine chrétienne de Solesme (Nord).

La congrégation a son siège principal à Solesme (Nord) depuis la guerre de 1870.

Elle se prétend autorisée pour le diocèse de Strasbourg par ordonnance royale du 5 décembre 1821.

Dans sa demande, le supérieur général énonce que tous ses membres, à une seule exception, sont des Alsaciens-Lorrains qui ont quitté les pays annexés par pur patriotisme pour rester fidèles à la mère-patrie.

La congrégation possède, en outre, deux communautés, une à Puteaux, l'autre à Boulogne-sur-Seine. Elle a pour but de donner l'enseignement primaire.

L'etablissement de Solesme a 86 élèves, 43 externes qui payent, sauf un, une rétribution scolaire mensuelle de 4, 5, 6 et 7 francs selon l'âge; 2 demi-pensionnaires payant 250 francs par an; 41 pensionnaires payant 450 francs par an.

Les études les plus élevées de l'etablissement consistent en une préparation au brevet élémentaire; la plupart des élèves se destinent à l'enseignement.

A Puteaux, les élèves sont au nombre de 150.

La maison-mère est à Matzenheim (diocèse de Strasbourg).

Nombre des établissements.	3
Nombre des départements intéressés. . .	2
Avis favorables des préfets.	1
— des conseils municipaux.	3
Avis défavorable des préfe	»
— des conseils municipaux.	»
N'ont pas donné leur opinion :	
Préfets	1
Conseils municipaux.	»
Nombre des membres	16

Ces notices, dans leur sèche brièveté de nomenclature, ont une éloquence singulière. Elles montrent avec quelle rapidité dangereuse les congrégations ont pu s'établir chez nous, comme en un pays conquis.

Et c'est, pour votre commission, la nécessité de démontrer maintenant la possibilité de leur refuser l'autorisation, de prouver que les jeunes enfants dont ces congrégations dirigent l'instruction, n'auront pas à souffrir du refus que nous apporterons à la demande d'autorisation formée par leurs maîtres.

Nous touchons ici à un des arguments dont usent et abusent le plus volontiers les adversaires de la loi : il convient de ramener à sa juste valeur.

Ils affirment, en effet, que les écoles de la République ne sont pas assez vastes pour recueillir les élèves que nous voulons chasser des leurs et que

notre personnel sera insuffisant — au moins numé-
riquement — à assurer leur instruction.

Messieurs, mettre en doute sinon la science, du
moins le dévouement de nos instituteurs laïques,
c'est faire une injure gratuite à ceux auxquels
M. Buisson rendait récemment un hommage aussi
éloquent que mérité.

Quant à l'argument tiré de l'insuffisance de nos
écoles, il ne tient pas devant les faits.

La congrégation des Petits-Frères de Marie
compte 605 établissements ; celle des Frères de l'instruction chrétienne de Ploërmel en compte 362. Ce
sont les plus nombreux de beaucoup.

Or, les avis donné par le ministère de l'instruction publique à propos de toutes les congrégations
enseignantes, nous font connaître que les communes dans lesquelles ces établissements sont situés sont dès maintenant, pour la plupart, à même
de donner asile à tous les garçons d'âge scolaire
résidant dans la localité.

Pour les autres communes, les mesures nécessaires seront prises — en exécution de la loi du
30 octobre 1886 — dans le cas où l'effectif scolaire
des écoles publiques augmenterait par suite de la
suppression des écoles libres de garçons.

En ce qui concerne les établissements d'enseignement secondaire, il ne saurait exister aucune
difficulté.

Et s'il en est ainsi, si nous avons la possibilité
d'arracher l'enfant à cet enseignement qui « perpé-

tue la superstition, les préjugés et les fanatismes»,
n'en avons-nous pas aussi le devoir? Ne sommes-
nous pas dans l'obligation morale, sous peine de
mentir à nos principes et de méconnaître nos intérêts, les intérêts de la République, de le faire bénéficier de cet enseignement dont le président de
notre commission parlait si éloquemment à la tribune, cet enseignement « moral », pratique, mo-
deste, simple... qui ne se traduit pas par de
bruyantes manifestations, par des actes de dévotion, par des déclamations retentissantes, mais qui
porte au sein de la famille, plus avant que n'a jamais pu le faire aucun catéchisme, la claire notion
du devoir, les idées de justice et bonté, l'habitude de la réflexion, la culture de la conscience,
l'amour du travail, le sentiment des droits de
l'homme et de la dignité humaine, et enfin le véritable patriotisme, celui qui n'éclate pas en mots
sonores, mais qui se traduit en actes de calme fidélité
au devoir.

C'est le moyen de rendre à notre pays la belle
unité morale qui, dans les temps passés, a fait sa
force et rendu son histoire illustre entre toutes.
Avec la suppression des congrégations enseignantes, c'est la paix apportée à tous ces humbles citoyens qui, clients de la congrégation, ou de ses
fidèles partisans, se voient contraints à des abdi-
cations dont souffre leur conscience.

C'est alors seulement que la République goûtera
le fruit et recevra la récompense des longs sacrifices

qu'elle a provoqués et consentis pour libérer la nation d'une tutelle enseignante qui a pu, sous
d'autres régimes, avoir son utilité, mais qui est de
toute évidence, aujourd'hui où notre enseignement
national est entièrement organisé et prêt pour toutes
les éventualités, non seulement inutile, mais nuisible.

Cette situation est admirablement résumée dans
le passage suivant que nous extrayons du rapport
de M. le préfet de la Loire-Inférieure concernant
les frères ue l'instruction chrétienne de Ploërmel,
et auquel il n'y a rien à ajouter :

« S'emparer de l'esprit de l'enfant pour dominer
plus *facilement l'homme dans l'avenir*, tel est le
but uniquement recherché et persévéramment poursuivi par ces religieux. La création de leurs écoles
n'était ni désirée par les populations ni *justifiée par
les besoins de l'enseignement primaire*. Les
adversaires des institutions républicaines font de
ces écoles une arme de conquête et de domination.
Aussi veillent-ils à en assurer le recrutement par
tous les moyens et plus particulièrement par une
pression *éhontée* qu'ils exercent sur les fermiers,
ouvriers et petit fournisseurs : ceux de ces derniers
qui envoient leurs enfants à l'école laïque sont
atteints dans leurs intérêts et *privés de secours s'ils
sont pauvres*.

« Aucune des écoles fondées dans la Loire-Inférieure par cette congrégation n'est vraiment utile
au point de vue du développement de l'instruction

primaire. Leur suppression ne serait pas mal accueillie par la population en général ; elle ferait
disparaître une *cause permanente de divisions lo-*
cales et rendrait à beaucoup de familles, dépendantes par leur situation, la possibilité de procurer
à leur enfants l'enseignement *qu'au fond du cœur*
elles préfèrent. »

IV

CONGRÉGATIONS PRÉDICANTES

Si certains ont pu, avec une apparence de bonne
foi, invoquer en faveur des congrégations dont il
vient d'être parlé, les services qu'elles paraissent
rendre, il vous suffira, messieurs, de jeter les yeux
sur les succinctes notices qui suivent pour acquérir
la conviction qu'on ne saurait apporter de semblables arguments en faveur des congrégations qui
s'adonnent à la prédication.

Capucins.

Les capucins sont une des branches de l'ordre des
frères mineurs dont la fondation remonte en 1209.

Ils ont pour origine une réforme accomplie dans cet
ordre en 1525.

Ils ne furent introduits en France qu'en 1574, par
Charles IX et Catherine de Médicis.

Ils furent chassés sous la Révolution, mais revinrent
peu à peu par la suite occuper leur ancienne position.

Leurs membres, pour moitié, étaient de nationalité italienne jusqu'en 1901.

Aux termes de ses statuts (art. 1er), la congrégation des frères mineurs capucins de Saint-François-d'Assise, dont le siège est à Paris, 15, rue de la Santé, a pour but : 1° d'aider le ministère paroissial, par la prédication sous l'autorité et la juridiction des évêques et à la requête des curés ; 2° de s'adonner au service des missions étrangères et aux œuvres diverses que ces missions comportent.

La congrégation est partagée en cinq districts, gouvernés chacun par un supérieur et quatre conseillers. Chacune de ses maisons a, à sa tête, un supérieur local dépendant des supérieurs du district.

Chaque district a en outre une maison de procure pour ses missions à l'étranger, une maison de noviciat pour le recrutement de ses membres et des maisons d'études ou scholasticats pour la formation de ses sujets à l'exercice du saint ministère et aux œuvres de l'apostolat à l'étranger.

Il est dit aux statuts (art. 4) que les cinq districts de la congrégation possèdent encore à Lyon une procure des missions commune dont le procureur, en rapport avec le ministère des affaires étrangères et les conseils d'administration des œuvres catholiques des missions, est chargé de pourvoir aux besoins des diverses missions de capucins français.

Ces missions, au nombre de douze, se trouvent à Constantinople, en Arménie, en Mésopotamie, au Liban, en Arabie, à Rajputana (Indes), à Djibouti, Berberah, aux Seychelles, à Rio-Grande et au Canada.

Mais le but principal de la congrégation est la prédication et l'exercice du culte.

Elle possède, à cet effet, en France 49 établissements.

Les capucins forment, avec les franciscains, les religieux de l'ordre de Saint-François.

La maison généralice est à Rome.

Nombre des établisssements. 49
 — des départements intéressés . . 35
Avis favorables des préfets. 8
 — des conseils municipaux. . 21
Avis défavorables des préfets. 40
 — des conseils municipaux. . 22
N'ont pas donné leur opinion :
Préfets 1
Conseils municipaux 6
Nombre des membres 634

Prémontrés de France.

Fondée en 1120 par saint Norbert, archevêque de Magdebourg, cette congrégation a son siège principal à Saint-Michel-de-Frigolet (Bouches-du-Rhône), où elle s'est établie en 1858.

Aux termes de ses statuts, son but est de se consacrer aux œuvres de l'apostolat chrétien sous toutes ses formes, à l'extérieur comme à l'intérieur, et spécialement de recruter et de former des missionnaires pour l'étranger.

Cette congrégation publie une revue mensuelle.

Ses établissements furent fermés en 1880.

Les Prémontrés de Frigolet ont créé une mission à Madagascar, à l'île Sainte-Marie.

Dispersé par la Révolution, l'ordre des Prémontrés s'est reformé en France.

Il a son supérieur général à Rome, via Monte-Tarpeo, n° 54.

Nombre des établissements 4
Nombre des départements intéressés . . 4
Avis favorables des préfets 1
 — des conseils municipaux . . 4

Avis défavorable des préfets. i
— des conseils municipaux . . »

N'ont pas donné leur opinion :

Préfets 2
Conseils municipaux . . . . »
Nombre des membres 50

Rédemptoristes.

Le siège de cette congrégation est à Antony (Seine).

Aux termes de leurs statuts, les Rédemptoristes forment une association de prêtres vivant en commun dans le but de travailler au salut des âmes et à la civilisation du peuple par la prédication et autres exercices spirituels.

« Ils étendent leur apostolat à différents pays hors d'Europe où ils sont heureux de propager l'influence française.

» L'enseignement public leur est interdit. »

Ils sont établis à Paris, 53 et 55, boulevard de Ménilmontant, où ils ont les œuvres suivantes :

1º Œuvre des Alsaciens-Lorrains ;

2º Œuvre des pauvres ;

3º Œuvre sociale de Popincourt ;

4º Œuvre permanente du Christ ;

Ils ont des établissements dans quinze départements. Ils ont des chapelles.

Plusieurs de leurs établissements ont été fermés en 1880.

Les pères de la congrégation du Très-Saint-Rédempteur sont aussi connus sous le nom de Liguoriens. Ils ont été fondés par P. Alphonse de Liguori, gentilhomme napolitain, en 1696.

Leur maison généralice est à Rome.

Nombre des établissements 19
Nombre des départements intéressés . . 15
Avis favorables des préfets 3
     —   des conseils municipaux. . 8
Avis défavorables des préfets 4
     —   des conseils municipaux. . 9

N'ont pas donné leur opinion :

Préfets. 12
Conseils municipaux 2
Nombre des membres 278
     dont 60 étrangers.

Dominicains dits « Frères prêcheurs de France. »

Cette congrégation, fondée par saint Dominique, remonte au treizième siècle ; son organisation définitive fut l'œuvre du père Lacordaire.

Elle a son siège social à Paris, rue de la Chaise, n° 7. Aux termes de ses statuts, elle a pour but : « 1° le ministère de la prédication en France, sous l'autorité et la juridiction des évêques ; 2° le service des missions hors de France, avec les œuvres diverses qu'elles comportent, soit, autant que possible dans les colonies ou pays de protectorat, soit, au moins, dans les milieux d'influence française ».

Elle compte 25 établissements en France, des résidences ou centres d'action en Mésopotamie, au Kurdistan, en Arménie, dans le nord-est de la Turquie d'Asie et des missions dans l'Amérique du Nord, au Canada, aux Antilles, au Brésil, en Russie. Enfin, à Jérusalem, elle possède une école d'exégèse, d'archéologie et de géographie bibliques et de linguistique pour les principales langues orientales.

Au moment de l'exécution des décrets, en 1880, plusieurs de leurs établissements furent fermés.

La procure et le généralat sont à Rome.

Nombre des établissements.   25
Nombre des départements intéressés . .   20
Avis favorables des préfets.   1
          — des conseils municipaux .   8
Avis défavorables des préfets   11
          — des conseils municipaux.   9

N'ont pas donné leur opinion :

Préfets.   8
Conseils municipaux   8
Nombre des membres   577
   dont 56 étrangers.

Passionnistes français.

La congrégation des Passionnistes français a son siège à Mérignac, canton de Pessac (Gironde), mais la maison mère est à Rome.

Elle a été fondée par saint Paul de la Croix, né à Ovada (république de Gênes), et elle s'est installée à Mérignac au mois de mars 1883.

Aux termes de ses statuts, elle a pour but : le salut et la sanctification des âmes. Leurs moyens d'action sont la prédication (retraites, exercices spirituels, sermons, etc.) et « les instructions de la passion de Notre-Seigneur Jésus-Christ, d'où leur vient le nom spécial de Passionnistes ».

Mais à côté du couvent proprement dit, à Mérignac, il a été créé en 1897 un établissement d'enseignement secondaire dit « alumnat ou école apostolique. »

Cette congrégation est certainement la même que celle des passionnistes anglais ; elle a la même maison mère à Rome.

Nombre des établissements.   4
Nombre des départements intéressés. . .   4

Avis favorable des préfets.   1
    —   des conseils municipaux. .   4
Avis défavorables des préfets   3
    —   des conseils municipaux.   »

N'ont pas donné leur opinion :

Préfets. . . . .   »
Conseils municipaux. . . . .   »
Nombre des membres   52
    dont 15 étrangers.

Pères des Sacrés Cœurs de Jésus et de Marie et de l'Adoration perpétuelle du Très-Saint Sacrement (dits de Picpus).

Le siège social de cette congrégation est à Paris, 33, rue de Picpus. Fondée à Poitiers en 1800, elle s'est établie à Paris en 1804.

Les missions lointaines constituent son objet principal, mais elle s'occupe aussi d'enseignement et d'œuvres de charité.

Ses établissements en France sont au nombre de 6, y compris la maison mère de la rue de Picpus.

Actuellement, 82 de ses membres seraient dans l'Amérique du Sud et 72 dans l'Océanie orientale :

Nombre des établissements.   6
Nombre des départements intéressés. . .   6
Avis favorables des préfets   7
    —   des conseils municipaux. .   3
Avis défavorables des préfets   3
    —   des conseils municipaux.   3

N'ont pas donné leur opinion :

Préfets   5
Conseils municipaux.   6

Nombre des membres 154
    dont 16 étrangers.

Institut des Oblats de Saint-François de Sales de Troyes.

L'institut des Oblats de Saint-François de Sales a été fondé en 1868.

Aux termes de ses statuts, cette congrégation a pour objet : l'éducation de la jeunesse, tant en France qu'en pays étrangers, les missions et les fonctions du saint ministère.

Le siège principal de la congrégation est à Troyes (Aube), rue du Temple, n° 11.

Cette congrégation se livre au commerce et à l'industrie.

Nombre des établissements 11
Nombre des départements intéressés . . . 7
Avis favorables des préfets 1
    — des conseils municipaux . . 6
Avis défavorables des préfets 8
    — des conseils municipaux . 5

N'ont pas donné leur opinion :

Préfets 2
Conseils municipaux . . . . »
Nombre des membres 44

Pères de Notre-Dame de Sion.

Cette congrégation a introduit une demande en autorisation pour le seul établissement qu'elle possède à Issy-les-Moulineaux, impasse Choquet, 8.

Aux termes de ses statuts, elle a pour but « la sanctification de ses membres, la propagation de la foi catholique dans les pays étrangers et le service des missions en Orient pour l'éducation des enfants et la diffusion de la langue française ». Il y a une dizaine d'années environ que les prêtres de Notre-Dame de Sion ont succédé aux prêtres de Saint-Sulpice et occupent à Issy-les-Moulineaux un immeuble appartenant à la société civile dite « Société de Saint-Sulpice », dont le siège est précisément 8, impasse Choquet.

En ce qui concerne spécialement les missions, ces congréganistes ont des représentants en Palestine, à Alexandrie et à Constantinople. Ils n'ont en Orient qu'un seul établissement fixe, « l'école des arts et métiers de Saint-Pierre de Sion », à Jérusalem, pour laquelle ils recevraient chaque année du gouvernement, depuis 1883, une subvention de 7.000 à 8.000 francs.

Nombre des établissements.	1
Nombre des départements intéressés. . .	1
Avis favorable du préfet	»
— du conseil municipal. . . .	8
Avis défavorable du préfet	»
— du conseil municipal. . .	1
N'ont pas donné leur opinion :	
Préfet.	1
Conseil municipal.	»
Nombre de membres.	13

Prêtres du Sacré-Cœur ou Pères Oblats du Cœur de Jésus de Saint-Quentin.

L'abbé Dehon sollicite du Parlement l'autorisation pour la congrégation des prêtres du Sacré-Cœur de Jésus fondée en 1877 et dont le siège est à Saint-Quentin (Aisne).

Le pétitionnaire expose « qu'un certain nombre de prêtres ont formé depuis quelques années, à Saint-

Quentin, une société qui portait le nom de Société des prêtres du Sacré-Cœur de Jésus et qui n'avait pas, jusqu'à présent, le caractère de congrégation. Ses membres n'ayant pas de liens communs et occupant des immeubles prêtés par quelques prêtres dont ces immeubles sont les biens patrimoniaux, si l'autorisation leur est accordée, les propriétaires mettront leurs biens en commun.

La société aurait pour but les missions lointaines et un concours auxiliaire aux prêtres diocésains. Elle compte actuellement trois maisons en France ; elle a des missions au Congo et au Brésil et une section belge-hollandaise à Sittard (Hollande).

Nombre des établissements.	2
Nombre des départements intéressés. . .	2
Avis favorable des préfets.	»
— des conseils municipaux .	1
Avis défavorables des préfets	1
— des conseils municipaux.	2

N'ont pas donné leur opinion :

Préfets	1
Conseils municipaux.	»
Nombre de membres.	48
dont 10 étrangers.	

Pères de Saint-François d'Assise d'Ambialet.

La congrégation du tiers-ordre régulier de Saint-François d'Assise aurait été fondée en 1866. Elle remonte à 1221. Avant la Révolution, les tertiaires réguliers de France, appelés pères de Picpus, étaient très répandus. Le tiers-ordre régulier fut restauré en 1866 en France.

Aux termes de l'article 1er de ses statuts les membres

de la congrégation se destinent à la prédication en France et dans les missions étrangères.

Elle compte une cinquantaine de membres et possède 4 établissements se répartissant sur deux départements.

Sa maison mère est à Ambialet (Tarn).

Ses ressources comprennent : le produit des prédications de missions, allocations de personnes pieuses, subvention des évêques et surtout le produit de trois importants pèlerinages qui ont lieu chaque année, en mai et septembre, à Notre-Dame de Delpeuch, à Notre-Dame de la Drèche, près Albi, et à Notre-Dame de l'Oder, près Ambialet.

Sa procure générale est à Rome, via di porta Latina, 5.

Nombre des établissements.	4
Nombre des départements intéressés. . .	2
Avis favorables des préfets.	»
— des conseils municipaux. .	3
Avis défavorable des préfets.	1
— des conseils municipaux.	1

N'ont pas donné leur opinion :

Préfets.	1
Conseils municipaux.	»
Nombre des membres.	46

Franciscains ou frères mineurs.

Cette congrégation, dont la fondation remonte au commencement du treizième siècle, a son établissement principal à Paris, 83, rue Falguière.

Son but est :

1° De se consacrer aux œuvres de l'apostolat sous toutes ses formes, spécialement de recruter et de former des missionnaires pour l'étranger;

2° De diriger des œuvres d'assistance et de moralisation en faveur des pauvres : réunions spéciales, dispensaires, bureaux de placement, etc...

Il résulte des documents produits par la congrégation,
que les Franciscains sont répandus dans le monde
entier. D'après une statistique publiée en 1892, on
comptait à cette époque 4,032 missionnaires ; ils dépassent actuellement le chiffre de 4,600 ; mais leur mission
la plus importante est la Custodie de Terre-Sainte qui,
depuis le temps des croisades, a la garde des Lieux-
Saints ; et la protection par la France, en vertu de nos
plus anciennes capitulations, est la base de notre protectorat religieux en Orient.

En exécution des décrets du 29 mars 1880, plusieurs
de leurs établissements français furent fermés.

Ils dirigent, 8 rue de Puteaux, l'œuvre du Pain de
Saint-Antoine et rédigent la *Tribune de Saint-Antoine*.

Dispersés en 17,, les Franciscains ont été reconstitués en 1850 par le père Areso, missionnaire espagnol,
et le père de Valbone, missionnaire italien ; ils ont
divisé la France en cinq provinces qui ont leurs chefs-
lieux à Paris, Bordeaux, Mâcon, Caen et en Corse.

Les Franciscains forment, avec les Capucins, les
religieux de l'ordre de Saint-François.

La maison généralice est à Rome.

Nombre des établissements. 39
Nombre des départements intéressés. . . 23
Avis favorables des préfets 2
      —   des conseils municipaux. . 23
Avis défavorables des préfets 11
      —   des conseils municipaux. . 14

N'ont pas donné leur opinion :

Préfets. 10
Conseillers municipaux. 2
Nombre des membres. . . 373 (23 étrangers).

Pères du Très-Saint-Sacrement.

Cette congrégation a été fondéé le 13 mai 1856. Son siège social est à Paris, 23 avenue Friedland.

Elle a pour objet, aux termes de l'article premier de ses statuts : « l'adoration perpétuelle du Très-Saint-Sacrement par les associés qui se succèdent à toutes les heures du jour ou de la nuit au pied de l'autel.

« Ses membres s'occupent ensuite d'études et consacrent leur temps à composer des livres ou des publications exclusivement théologiques et principalement sur le culte du Saint-Sacrement.

« Dans leurs œuvres rentrent également l'instruction morale et la préparation à la première communion, avec l'agrément des curés, soit des enfants pauvres que l'abandon où ils vivent prive de suivre les catéchismes paroissiaux, soit des adultes qui en ont dépassé l'âge, la formation pour le sacerdoce d'enfants pieux et bien doués, mais que la pauvreté de leurs parents empêche de suivre leur vocation; la prédication des retraites annuelles aux clergés diocésains réunis sous la présidence des évêques et des mêmes retraites dans les grands et petits séminaires; la réception et l'entretien des prêtres âgés ou infirmes qui, obligés de quitter le ministère paroissial, cherchent un abri contre l'isolement et le besoin. »

Elle a des établissements dans l'Amérique du Nord.

Sa procure générale est à Rome, via del Pozzetto, n° 160.

```
Nombre des établissements . . . . . . . . .   4
Nombre des départements intéressés . . . .   4
Avis favorables des préfets. . . . . . . . . .   »
        —        des conseillers municipaux. .   1
Avis défavorables des préfets . . . . . . . .   1
        —        des conseils municipaux .   3
```

N'ont pas donné leur opinion :

Préfets. 3
Conseils municipaux. . . . . »
Nombre des membres 38
  dont 2 étrangers.

Chanoines de Latran ou chanoines réguliers de Saint-Augustin de la congrégation du Très-Saint-Sauveur de Latran.

Cette congrégation, établie par saint Augustin, a son siège à Beauchêne, près Ciseray (Deux-Sèvres). Elle a pour but, d'après ses statuts : 1° l'office divin et la psalmodie des heures canoniales; 2° le ministère de la prédication sous l'autorité et la juridiction des évêques.

Les chanoines de Latran possèdent un autre établissement à Mattaincourt (Vosges).

Exécutée à deux reprises par application des décrets du 28 mars 1880, la congrégation des chanoines de Latran s'est reformée presque aussitôt et sa chapelle est restée toujours ouverte, malgré plusieurs mises sous scellés et actions judiciaires portées jusqu'en cassation.

A Beauchêne, à l'exception du supérieur, les religieux ont quitté leur établissement pour aller, les uns à l'étranger, les autres dans les communes de l'arrondissement de Bressuire.

A Mattaincourt, l'immeuble de la communauté n'est occupé que par un seul chanoine avec le mobilier strictement nécessaire à une personne.

Une partie des meubles a été expédiée au mois d'octobre 1901 à Louvain et l'autre partie transportée dans une maison de Mattaincourt.

Par un jugement du 11 décembre 1901, le tribunal de Bressuire avait nommé M. Ardouin, administrateur séquestre des biens de la congrégation, comme ne s'étant pas soumis aux dispositions de l'article 18 de la loi du 1er juillet 1901.

L'abbé Rousseau, intervenant tant en son nom personnel et comme membre de la congrégation que comme directeur et au nom de ladite congrégation, a formé tierce opposition à ce jugement. Il fut débouté de son opposition par jugement du même tribunal en date du 24 juin 1902.

Par appel, la cour de Poitiers a rendu un arrêt à la date du 6 août 1902 dont nous extrayons le passage suivant :

« Attendu qu'il résulte du récépissé invoqué par l'abbé Rousseau qu'à la date du 2 octobre 1901, qui était la dernière limite du délai, la demande seule avait été déposée ;

« Que le récépissé délivré pour valoir ce que de droit porte qu'il devra être produit à l'appui de cette demande :

1° Deux exemplaires des statuts de la congrégation ;

2° Un état de ses biens meubles et immeubles et de ses ressources ;

3° Un état de tous les membres de la congrégation.

« Qu'il fait donc ressortir les lacunes des justifications obligatoires, bien qu'on puisse inférer de cette précision, sous le prétexte qu'on se trouve au dernier jour du délai, la concession d'une prorogation dudit délai pour le surplus de la production ;

« Qu'il n'appartenait pas, d'une part, à l'administration d'ajouter à la loi et que l'on peut voir d'ailleurs, dans cette mention, un avertissement auquel, dans la journée, il n'était point impossible d'obtempérer ;

« Attendu par suite que l'abbé Rousseau n'est pas fondé dans sa tierce opposition.

« Qu'il est vainement objecté que, par le fait du rejet de l'action et de la dépossession qui en est la conséquence, l'autorité judiciaire empiéterait sur la domaine législatif en ce que le Parlement seul a qualité pour statuer sur la demande d'autorisation ;

« Qu'il s'agit uniquement, en l'état, de savoir si la congrégation s'est mise en règle pour bénéficier d'un régime provisionnel et non pas d'admettre ou de rejeter une demande d'autorisation définitive...

Par ces motifs, la cour,

« Déclare recevoir la tierce opposition, mais la rejette comme mal fondée. »

Cette congrégation a sa maison mère à Rome.

Nombre des établissements 2
Nombre des établissements intéressés. . . . 2

Pères de la retraite ou missionnaires de Vabres (Aveyron).

La congrégation des prêtres auxiliaires du diocèse de Rodez a pour but, d'après ses statuts, de porter secours aux diverses paroisses du diocèse pour le ministère de la prédication.

Elle a sa résidence à Vabres, dans l'ancien palais épiscopal donné en 1827 à la mense épiscopale pour une maison de prédicateurs, et avec la charge pour ceux-ci de prêcher dans les douze principales paroisses de Vabres.

Les prêtres auxiliaires ont à leur tête un supérieur nommé par l'évêque.

Ces prêtres ne croient pas être visés par la loi du 1er juillet 1901.

Ils prétendent dépendre en tout de l'évêque qui dispose d'eux à son gré pour tous les ministères quand il le juge à propos. Ce serait en quelque sorte un prolongement du grand séminaire auquel ne seraient admis que les sujets d'élite.

Les prêtres auxiliaires figurent à l'*Annuaire ecclésiastique et des congrégations religieuses* (le clergé français, année 1902), sous la rubrique *Congrégations et communautés religieuses* et sous le titre « Pères de la retraite, Vabres, missionnaires diocésains. »

Nombre des établissements	1
Nombre des départements intéressés	1
Avis favorable des préfets	1
— des conseils municipaux	1
Avis défavorable des préfets	»
— des conseils municipaux	»

N'ont pas donné leur opinion :

Préfets	»
Conseils municipaux	»
Nombre des membres	14

Les oblats de Marie-Immaculée de Paris.

Cette congrégation a été fondée en 1816, à Aix en Provence. Elle a son siège principal à Paris, 26, rue de Saint-Pétersbourg.

D'après ses statuts, elle a pour but principal l'apostolat, soit en France, soit dans les pays étrangers. Comme but secondaire, elle accepte les diverses œuvres que les évêques veulent bien lui confier dans leurs diocèses.

L'établissement de la rue de Saint-Pétersbourg possède une chapelle qui, paraît-il, est trop fréquentée.

A l'appui de leur demande les oblats font valoir les missions qu'ils ont à l'étranger, dans l'Amérique du Nord, au Canada, au Transvaal, en Australie, à Ceylan :

Les traités de 1880 ont été appliqués à plusieurs établissements de cette congrégation. Il en fut ainsi notamment à Lablachère (Ardèche). Les oblats étaient, à cette époque, au nombre de 7 dans cet établissement. Deux religieux furent autorisés à garder les immeubles, mais peu à peu les autres rentrèrent et en 1882 leur nombre était de 12, comme actuellement.

Les oblats de Marie-Immaculée ont reçu du cardinal Guibert, archevêque de Paris, le titre de chapelains du Sacré-Cœur et la mission de veiller à l'exercice du culte dans la basilique du Sacré-Cœur et de recevoir les souscriptions et les dons destinés à la construction de l'œuvre du Vœu national.

Ils organisent à la basilique des cérémonies religieuses qui ont un but politique et, de concert avec les assomptionnistes, ont organisé de nombreux pèlerinages à Lourdes où les fidèles, à la veille des périodes électorales, reçoivent des instructions politiques. Ils ont organisé l'œuvre des Hommes de France qui, d'après un document émanant d'eux, constitue une élite qui, dans chaque commune, est à la disposition du curé pour ses œuvres pieuses et ses œuvres de propagande.

Les oblats de Marie-Immaculée ont un organe, le *Bulletin du Sacré-Cœur*, qui publie chaque mois l'état des souscriptions reçues par la congrégation pour la basilique du Sacré-Cœur. De ces bulletins il résulte qu'au mois de mars 1902, le total des souscriptions s'élevait à plus de 36 millions et la recette mensuelle à plus de 80.000 francs.

La procure générale est à Rome, via di S. Pietro in Vincoli.

```
Nombre des établissements . . . . .     21
Nombre des départements intéressés .  .  16
Avis favorables des préfets. . . . . .    1
       —      des conseils municipaux. .  12
Avis défavorables des préfets. . . . .   10
       —      des conseils municipaux.    8
```

N'ont pas donné leur opinion :

Préfets. . . . .　10
Conseils municipaux . . . .　1
Nombre des membres . . . .　278
dont 33 étrangers.

Bénédictins du Sacré-Cœur de la Pierre-qui-Vire.

Cette congrégation, fondée en 1850, a son siège à la Pierre-qui-Vire (Yonne).

Elle est connue sous le nom de *Bénédictins du Sacré-Cœur de Jésus et du Cœur Immaculé de Marie.*

Aux termes de ses statuts, elle a pour objets : « la célébration de l'office divin de jour et de nuit ; le culte des sciences, traditionnel dans l'ordre de Saint-Benoît ; le ministère de prêtres auxiliaires dans les diocèses avec l'approbation de l'évêque ou sur la demande des curés ; les travaux manuels variés et particulièrement l'agriculture ; enfin les missions à l'étranger.

Elle possède six monastères en France et plusieurs établissements à l'étranger, dans l'Amérique du Nord, dans la République Argentine, à Jérusalem, et le sanctuaire de Saint-Jérémie en Palestine qui leur aurait été confié récemment par le gouvernement.

Plusieurs de leurs établissements furent fermés lors de l'application des décrets en 1880.

Nombre des établissements . . . . .　8
Nombre des départements intéressés . .　6
Avis favorables des préfets. . . . . .　1
　　　— des conseils municipaux. .　7
Avis défavorables des préfets . . . . .　5
　　　— des conseils municipaux.　»

N'ont pas donné leur opinion :

Préfets.   2
Conseils municipaux.   1
Nombre de membres   148
    dont 16 étrangers.

Missionnaires de Garaison.

La congrégation des missionnaires de l'Immaculée-Conception a son siège à Garaison, commune de Monléon-Magnoac (Hautes-Pyrénées).

Elle a 6 établissements particuliers dont 5 dans les Hautes-Pyrénées et notamment à Lourdes et 1 dans l'Ariège.

Cette congrégation est aussi désignée sous le nom de *congrégation des prêtres auxiliaires du diocèse de Tarbes.*

Elle a été constituée en 1835 par l'évêque de Tarbes. C'est de cette même maison que dépendent les Pères de la grotte de Lourdes ou missionnaires de l'Immaculée-Conception.

Aux termes de leurs statuts, « les missionnaires de l'Immaculée-Conception se proposent principalement : le service des sanctuaires de pèlerinage, les prédications extraordinaires, l'éducation de la jeunesse ».

Sa procure générale est à Rome, via dei Serpenti, 3.

Nombre des établissements   7
Nombre des départements intéressés . .   2
Avis favorables des préfets. . . . . .   »
        — des conseils municipaux. .   5
Avis défavorables des préfets.   1
        — des conseils municipaux.   2

    N'ont pas donné leur opinion :

Préfets.   1
Conseils municipaux . . . .   »
Nombre des membres   58

Pères de Saint-François de Sales d'Annecy.

Cette congrégation a été fondée en 1836 ; elle a son siège à Annecy et comprend des établissements à Annecy, à Evian-les-Bains et à Mélan.

Fondée principalement en vue de la prédication sur les territoires de l'ancien gouvernement Sarde, et aussi en Suisse, en Angleterre et dans les Indes, elle a étendu son action, elle tient une école secondaire à Evian et enseigne au petit séminaire de Mélan.

Elle se prétend autorisée par un billet royal et des lettres patentes du roi Charles-Albert en date du 29 septembre 1838, lettres enregistrées au Sénat de Savoie ; elle ajoute qu'elle n'a pas été atteinte par la loi de 1855 dite d'incamération et qu'il faut en conclure qu'elle avait une existence légale lors de l'annexion de la Savoie à la France et que le gouvernement français l'a formellement reconnue comme autorisée, dans une série d'actes du pouvoir exécutif.

```
Nombre des établissements . . . . .        3
Nombre des départements intéressés . .     1
Avis favorables des préfets . . . . .      1
    —      des conseils municipaux. .      3
Avis défavorable des préfets . . . . .     »
    —      des conseils municipaux.        »
    N'ont pas donné leur opinion :
Préfets. . . . . . . . . . . .             »
Conseils municipaux . . . . . . . .        »
Nombre des membres . . . . . . . .        98
    dont 7 étrangers.
```

Missionnaires de Sainte-Garde.

C'est au cours de l'année 1666 que la première idée de la congrégation de Sainte-Garde vint à son fonda-

teur, M. l'abbé Martin, curé de Saint-Didier, arrondissement de Carpentras, mais c'est seulement en 1774
qu'elle fut régulièrement constituée et c'est de cette
époque que date la bulle du pape Benoît XIV qui l'ins-
titue.

Détruite par la Révolution, elle est reconstituée en
1851.

Aux termes de ses statuts, elle a pour but de fournir
des auxiliaires au clergé paroissial dans l'exercice de
ses fonctions, notamment en ce qui concerne la prédication et le ministère de la confession dans les circonstances extraordinaires.

Le siège principal est établi à Orange (Vaucluse).

Nombre des établissements   3
Nombre des départements intéressés . .   3
Avis favorable des préfets   1
      — des conseils municipaux. .   1
Avis défavorables des préfets.   2
      — des conseils municipaux.   1

N'ont pas donné leur opinion :

Préfets. . . . .   »
Conseils municipaux . . . .   »
Nombre des membres   0

Oblats de la Vierge Marie.

Cette congrégation prétend être « une association de
prêtres séculiers approuvée le 1er septembre 1826 par
le pape Léon XII après des instances réitérées du roi
de Sardaigne. »

Aux termes de ses statuts, elle a pour but « de prêter
à l'évêque son concours dans les différents ministères
qu'il veut lui confier. »

Elle possède deux établissements dans les Alpes-

Maritimes : celui de Saint-Pons, où elle a son siège, et celui installé à Nice, rue de la Poissonnerie, n° 1.

Elle aurait aussi des succursales en Italie.

La prédication en langue italienne à la chapelle Saint-Jaume (vieille ville de Nice) est l'objet principal que se propose la congrégation des oblats de la Vierge Marie.

La maison mère est à Rome.

Nombre des établissements 2
Nombre des départements intéressés . . 1
Avis favorable des préfets. . . . . . »
       — des conseils municipaux. . 2
Avis défavorables des préfets. 1
       — des conseils municipaux. »
   N'ont pas donné leur opinion :
Préfets. . . . . »
Conseils municipaux . . . . »
Nombre des membres 19
   dont 11 étrangers.

Chanoines de l'Immaculée-Conception.

La congrégation des chanoines de l'Immaculée-Conception paraît avoir été fondée en 1888. Suivant ses statuts, elle a pour but « d'élever de jeunes clercs en vue des missions françaises à l'étranger. » A cette fin, elle les instruit dans toutes les branches de la science ecclésiastique. « Et pour les préparer à exercer leur ministère avec plus de fruit, elle met quelques-uns de ses membres à la disposition des évêques de France qui veulent bien leur confier certaines fonctions ecclésiastiques dans leur diocèse ».

Elle a son siège principal à Saint-Antoine (Isère) et possède un établissement à Saint-Claude (Jura).

Nombre des établissements 2

Nombre des départements intéressés . . 2
Avis favorable des préfets. . . . . . »
— des conseils municipaux. . »
Avis défavorables des préfets 2
— des conseils municipaux. 2

N'ont pas donné leur opinion :

Préfets. 25
Conseils municipaux. . . . . »
Nombre des membres 42

Pères de l'Oratoire de Saint-Philippe de Néri.

Cette congrégation, fondée le 1er octobre 1895 par le curé de Sainte-Geneviève, a son siège à Reims, 14, rue Cazin.

Elle ne comprend que 6 membres faisant tous partie du clergé séculier de Reims, et placés directement sous l'autorité du cardinal archevêque, qui est le véritable créateur de cette association. Ils sont affectés au ministère paroissial et servent surtout de lieutenants à l'archevêque dans son œuvre de propagande religieuse.

Nombre des établissements 1
Nombre des départements intéressés . . 1
Avis favorable des préfets. . . . . . »
— des conseils municipaux . »
Avis défavorable des préfets 1
— des conseils municipaux. 1

N'ont pas donné leur opinion :

Préfets. . . . . »
Conseils municipaux . . . . »
Nombre des membres. 6

Missionnaires de la Miséricorde.

Cette congrégation, fondée en 1806 à Bordeaux, puis transférée à Paris, a son siège social à Paris.

Elle aurait été reconnue d'utilité publique en 1816 sous la dénomination de « Société des missionnaires de France. »

Une ordonnance royale de 1830 rapporta celle de 1816. Toutefois, M. d'Argoult, ministre des cultes, aurait consenti à laisser subsister cette communauté à la double condition qu'elle abandonnât son titre de « Missionnaires de France » et renonçât aux missions et prédications en France. La Société prit alors le titre de « Prêtres de la Miséricorde ».

Elle ne possède en France qu'un établissement à Paris, 88, rue de l'Assomption.

D'après l'art. 3 des statuts, « l'objet de la Société est de rendre aux Français, résidant aux Etats-Unis, les services religieux et matériels dont ils ont besoin. — En France, elle forme des sujets pour ses œuvres d'Amérique et donne à NN. SS. les évêques et à leur clergé le concours qu'ils veulent bien demander pour la prédication ».

Cette congrégation a une chapelle où se célèbrent les exercices du culte.

Elle dirige des paroisses en Amérique et elle a plusieurs œuvres à New-York où elle recueillerait des Français.

Napoléon I⁰ʳ a rendu un décret défendant aux évêques d'employer les missionnaires de cette congrégation.

```
Nombre des établissements  . . . . .     1
Nombre des départements intéressés  . .  1
Avis favorable des préfets.  . . . . .   »
    —         des conseils municipaux .  »
```

Avis défavorable des préfets . . . . . .   »
—   des conseils municipaux.   »

N'ont pas donné leur opinion :

Préfets.   1
Conseils municipaux   1
Nombre des membres   11

Barnabites de Gien ou clercs réguliers de Saint-Paul.

Aux termes de l'article 1ᵉʳ des statuts :

« Les clercs réguliers de Saint-Paul, dits Barnabites, fondés au début du seizième siècle pour venir en aide au clergé séculier, ont pour but principal l'exercice du saint ministère, les missions à l'étranger, toutes œuvres de charité selon les circonstances de temps et de lieu ; pour but secondaire, dans quelques maisons, l'instruction de la jeunesse. »

Cette congrégation n'a en France qu'un seul établissement, situé à Gien (Loiret), qui a été fondé en 1856, et qui est une maison d'enseignement secondaire, connue sous le nom d'institution de Saint-François de Sales.

En 1880, 15 religieux se trouvaient à l'institution. L'administration n'expulsa que 7 prêtres étrangers, laissant un nombre égal de congréganistes de nationalité française que l'évêque d'alors reconnut comme prêtres diocésains.

Aux termes de l'article 3, le siège principal de la congrégation est à Rome.

Nombre des établissements   1
Nombre des départements intéressés . .   1
Avis favorables des préfets. . . . . . .   »
—   des conseils municipaux .   »

Avis défavorable des préfets . . . . . .   »
—   des conseils municipaux.   1

N'ont pas donné leur opinion :

Préfets. . . . .   »
Conseils municipaux . . . .   »
Nombre des membres 1 3

Barnabites de Paris ou clercs réguliers de Saint-Paul.

Créée au début du seizième siècle, cette congrégation a un établissement à Paris, 22 *bis*, rue Legendre, qui comprend 10 religieux : 5 sont d'origine italienne (deux d'entre eux, dont le supérieur, sont cependant naturalisés), les 5 autres sont français.

Aux termes de ses statuts elle est destinée à « venir en aide au clergé séculier, a pour but principal l'exercice du saint ministère, les missions à l'étranger, toutes œuvres de charité selon les circonstances de temps et de lieux ; pour but secondaire, dans quelques maisons, l'instruction de la jeunesse ».

Leur maison de la rue Legendre aurait été fondée en vue de fournir aux indigents de la colonie italienne tous les secours possibles aussi bien spirituels que matériels.

Cette congrégation a été fondée à Milan par trois prêtres italiens. Elle a été appelée en France en 1608 par Henri IV.

Sa maison mère est à Rome.

Nombre des établissements   1
Nombre des départements intéressés . .   1
Avis favorable des préfets . . . . . .   »
—   des conseils municipaux .   »
Avis défavorable des préfets . . . . . .   »
—   des conseils municipaux.   »

N'ont pas donné leur opinion :

Préfets.   1
Conseils municipaux   1
Nombre des membres   11
   dont 5 étrangers.

Passionistes anglais.

Cette congrégation s'est établie à Paris, rue de Berry, en 1862. Son siège est actuellement 50, avenue Hoche.

Aux termes de leurs statuts, les Passionnistes anglais se consacreraient : « Au salut et à la sanctification des âmes par la prédication, les retraites, exercices spirituels, sermons et aussi par les instructions sur la Passion ».

« Dans les îles Britanniques, ils remplissent, en outre, les fonctions de curés de paroisse.

» Ils acceptent *même avec empressement* les missions qui leur sont confiées dans les pays étrangers, même dans les lieux pauvres, incommodes et d'un *air malsain*. »

Ils vont pieds nus et portent un chapelet à la ceinture.

A Paris, ils s'occupent de prédication ; une mission anglaise fait des sermons et reçoit des confessions en anglais. Ils tiennent aussi une sorte de bureau de placement.

Cette congrégation est certainement la même que celle des Passionnistes français, dont l'établissement principal est à Mérignac (Gironde).

La maison mère est à Rome.

Nombre des établissements   1
Nombre des départements intéressés . .   1
Avis favorable des préfets.   1
   —   des conseils municipaux .   1
Avis défavorable des préfets . . . . .   »
   —   des conseils municipaux.   »

N'ont pas donné leur opinion :

Préfets. .   .   .   .   »
Conseils municipaux .   .   .   .   »
Nombre des membres   6
    tous étrangers.

Pères du Calvaire de Toulouse.

Cette congrégation fut fondée en 1840 par l'archevêque de Toulouse, dans le but de remplacer les prêtres malades ou absents de leur paroisse.

Elle occupe à Toulouse le couvent du Calvaire.

Elle est placée sous l'autorité directe de l'archevêque de Toulouse qui a chargé un de ses membres du soin de la diriger.

Les membres de cette congrégation sont des prêtres auxiliaires qui, en outre de l'exercice du culte, font des prédications et des missions dans les campagnes.

Ils publient une revue mensuelle : *Les Annales de Sainte-Germaine de Pibrac.*

Nombre des établissements   1
Nombre des départements interessés .   .   1
Avis favorable des préfets.   .   .   .   .   .   »
      —   des conseils municipaux .   »
Avis défavorable des préfets   1
      —   des conseils municipaux.   1

N'ont pas donné leur opinion :

Préfets. .   .   .   .   »
Conseils municipaux .   .   .   .   »
Nombre des membres   12

Carmes de Laghet.

La congrégation des Pères Carmes Déchaussés de Notre-Dame de Laghet, établie à Laghet, commune de

Trinité-Victor (Alpes-Maritimes), en 1674, a pour but
la prière, la prédication et les missions.

Aucune autorisation n'a été accordée à cette congrégation. La loi sarde du 29 mai 1855, dite loi d'incamération, a prononcé la dissolution de cette congrégation.

La caisse ecclésiastique sarde prit possession, en vertu
de la loi d'incamération, du couvent et de ses dépendances qui devinrent la propriété de l'Etat français à
l'époque de l'annexion du comté de Nice à la France.

L'Etat vendit, en 1878, aux enchères publiques, ces
immeubles, à l'exception de l'église qui a été affectée
au service du culte. Le monastère fut adjugé à un chanoine qui, sur l'injonction de l'autorité pontificale, le
céda à la congrégation qui l'occupe actuellement pour
la somme de 102,000 francs.

Près de 150 000 pèlerins se rendent au sanctuaire de
Laghet du mois d'avril au mois d'octobre.

Cette congrégation constituait un des établissements
de la congrégation des Carmes déchaussés, qui n'a pas
sollicité l'autorisation.

La maison généralice est à Rome.

Nombre des établissements 1
Nombre des départements intéressés . . 1
Avis favorable des préfets 1
  —   des conseils municipaux . 1
Avis défavorable des préfets . . . . . »
  —   des conseils municipaux. »

N'ont pas donné leur opinion :

Préfets . . . . »
Conseils municipaux . . . . »
Nombre des membres 8
  dont 3 étrangers.

L'œuvre de la prédication aurait dû, à ce qu'il

semble, demeurer le monopole excusif du clergé
séculier; aussi bien était-ce autrefois la règle générale. et notre histoire littéraire a conservé d'éclatants témoignages du génie oratoire de plusieurs
prédicateurs séculiers.

Ces traditions sont presque oubliées du clergé
actuel : et si l'on daigne les continuer encore aujourd'hui dans quelques villes, les campagnes sont
livrées aux prédicateurs congréganistes, à ceux que
Napoléon Ier interdisait sous le nom de prédicateurs « ambulants ».

Le clergé séculier n'a pas signé bénévolement
son abdication : il y a été contraint par les plus in-
fluents et les plus riches de ses paroissiens.

Vous lirez tout à l'heure les rapports des préfets,
ils sont très suggestifs : vous nous permettrez de
vous en signaler un qui est plus particulièrement
caractéristique.

Voici ce que nous lisons dans le rapport adressé
par le préfet du Nord sur l'établissement des Pères
Maristes de Lyon, à Valenciennes :

« L'établissement de Valenciennes ne présente
pas de caractère d'utilité, car il n'est fréquenté que
par l'élément mondain de la ville.

« La chapelle, qui avait été fermée au moment
de l'application des décrets, a été réouverte et on y
célèbre des offices religieux.

« L'utilité de l'établissement que possèdent dans
cette ville les maristes n'apparaît nullement. Il en-
lève au clergé séculier une forte clientèle, *la plus*

*riche, qui a presque oublié le chemin de l'église
paroissiale.* »

Ces congrégations ont en effet de la prédication
une idée toute particulière. Le clergé paroissial
avait l'unique — ou presque l'unique — préoccupation de maintenir ou de ramener les fidèles dans
le chemin de l'exacte observance cultuelle, de conserver ou d'augmenter le nombre des brebis de
leur troupeau évangélique.

Les nouveaux prédicateurs ont le souci exclusif
de préparer et d'assurer le succès politique de leur
parti en lui conquérant de gré ou de force des serviteurs passionnés, des électeurs soumis et disci-
plinés. La foi religieuse leur est indifférente, sauf
dans ses manifestations extérieures : seule la foi
politique les intéresse.

Vous savez de quoi est fait ce qu'il serait presque
toujours exagéré d'appeler leur éloquence : c'est
une mise en scène admirablement réglée pour émou-
voir et frapper les esprits frustes et simples des
villageois ; ce sont des dialogues qui s'engagent
tantôt entre le prédicateur et les assistants, tantôt
encore entre deux prédicateurs, dont l'un représente l'esprit de religion et l'autre l'esprit d'impiété. Et après un colloque animé, où la passion
s'exprime le plus souvent en métaphores outran-
cières et triviales, l'impie succombe sous les
arguments victorieux de la religion triomphante.

Telle est leur tâche habituelle, et jamais elle ne
fut mieux caractérisée que par leurs amis mêmes.

N'est-ce pas Montlosier, un catholique convaincu et pratiquant qui, vers 1828, à propos « des missions » lancées sur le pays, jetait ce cri d'alarme : « Nos missionnaires ont mis le feu partout. Qu'on nous envoie la peste de Marseille, si l'on veut ; mais qu'on ne nous envoie plus de missionnaires. » (Discours de M. Waldeck-Rousseau.)

C'est de Kératry, celui-là même qui devait demander peu près que le catholicisme fût reconnu religion d'Etat, qui s'écriait à la tribune de la Chambre en 1829 :

Regardez autour de vous ; la France est sillonnée en tous sens par des missions ultramontaines. A quoi aboutissent ces missions ? Vous le savez mieux que moi : à propager l'idolâtrie du cordicolisme, à charger d'honnêtes gens de scapulaires, de rosaires et d'amulettes reçues en première main des jésuites... Essayent-ils de soustraire l'esprit de ceux qui les écoutent aux superstitions d'un autre âge ? Indiquent-ils aux pauvres laborieux les moyens de gagner en moralité ce qu'ils perdraient en misère ? Je le dis sans passion : on serait tenté de voir ici un projet prémédité de rappeler dans les classes inférieures la superstition par l'ignorance et la servilité par l'abrutissement. »

Tels ils étaient il y a soixante-dix ans, tels nous les avons vus à tous les moments troublés de notre histoire contemporaine, à chaque fois, notamment, que le suffrage universel fut consulté : tels nous les retrouvons aujourd'hui.

Et le portrait rapide, à peine esquissé, que nous en a laissé M. Waldeck-Rousseau dans son discours du 21 janvier 1901 ressemble étonnamment à celui que nous venons de donner d'après M. de Kératry.

Et, en effet, ils n'ont rien oublié ; ils n'ont rien appris non plus, sinon que, pour réaliser leurs immenses desseins, il leur fallait des ressources considérables. Et ils ont mis leurs efforts à les amasser. Ils se sont merveilleusement assimilé le maniement des forces économiques de la société moderne et le mécanisme de la pompe aspirante du capital.

Leur nombre s'est multiplié : à côté du clergé concordataire ils ont constitué un clergé dont le gouvernement nous dit, dans l'exposé des motifs, que « si l'on n'y prenait garde, il dominerait bien vite le premier et ferait de la religion une institution purement politique. Ce conditionnel est optimiste et, pour être dans la vérité, il faut parler au présent, sinon au passé ; ne vous souvient-il plus des réticences singulièrement éloquentes de M. Waldeck-Rousseau dans ce discours admirable dont la Chambre vota l'affichage et auquel nous faisons des emprunts nombreux et de fréquentes allusions.

Et voilà qu'après avoir dépossédé de ses chaires le clergé de paroisse, les congréganistes le chassent peu à peu de l'église, le mettent dans l'obligation de se soumettre ou de se démettre.

Les églises mêmes ne leur suffisent plus; d'une main libérale, ils parsèment le territoire de chapelles et d'oratoires où l'on vient non pas prier, mais recevoir le mot d'ordre, où l'on s'empresse aussi d'apporter des subsides pour l'œuvre du salut et de la rédemption politique.

Alors reparaissent des congrégations que l'on croyait disparues, de nouvelles se créent; elles se partagent le pays et se spécialisent dans des exploitations particulières pour éviter toute concurrence et drainer plus d'argent.

Les uns exercent à Lourdes et s'occupent à créer par tout le territoire de fructueuses succursales.

A côté des Pères de Garaison, de Lourdes, voici les oblats de Marie-Immaculée dont les sanctuaires-pèlerinages sont de moindre importance, mais plus nombreux. C'est à eux que nous devons la basilique de Montmartre, où la France fut un jour solennellement consacrée au Sacré-Cœur et dont chaque pierre fut payée suivant un tarif profitable.

N'est-ce pas être au-dessous de la vérité que d'affirmer que pour se procurer les subsides nécessaires, pour mener le bon combat contre la République, ces congrégations ont constitué le culte des idoles et reculé, s'il est possible, les bornes de la superstition?

Vous aurez à dire si vous consentez à vous faire les complices tacites de ces exhibitions scandaleuses, si vous autorisez ces congrégations à conti-

nuer le spectacle quotidien de leur fanatisme et de
leur intolérance, si vous laisserez grandir et dominer, à côté du clergé concordataire, ces congrégations dont la religion n'est que le prétexte et la
sauvegarde, qui estiment que leur royaume est de
ce monde et qui tendent de tous leurs efforts, par
tous les moyens licites et illicites, vers cette fin :
établir leur pouvoir sur des bases indestructibles
et contre lesquelles nulle volonté républicaine ne
saurait prévaloir.

La prédication fait et doit faire partie intégrale
du culte et, comme telle, elle est du ressort exclusif
du clergé séculier. Il nous serait facile de rappeler
Napoléon réglant lui-même et dans les moindres
détails l'exercice de la prédication et interdisant
qu'en aucun cas il ne peut être fait appel aux prédicants.

Il nous suffira de constater qu'ici la tradition, la
logique et la loi sont d'accord.

V

Avant de passer à l'examen de la dernière des
congrégations dont votre commission a dû s'occuper, il nous faut parler d'une question qui s'impose
certainement à vos esprits, après la lecture des notices qui précèdent.

Bien que chacune de ces congrégations soit spé-
cialisée dans une œuvre particulière, bien que
chacune d'elles se soit proposé un but spécial, —

11.

enseignement ou prédication, — vous avez été certainement frappés de ce fait qu'il n'en est pas une qui se soit exclusivement consacrée à l'œuvre pour laquelle elle avait été instituée.

Toutes, ou presque toutes, ont des écoles, en France ou à l'étranger; beaucoup sont hospitalières, en quelque façon, et dans quelqu'une de leurs succursales.

C'est ainsi que les frères de l'instruction chrétienne de Saint-Gabriel qui sollicitent l'autorisation au titre de congrégation enseignante, et qui ont en effet de très nombreux établissements d'instruction primaire, dirigent en outre huit écoles de sourds-muets et quatre écoles d'aveugles. Ces derniers établissements sont tous, ou presque tous, encouragés par les assemblées municipales ou départementales.

Vous ne penserez pas que les services rendus par cette congrégation seront le tribut suffisant des dangers qu'elle présente.

Vous refuserez l'autorisation, persuadés que le gouvernement qui, tant que l'Etat ne sera pas en mesure de les remplacer, ne veut pas toucher aux établissements hospitaliers, saura par une tolérance spéciale et limitée laisser subsister dans leur *modus vivendi* actuel les établissements dont s'agit.

Et de même, afin d'obtenir de vous un vote conforme à leurs intérèts, certaines congrégations prétendent se prévaloir des services rendus par leurs succursales à l'étranger.

Nous ne saurions nous arrêter à de telles considérations. Nous n'examinerons pas s'il est exact que ces congrégations contribuent, à l'étranger, au développement de la langue et de l'influence françaises; M. le ministre des affaires étrangères le constate dans des lettres qui sont jointes aux divers dossiers. Nous ne discuterons pas ce point, ayant le devoir et la volonté de nous restreindre au caractère général des congrégations dont les demandes nous sont soumises.

Votre commission, d'accord avec le gouvernement, vous prie donc, au moins quant à présent, de ne pas tenir compte des circonstances spéciales où se peuvent trouver telles ou telles congrégations.

Le jour où elles ramèneraient à un but très particulier leur demande d'autorisation, où elles nous apporteraient des statuts modifiés, une liste de personnel et d'immeubles limités à leur spécialisation, alors seulement nous estimerions devoir nous préoccuper de la suite qui pourrait y être donnée.

VI

CHARTREUX

Un projet de loi spécial a été déposé par le gouvernement, dans la séance du 2 décembre 1902, relatif à la demande en autorisation formée par la *Congrégation des Chartreux*.

Le gouvernement ne pense pas que cette autorisation puisse être accordée, et, dans l'exposé des motifs, il développe les raisons pour lesquelles il est conduit à vous proposer ce rejet.

Nous ne pouvons mieux faire que de reproduire ici, intégralement, le remarquable historique par lequel débute l'exposé des motifs :

L'ordre des Chartreux a été fondé en 1804, par saint Bruno qui, exilé, vint, sur le conseil de l'évêque de Grenoble, se retirer avec six compagnons dans les montagnes de la Chartreuse. A l'origine, les Chartreux étaient appelés Ermites de la Chartreuse. Ils étaient recrutés parmi les hommes du monde ayant éprouvé de grandes déceptions. « Pour se faire Chartreux, a dit un des religieux de l'ordre, il faut être dégoûté du monde. » Les religieux se divisaient en Pères qui s'adonnaient à la prière, à la lecture, à la méditation, et en frères recrutés parmi les ouvriers, les domestiques, et qui se livraient aux travaux manuels. L'ordre était gouverné par un général élu par les religieux.

Avant la Révolution, les Chartreux détenaient d'immenses domaines, ils dirigeaient d'importantes exploitations agricoles et avaient créé également des fonderies de fer qui ont disparu depuis longtemps. Exempts de toutes charges et d'impôts, ils s'enrichissaient pendant que les populations environnantes se ruinaient et, étant les banquiers des seigneurs, ils devinrent propriétaires des fiefs que ceux-ci, impuissants à se liquider, étaient obligés de leur abandonner.

Mais, issu de la féodalité, l'ordre s'amoindrissait à mesure que les abus qui avaient favorisé le développement de ses privilèges disparaissaient. Aussi était-il déjà considérablement diminué en 1789.

Lorsque éclata la Révolution et dès qu'il fut question

de supprimer les ordres religieux, les Chartreux, inaugurant la tactique qu'ils ont renouvelée depuis, dans
tous les moments de crise, tentèrent d'être exceptés des
mesures frappant les autres congrégations. Ils adressèrent à cet effet, à la fin de 1789, au conseil de Grenoble
une requête dans laquelle ils alléguaient : « les aumônes
qu'ils distribuaient chaque année, les services qu'ils rendaient au gouvernement en lui fournissant des bois pour
la marine et en protégeant la frontière de Savoie. » Mais,
peu aimés des populations environnantes, ils ne trouvèrent aucun défenseur, aucune exception ne fut faite pour
les Chartreux, ni dans le décret du 2 novembre 1789,
mettant les biens ecclésiastiques à la disposition de la
Nation, ni dans la loi du 17 février 1790, par laquelle
l'Assemblée nationale décréta l'abolition des ordres
religieux.

Les Chartreux durent donc fournir l'état de leurs
biens. Il en résulte qu'en 1789 la Grande-Chartreuse
détenait, outre les forêts et montagnes, les trois quarts
des propriétés particulières du canton actuel de Saint-
Laurent-du-Pont. Tous ces biens furent mis en vente,
mais restèrent pour la plus grande partie, notamment
les forêts, dans le domaine de l'Etat. Les Chartreux
abandonnèrent leur couvent, le 14 octobre 1792, à
l'exception de quelques religieux qui furent définitivement expulsés en 1793. Le général se retira à Bologne,
puis à Rome.

Ce n'est que sous la Restauration, après la chute de
Napoléon, que les Chartreux rentrèrent en France. A
la date du 27 avril 1816, une ordonnance du roi
Louis XVIII décida que « les édifices formant autrefois
la maison conventuelle connue sous le nom de Grande-
Chartreuse, dans le département de l'Isère, et toutes
les propriétés y adhérant, actuellement tenues en règle
pour le compte du domaine, autres néanmoins que celles
cédées aux hospices de Grenoble, ou administrées par

l'agence forestière sont affectées à une maison de retraite dont la formation sera déterminée par un règlement particulier qui nous sera soumis dans le délai d'un
an ». Aux termes de l'article 2 de cette ordonnance, il
devait être pourvu sur les fonds de l'administration générale des affaires ecclésiastiques au payement annuel, en
faveur du domaine, d'une indemnité de 3,000 francs au
maximum. Cette indemnité fut réduite à 1,000 francs
par une décision ministérielle du 27 août 1822; mais
elle était toujours supportée par le budget des cultes, et
ce n'est qu'en 1831 qu'elle fut mise à la charge des concessionnaires, c'est-à-dire des Chartreux, à la suite
d'un rapport faisant remarquer ce qu'il y avait d'irrégulier à faire payer par l'Etat à lui-même le prix d'une
concession faite par l'Etat à des particuliers.

Un décret du 6 juin 1857 augmentant la concession
faite à la maison de retraite installée à la Grande-Chartreuse, lui réserva 122 hectares de bois ainsi que divers
bâtiments occupés par l'administration forestière et
réduisit à 500 francs la redevance annuelle payée par la
maison de retraite.

Après leur rentrée en France les Chartreux n'avaient
pas immédiatement retrouvé leur ancienne prospérité.
Ce n'est qu'en 1833 qu'ils commencèrent à se livrer à
la fabrication des liqueurs; il ne s'agissait d'abord que
de la liqueur blanche appelée « mélisse, » dont on ne
fabriquait que 2 litres par jour, et qu'un frère chartreux
allait vendre à Grenoble et à Chambéry. Mais la vente
augmenta rapidement ; à la liqueur blanche s'ajouta la
liqueur verte; puis, sous la direction du père Garnier,
la liqueur jaune, et les bénéfices procurés par ce commerce devinrent bientôt considérables. La curie romaine, désireuse de s'en assurer l'administration, essaya
d'obtenir que le général des chartreux se fixât à Rome.
N'ayant pas réussi, il fut décidé que, pour se conformer
aux statuts de l'ordre, la distillerie serait transportée

loin du couvent et qu'un tribut annuel serait payé sur les bénéfices à la propagande, tribut qui, fixé en 1860, au minimum de 100,000 francs, s'éleva rapidement, dit-on, à plus d'un million.

Telle était la situation au moment où est intervenue la loi du 1er juillet 1901 sur le contrat d'association.

Avant de discuter au fond la question, nous croyons devoir faire remarquer que l'ordre des Chartreux comptait, en France, en dehors de la Grande-Chartreuse à laquelle est rattachée, par un lien plus ou moins direct, l'exploitation industrielle que l'on connaît, dix autres communautés.

Ces établissements étaient au nombre de 10, savoir :

	Membres.
Département de l'Ain, à Portes (commune de Bénonce).	40
Département de l'Ain, à Sélignac (commune de Simandre).	36
Département de la Corrèze, au Glandier (commune de Bouyssac).	33
Département de la Dordogne, à Vauclaire (commune de Menestuol-Martignac).	46
Département du Gard, à Valbonne (commune de Saint-Paulet-de-Caisson)	60

Département de l'Hérault, à Mougères
(commune de Caux)   22

Département de Meurthe-et-Moselle,
à Bosserville (commune d'Art-sur-
Meurthe) 6o

Département du Pas-de-Calais, à Neu-
ville-sur-Montreuil 5 1

Département de la Haute-Savoie, au
Reposoir 1 5

Département du Var, à Montrieux
(commune de Méonnes) . . . .

Aucune demande d'autorisation n'ayant été formée au sujet de ces établissements, le ministre des
cultes les a signalés au ministre de la justice en vue
de l'application des dispositions de l'article 18 de
la loi du 1er juillet 1901.

Or, par une singulière anomalie, l'ordre aban-
donne les dix autres établissements, ne demandant
l'autorisation que pour la communauté, voisine de
la fabrique d'alcool.

Cette anomalie, involontaire sans doute, est cependant de nature à appeler certaines réflexions
sur les protestations de l'ordre, dont nous aurons
à parler plus loin et qui tendraient à nier tout lien
et toute connexité entre la communauté religieuse
et l'entreprise industrielle.

Ajoutons que le procureur général réside à
Rome, *via* Palestro, 39.

Au projet du gouvernement, la congrégation des

Chartreux a cru devoir répondre par un mémoire qui a été distribué aux membres du Parlement et qui, daté de la Grande-Chartreuse, 25 décembre 1902, est signé : F. Michel, prieur des Chartreux.

Nous croyons nécessaire et équitable de résumer ce mémoire avant de le discuter.

Les Chartreux invoquent les principes de la Révolution française et, ajoutent-ils, de ce que « les gouvernements monarchiques ont refusé aux chartreux l'autorisation légale, ce n'est point une raison pour que la République en fasse autant : au contraire. »

L'auteur du mémoire cherche à tirer la preuve de l'existence légale des Chartreux d'une déclaration du conseil de la ville de Grenoble, de l'ambiguïté de l'ordonnance du 27 avril 1816, d'une proclamation faite le 20 août 1830 par le préfet de l'Isère, d'une restriction contenue dans les termes d'un rapport de M. Fortoul à l'empereur Napoléon III et précédant le décret du 6 juin 1857, qui ne consacre que des concessions domaniales.

Le mémoire, examinant ensuite la qualité d'entreprise industrielle qu'on a voulu donner à la Grande-Chartreuse, en raison de la fabrication des liqueurs, établit que cette fabrication était le fait de personnes privées, relevant de l'Ordre sans doute, mais pouvant disposer de leurs bénéfices comme elles l'entendaient, sans qu'on nie d'ailleurs

que ces bénéfices fussent reversés dans la caisse
de l'Ordre.

La caisse de l'Ordre elle-même n'était-elle pas
libre de faire de ses revenus ce que bon lui semble?
Elle pouvait ou les répandre en subventions et en
bienfaits dans la région ou les réserver au denier
de Saint-Pierre.

En passant, le mémoire proteste contre l'accusation de propager l'alcoolisme dans la région et
d'y être un agent d'oppression et de démoralisa-
tion.

Enfin, et c'est le dernier point que nous voulions
retenir de ce mémoire que nous avons cherché à
analyser loyalement, les Chartreux ne refusent pas
de se soumettre à l'autorité diocésaine, mais seulement « en ce qui la concerne », prétendant que
cette restriction est toute normale et qu'elle résulte
de la nature des choses.

Nous allons sommairement examiner et discuter
ces arguments et nous espérons établir qu'après
discussion les raisons données par le Gouvernement ont conservé toute leur valeur et qu'il n'y a
pas de motifs suffisants pour autoriser en France
l'existence légale de la congrégation des Chartreux.

Est-il exact que la République ne puisse, en
morale et en droit, recourir aux mesures coer-
citives dont les gouvernements monarchiques ne
se sont pas fait faute d'user contre les ordres religieux ?

C'est là un sophisme ancien et qu'on ne saurait se lasser de réfuter.

Comme les individus, les sociétés obéissent au principe supérieur de la conservation. Quand, au sein de l'organisme social, pousse un organisme parasite qui ne tend à rien moins qu'à absorber la société tout entière, à en changer le pacte fondamental pour y substituer une organisation nouvelle et contradictoire, la société menacée a le droit de se défendre et, comme l'organisme humain, élimine les éléments qui tendent à sa destruction.

Ce droit est indépendant de la forme des gouvernements, et il constitue une sorte de tradition nationale, dont les gouvernements modernes ont hérité des gouvernements anciens. Il y a parallélisme entre la politique religieuse et la politique étrangère de l'État français.

La République a les mêmes droits vis-à-vis des congrégations que les monarchies qui l'ont précédée, de même qu'elle a pour l'action extérieure de la France et pour la défense de son indépendance hérité des devoirs qui incombaient à Henri IV, à Richelieu et à Louis XIV.

Les Chartreux se débattent en vain contre le silence de l'ordonnance de 1816 et du décret de 1857, en ce qui concerne l'existence légale. Peut-être la loi de 1817, qui impose la sanction législative à l'existence légale des congrégations d'hommes, ne pouvait-elle avoir d'effet rétroactif par rapport à l'ordonnance de 1816, mais on ne

saurait inférer cette autorisation du silence de
l'auteur de l'ordonnance.

Et encore cette restriction semblera bien fragile
et ne pourra apporter aucun argument à l'appui
de la thèse des Chartreux si on la commente par
l'avis du Conseil d'État du 9 décembre 1817 :

« Considérant que cette réunion des solitaires
(de la maison de retraite dite de la Grande-Chartreuse) dans l'asile qui leur est affecté par ordonnance
royale, doit avoir pour résultat, suivant le projet de statuts dont l'examen est soumis au comité,
de venir au secours de l'infortune par les œuvres
de la charité, la distribution d'aumônes aux nécessiteux, l'instruction gratuite d'un certain nombre
d'enfants et l'exercice de l'hospitalité la plus étendue ;

« Considérant que cette réunion ne peut avoir
son effet que par l'autorisation qui lui serait
accordée par une loi, laquelle doit être précédée
de l'observation des formes, informations et précautions qui en garantissent l'utilité et en pré-
viennent les abus ;

« Considérant que l'article 2 du nouveau projet
de statuts, se référant, quant au régime intérieur
de cette maison, à la règle des Chartreux leurs
prédécesseurs, ce n'est que lorsque cette règle aura
été mise sous les yeux du comité, qu'il pourra
donner son avis sur l'adoption de l'ensemble des
nouveaux règlements ;

. . . .

« Sont d'avis :

« 1° Qu'il est nécessaire de faire autoriser cette réunion des solitaires par une loi et qu'en conséquence il y a lieu de suivre l'information d'usage pour provoquer cette autorisation ;

« 2° Qu'il est également nécessaire de mettre sous les yeux du comité les anciens règlements rappelés dans l'article 2 du nouveau projet des statuts afin qu'il puisse émettre son opinion sur l'ensemble des nouveaux règlements. »

. . . .

A la suite de cet avis, le réglement des solitaires de la Grande-Chartreuse fut transmis le 29 décembre 1817, pour l'instruction réglementaire, au préfet de l'Isère, qui renvoya le dossier à la date du 18 septembre 1818 avec les délibérations favorables des conseils municipaux de Grenoble et de Saint-Pierre-de-Chartreuse et du conseil général de l'Isère. Cependant aucune suite ne fut donnée à l'affaire.

De ce que l'État ne s'est jamais prononcé effectivement sur la portée légale de l'ordonnance de 1816, s'ensuit-il qu'il ait implicitement reconnu l'existence des Chartreux ?

Depuis quand le silence des pouvoirs publics a-t-il constitué le droit et impliqué autre chose qu'une bienveillance précaire ? Sans doute, dit-on dans le rapport présenté à l'occasion du décret de 1857, le chef de l'État « aurait pu autoriser » l'établissement par décret ou par ordonnance,

mais « s'il a pu le faire », et « s'il ne l'a pas fait »,
son *silence devient d'autant plus significatif*, et
c'est que la puissance publique a voulu maintenir
les Chartreux sous un régime de tolérance toujours révocable. C'est ce qu'a d'ailleurs établi
l'avis du Conseil d'État du 9 décembre 1817, confirmé par la lettre du ministre des affaires ecclésiastiques, M. l'évêque d'Hermopolis, en 1825, et
par l'avis du ministre des cultes, en 1880.

La lettre de M. l'évêque d'Hermopolis est particulièrement frappante, car, en dépit des formules
de politesse dont elle entoure le refus d'autorisation, ce refus n'en est pas moins formel :

« Monsieur, j'ai reçu la lettre que vous m'avez
fait l'honneur de m'écrire pour exprimer le désir
que la communauté des Chartreux soit reconnue
par le gouvernement. J'ai lu avec l'intérêt le plus
vif le mémoire que vous adressez pour cet objet à
Sa Majesté. Je ne puis qu'être touché des motifs
que vous présentez à l'appui de cette demande.
Mais je ne sais encore ce que les circonstances me
permettront de faire pour aider autant qu'il serait
en moi à l'accomplissement d'un si pieux désir. »
(1825).

C'était une fin de non-recevoir.

Cette fin de non-recevoir était d'autant plus significative que les appuis n'avaient pas manqué à
la requête des Chartreux. Elle était appuyée par
l'autorité diocésaine, par le préfet de l'Isère, par le
maire de Grenoble, par le premier président de la

Cour royale, par le président du conseil général,
par le lieutenant-général commandant la 7ᵉ division militaire, et enfin par le maire de Saint-
Pierre-de-Chartreuse.

L'argument tiré de la proclamation du préfet
de l'Isère, en 183o, vaut à peine qu'on s'y arrête.
Depuis quand l'autorité préfectorale est-elle compétente pour donner l'existence légale à une congrégation ?

Une imprudence de langage commise par un
agent de l'ordre administratif a-t-elle jamais suffi à
créer ou à modifier le droit ?

Vain argument encore que celui qui consiste à
faire état des passions locales, affectives ou hostiles,
dans une question qui intéresse à un si haut point
la politique générale du pays !

Nous ne nous attarderons pas en ce moment, à
rechercher si vraiment les Chartreux ont fait intervenir d'autres considérations que les considérations charitables dans la répartition de leurs secours et de leurs subventions.

Il en est de l'agrégation des Chartreux comme
de toutes les grandes concentrations de capitaux.
Si elles répandent le travail autour d'elles, c'est
souvent un travail asservi et qui tue l'initiative
individuelle.

Au moins les concentrations purement industrielles n'ayant en vue qu'un objet économique,
limitées dans leur durée, soumises aux lois et à la
police générale de l'État, ne présentent pas le

même danger qu'une association qui ne meurt
jamais et qui, de son propre aveu, expédie au denier de Saint-Pierre, c'est-à-dire au Trésor d'un
souverain étranger, une partie des ressources
qu'elle tire du pays sur lequel elle vit.

Il y a là une organisation d'émigration du capital national qu'un gouvernement prévoyant ne
peut laisser se perpétuer.

Et c'est ainsi qu'en septembre 1901, le prieur
de la Grande-Chartreuse faisait expédier à Genève,
par le Crédit-Lyonnais de Paris, une somme d'un
million qu'on dissimulait à l'enquête.

Au reproche d'être une entreprise industrielle et
de l'avoir dissimulé dans sa demande d'autorisation, la congrégation répond en citant divers
arrêts qui font de cette exploitation la propriété
de personnes déterminées, appartenant d'ailleurs
à l'ordre. Comme au surplus les Chartreux reconnaissent — et ils ne pourraient guère faire autrement — que les propriétaires de la marque
de la Grande-Chartreuse reversent leurs bénéfices dans les caisses de la congrégation, on se
demande si on n'est pas là en face du cas du
« tiers interposé » formellement proscrit par la loi
de 1901.

D'ailleurs les jugements et arrêts, cités par le
mémoire des Chartreux, ont dû constater le « caractère de congrégation non autorisée », ce qui
ajoute un commentaire inattendu, mais éloquent,
au silence des ordonnances de 1816 et décret de

1857. A cet égard notamment, le jugement du tribunal civil de Grenoble (1er août 1855) est tout à fait caractéristique.

Un point plus épineux et sur lequel s'exerce la casuistique de la congrégation des Chartreux, c'est la déclaration d'obéissance à l'évêque diocésain.

Les Chartreux consentent bien à lui obéir, mais seulement en ce qui le concerne.

Malgré leurs efforts pour présenter cette restriction comme toute naturelle et pour ainsi dire sans conséquence, elle n'en est pas moins pleine de dangers et le sous-entendu qu'elle crée peut donner lieu à des difficultés sans nombre.

C'est, en effet, le droit ouvert pour la congrégation de discuter les ordres de l'évêque. On élève puissance contre puissance, et que devient alors le mot célèbre d'un archevêque de Rouen : « Nos prêtres sont des soldats. Je commande, et ils obéissent. » Supposons une congrégation légalement autorisée et à qui l'évêque diocésain voudrait imposer une obligation véritablement hors de sa compétence. La congrégation serait-elle désarmée et n'aurait-elle pas le droit de s'adresser soit au ministre des cultes, soit au Conseil d'Etat? L'obéissance hiérarchique n'implique pas la servitude, et les religieux peuvent bien se soumettre à la discipline que sont forcés de subir les soldats!

La restriction des Chartreux se comprend, d'ailleurs, quand on se souvient qu'en 1825, s'adressant au roi Charles X pour obtenir la reconnaissance légale que ce monarque, si pieux cependant, ne crut pas pouvoir leur accorder, les Chartreux demandaient à rester sous l'obédience directe du Saint-Siège, c'est-à-dire à échapper à l'autorité diocésaine.

Si l'on se reporte, en effet, au mémoire adressé en 1825 à Charles X par les Chartreux, en vue d'obtenir la reconnaissance légale de leur ordre, on trouve la phrase suivante : « Nous aimons à nous flatter, sire, que Votre Majesté, à l'imitation de son auguste aïeul, voudra bien nous laisser la prérogative dont les Chartreux ont constamment joui et dont on ne peut pas les accuser d'avoir jamais abusé, ni au détriment de la monarchie dont les rois furent toujours sacrés à leurs yeux, ni au préjudice du respect, des égards et de la déférence qui sont essentiellement dûs au corps épiscopal. »

La restriction des Chartreux se comprend encore quand on se reporte aux statuts de leur congrégation. Ils prononcent, en dépit des lois françaises, des vœux perpétuels ; pour mieux assurer l'abdication de leur personnalité, ils renoncent, en entrant dans l'ordre, à toute répétition d'actif dans le cas où ils viendraient, en dépit de leurs vœux, à en sortir.

Trois articles de leurs statuts suffisent pour le démontrer :

Art. 3. Elle (l'association) se compose de prêtres et de laïques.

Art. 5. Tous les membres de l'association, tant prêtres que laïques, après les épreuves ci-dessous indiquées, contractent l'engagement de vivre dans l'obéissance du supérieur, conformément aux présents statuts.

Art. 11. Aucun apport à quelque titre que ce soit n'étant exigé par l'administration, nul ne sera admis à réclamer une somme ou indemnité quelconque s'il vient à quitter la congrégation.

Ces articles combinés paraissent contenir une de ces causes illicites prévues par l'article 1133 du Code civil et dont l'existence vicie le contrat dans son essence. En effet l'article 1780 du Code civil déclare :

1° Qu'on ne peut engager ses services qu'à temps, pour une entreprise déterminée ;

2° Qu'on ne peut renoncer, à l'avance, au droit éventuel de demandes de dommages-intérêts en cas de résiliation du contrat de louage de services par la volonté d'un seul des contractants.

Les clauses insérées dans les articles ci-dessus cités des statuts reviennent, en effet, à l'engagement indirect, pour les religieux et les laïques sans fortune engagée dans la congrégation, et par le travail desquels elle se sera enrichie, de ne jamais quitter cette congrégation.

L'avenir, hors de la congrégation, leur est ainsi fermé, et ils deviennent, aux mains de leurs supérieurs, des machines inconscientes, lamentables ouvriers d'une œuvre de mort sociale.

Nous venons d'examiner la situation des Chartreux au point de vue du droit humain et des règles de la législation générale de l'Etat français.

Mais une question plus spéciale se pose. Les Chartreux ont-ils satisfait, par leur demande, aux conditions de la loi de 1901 ? En aucune façon.

Quelle est, en effet, la condition essentielle imposée par la loi du 1er juillet 1901 aux congrégations qui sollicitent l'autorisation ? C'est la déclaration des biens, l'état sincère des recettes et des dépenses. La loi est, avant tout, dans sa pensée directrice et au cas où l'autorisation est accordée, une loi protectrice contre la mainmorte. Et cette question de la déclaration des biens prend une importance toute particulière, quand il s'agit d'une congrégation commerçante et puissamment riche, dont le seul revenu industriel dépasse 5 millions par an.

La loi du 1er juillet 1901 et le décret du 16 août sont formels.

Le décret exige explicitement que la congrégation fournisse :

« L'indication de la nature de ses recettes et de ses dépenses et la fixation du chiffre au-dessus duquel les sommes en caisse doivent être employées en valeurs nominatives, et le délai dans lequel l'emploi doit être fait. »

Les Chartreux ont-ils fourni l'état de leurs biens, l'indication et la nature des recettes et des dépenses ?

Tout d'abord, comme nous l'avons fait remarquer déjà, il n'est fait aucune mention, au dossier, des dix établissements situés en France et pour lesquels l'autorisation n'a pas été sollicitée. Il est à présumer que ces immeubles, qui constituaient des succursales de l'ordre, n'ont pas disparu. Leur importance est d'ailleurs considérable, comme l'indique l'enquête des contributions directes de 1900.

La totalité représente une valeur vénale de 4.208.540 francs, qui ne figure, en aucune façon, dans l'état fourni par les Chartreux.

En ce qui concerne, tout au moins, les immeubles dépendant de la Grande-Chartreuse, dans l'Isère, l'inventaire a-t-il été complet et exact ? Cet inventaire se termine par la formule : *Certifié sincère et véritable par nous, prieur de la Grande-Chartreuse.* Est-il l'expression de la réalité ?

Le ministère des finances a fourni pour la congrégation des Chartreux la notice suivante :

« La congrégation des Chartreux occupe les biens ci-après :

« PARAGRAPHE PREMIER

« En vertu d'une ordonnance du 27 avril 1816 et d'un décret du 6 juin 1857 et moyennant une redevance annuelle de 5oo francs (1) :

(1) La concession de 212 hectares en prairie et 232 hectares en forêts est allouée, moyennant cette même redevance de 5oo francs

« 1º Commune de Saint-Pierre-de-Chartreuse :

« Un couvent appartenant à l'Etat,
ci . . . . Fr.   183.000

« Un moulin et une hôtellerie, dite
hôtellerie des Dames, édifiée sur
un terrain appartenant à l'Etat,
ci 14.300

« 2º Commune de Saint-Laurent-du-Pont :

« Des constructions édifiées sur un
terrain appartenant à la fabrication des liqueurs et de l'élixir des
Chartreux 450.000

« Observation est faite que, par acte
sous seing privé du 1ᵉʳ septembre 1901, le prieur de la congrégation a donné à bail, à
M. Rey, prêtre, au prix annuel
de 50.000 francs et des charges,
tous les bâtiments édifiés à Saint-
Laurent-du-Pont et servant à la
fabrication des produits de la congrégation. . . . .

« PARAGRAPHE II. — *Sous-titres réguliers*

« 1º Des immeubles consistant en
maisons, chapelles, jardins, terres
et pâturages sur les communes
précitées et sur celles de Saint-
Joseph - de - Rivière , de Saint -

Pierre-d'Entremont, de Miribel-
les-Echelles, de Saint-Christophe-
entre-deux-Guiers, de Vourey, de
Renage, de Voiron et de Tullins ;
une fraction appartient à des
membres de l'ordre 710.000
le surplus appartient à des tiers 355.000
« 2° Les objets mobiliers, garnissant les immeubles et acquis par
M. Moural, rentier à Grenoble,
suivant acte notarié du 14 octobre 1896. . . . . 163.000

Total 1.865.300

Examinons maintenant la déclaration des
Chartreux. Ils ont donné, en tout et pour tout,
les indications sommaires que nous reproduisons
ci-après textuellement :

1° Revenus des biens appartenant à l'Etat,
possédés par la congrégation en vertu de l'ordonnance royale du 27 avril 1816 et du décret
impérial du 6 juin 1857 ;

2° Constructions élevées, depuis lors, par les
Chartreux sur lesdits biens ;

3° Bail consenti à M. Célestin Rey, prêtre,
demeurant à Fourvoirie, commune de Saint-
Laurent-du-Pont, propriétaire du fonds de commerce, des marques des liqueurs et élixirs fabriqués à la Grande-Chartreuse, représentant en

argent 5o.ooo francs et salaires ou journées environ 10.000 francs ;

4° Meubles meublants , livres, linges , vases
sacrés, ornements d'église, bestiaux, voitures et
instruments d'agriculture.

C'est tout. Aucune autre indication n'a été four-
nie, ni sur les biens, ni sur les recettes, ni sur les
depenses de l'ordre.

Il est impossible d'éluder plus délibérément les
prescriptions de la loi. Au lieu et place de la déclaration des biens exigée, les Chartreux ont
apporté la prétention, exposée dans le mémoire
du prieur, que non seulement la marque et le
bénéfice des liqueurs étaient une propriété personnelle et privée, mais aussi tous immeubles
occupés par la congrégation et possédés par des
religieux ou des tiers. « Peut-on nous faire un
grief, dit le prieur dans son mémoire, de n'avoir
pas compris, dans les biens de la congrégation, les
biens personnels des membres de la congrégation qui ne sont pas incapables d'être propriétaires en leur nom personnel, et des biens qui
sont la propriété des tiers, alors que rien n'autorise à voir dans ces différents propriétaires des
personnes interposées ? »

Et en ce qui concerne les dépenses, dons et libéralités, le prieur a une façon commode de s'expliquer : « Nous donnons ce que nous voulons et nous
ne devons de comptes à personne ».

Après cela, le prieur ne craint pas d'ajouter :

« Notre déclaration relative à nos biens n'a été motivée par aucune pensée de fraude à la loi du 1er juillet 1901 ».

Toutefois, il résulte de ce qui précède que la seule propriété reconnue par les Chartreux, comme leur appartenant, est celle des bâtiments élevés par eux sur les terrains qui leur ont été concédés par l'État et qui ne peut évidemment être niée. Les Chartreux n'en possèderaient aucune autre.

Les Pères Chartreux figurent pourtant, comme contribuables, dans l'enquête faite par le service des contributions directes, mais sous la cote unique rapportée ci-après :

Chartreux (les pères), n° de la matrice cadastrale 6. — Commune Saint-Pierre-des-Chartreuse, lieudit Couvent, contenance 2 ares 80. Valeur locative : 880 francs. Valeur vénale : 14.300 francs. Il s'agit de la petite Hôtellerie des Dames située en face du couvent sur le terrain de l'État.

On avouera que c'est peu.

Les bâtiments de l'usine de liqueurs eux-mêmes, sous la matrice n° 3 figurent aussi : le gouvernement représenté par les Chartreux. Le tableau fourni par la préfecture de l'Isère ne donne pas le chiffre des impositions. Toutefois la patente est fixée à 3,053 francs.

En résumé, si l'on recherche l'ensemble des immeubles possédés ou occupés par les Chartreux en France, le chiffre fourni par les contributions directes atteint un total de 5.386.030 francs. Dans ce total la catégorie : immeubles imposés au nom de la congrégation, figure, comme nous l'avons déjà indiqué, pour 14,300 francs.

Pour tout le reste, la prétention émise que biens et bénéfices de toutes nature n'appartiennent pas à la congrégation quoiqu'ils lui profitent, et qu'ils ne puissent, en fait et d'après les règles de l'ordre, être administrés hors des volontés du supérieur. Forts de cette prétention, les Chartreux, sur leurs immenses revenus, ne payent pas un centime de droit d'accroissement, reconnaissant ainsi les avantages à eux concédés par l'État. Contrairement à la plupart des congrégations qui font valoir en leur faveur qu'elles payent le droit d'accroissement, les Chartreux tirent argument de ne pas le payer.

Véritablement, on demeure confondu quand on compare l'étalage de puissance financière auquel se prête la congrégation elle-même, faisant valoir ses libéralités, tout en revendiquant le droit de n'en rendre aucun compte — avec cette prétention audacieuse de ne rien posséder, ou pour ainsi dire rien. Il est vrai que cette double prétention a un lien commun : la volonté de dissimuler aussi bien la source et l'importance des revenus que leur emploi lui-même.

En voici un exemple caractéristique qui résulte de documents officiels mis à la disposition de la commission par le gouvernement.

Les actes intéressant les Chartreux sont presque

toujours passés devant notaire et, conformément à
la loi du 22 frimaire an VII, c'est le notaire qui est
chargé d'acquitter les droits d'enregistrement des
actes qu'il a reçus.

Lorsque des suppléments de droits sont relevés
par les agents de l'administration, les réclamations
sont adressées au procureur de la Grande-Chartreuse qui acquitte lui-même, ou charge le notaire
d'acquitter lui-même les droits dont il a reconnu
l'exigibilité.

Ces réclamations de l'enregistrement ont eu parfois leur importance.

Ainsi, en 1897, le père Grezier, procureur, a
cédé par acte notarié au père Rey, son successeur,
le fonds de commerce que le cédant exploitait sous
la raison sociale :

« Liqueurs fabriquées à la Grande-Chartreuse. »

Le prix total, stipulé dans l'acte, était de 4 mil_
lions 449.026 fr. 45, y compris 1.500.000 francs
pour la clientèle, l'achalandage, les marques de fabrique.

Mais l'administration ne put accepter cette évaluation de 1.500.000 francs.

Une expertise fut ordonnée, qui se termina par
une transaction, les Chartreux ayant consenti à
porter à 7 millions l'évaluation primitive. Les droits
furent payés sur la différence.

La somme de 4.449.026 fr. 45 a été comptée par
devant notaire (l'opération a duré un jour et demi) et
versée en espèces entre les mains du père Grezier.

Il est intéressant de rapprocher ce fait d un autre qui se serait produit quelque temps après.

L'administration de l'enregistrement, ayant réclamé un supplément de droits sur une transaction intervenue entre le procureur Grezier et un liquoriste de la région, les Chartreux auraient répondu que l'affaire ayant intéressé personnellement ce procureur, mort depuis *sans laisser aucuns biens*, ils n'avaient pas à intervenir dans la question.

Ne doit-on pas conclure de ce qui précède que le P. Grezier, signalé comme mort sans fortune alors qu'il venait de recevoir en espèces plus de 4 millions, était une personne interposée ?

Cet exemple confirme notre affirmation et établit la volonté des Chartreux de dissimuler leurs resssources.

Elle suffirait, à elle seule, pour repousser la demande des Chartreux comme n'étant pas plus conforme aux conditions strictes de la loi de 1901 que la règle des Chartreux n'est conforme à l'humanité.

Ainsi, les Chartreux ont bien voulu demander l'autorisation sous la réserve de ne pas se conformer à la condition essentielle et précise de la loi du 1ᵉʳ juillet 1901. Nous pouvons ajouter : sous la réserve de ne se conformer en aucune façon ni à la lettre ni à l'esprit même de cette loi.

Il est une chose non moins grave que de se dérober aux prescriptions précises et tutélaires qui exigent, par des raisons trop bien définies, l'état des biens, recettes et dépenses et de dérober ainsi l'assiette, le développement matériel et l'action positive de la congrégation. C'est de substituer à l'ensemble immuable, mais toujours vivant de la vieille congrégation féodale et pour ainsi dire supra-nationale, la façade artificieuse d'une petite congrégation conventionnelle et décorative, la maison pittoresque, hospitalière et savoureuse de l'hôtellerie des Chartreux.

Nous avons dit déjà et répété que les Chartreux ont refusé de demander l'autorisation pour les dix maisons qu'ils avaient en France. Il n'en est pas plus question dans leur demande, que de toutes les succursales précédemment établies à l'étranger. La Chartreuse serait donc à l'heure actuelle la maison mère d'une congrégation dont toutes les succursales sont à l'étranger, et nombre d'entre eux appartiennent à des nationalités étrangères.

L'exposé des motifs du projet de loi du gouvernement fait remarquer avec raison que la liste des membres jointe au dossier de la demande d'autorisation comprend 48 noms sur lesquels il y a 37 Français, 5 Suisses, 3 Allemands, 1 Italien, 1 Hollandais et 1 Espagnol. Mais ce n'est pas là la liste générale des Chartreux et il est certain qu'un grand nombre de ces religieux appartiennent à des nationalités étrangères.

Or, que représente le couvent de la Grande-Chartreuse dans la constitution cartusienne ? Le chapitre général qui administre la congrégation est composé de tous les religieux profès de la maison mère et du *prieur de chacune des autres maisons de l'ordre.* D'autre part, le supérieur a le droit de changer les religieux comme il lui convient dans l'intervalle de la session du chapitre et d'appeler à la Grande-Chartreuse les religieux des autres maisons.

Il en résulte donc que, non seulement le chapitre mais la maison mère de la Grande-Chartreuse est la représentation de toutes ces maisons de l'ordre dont aucune n'a sollicité l'autorisation et qui sont toutes établies actuellement à l'étranger. La représentation collective de ces maisons qui ont refusé de demander l'autorisation, voilà ce qu'on nous demande d'autoriser par un détour secret ; voilà ce qui ne nous paraît pas susceptible d'être autorisé.

Une modification des statuts de la Grande-Chartreuse eût été nécessaire pour rendre la demande conforme à l'esprit de la loi. Il eût fallu que l'unique maison, qui demandait l'autorisation, cessât d'être la représentation et, pour ainsi dire, l'âme des autres congrégations dissoutes, ou que toutes les communautés françaises se fussent soumises. Il fallait, en outre, que les congrégations étrangères cessassent de participer à la direction et à la formation de ce bureau international qui est en réalité la congrégation véritable et qu'il y eût, au moins en droit, une congrégation des Chartreux particuliers à la France.

Mais comment faire cette modification, comment demander à l'ordre de changer l'immuable constitution toujours fixe sur la mobilité fuyante du monde et adéquate à sa devise : *Stat Crux dum volvitur orbis ?*

Comment supposer que cela puisse être quand on connaît l'opinion des Chartreux sur cette *constitution*, sur le *chapitre,* sur le *définitoire*, qui est en quelque sorte la commission exécutive du chapitre.

Quelques citations empruntées à l'ouvrage *la Grande Chartreuse par un Chartreux* renseigneront d'une manière définitive ceux qui seraient disposés à croire que la soumission à l'ordinaire ou à un pouvoir quelconque peut être acceptée par le Chartreux, qui, par une tradition où le mysticisme s'unit au souvenir et au dogme de la principauté féodale ecclésiastique, attribue à la représentation supérieure de son ordre l'autorité même du pouvoir divin :

« Le chapitre est pour nous le représentant de Dieu même », écrit le Chartreux.

(*La Grande Chartreuse par un Chartreux.*)

Et plus loin :

« Le chapitre nomme lui-même un *définitoire* composé de huit religieux, lequel est investi de l'autorité suprême ; pouvoir législatif, exécutif, judiciaire, coercitif, tout est remis entre leurs mains. Le R. P. général jouit à lui seul du pouvoir du chapitre général pendant le reste de l'année. »

Faut-il ajouter que ce pouvoir doit s'étendre non seulement au spirituel, mais encore au temporel directement ou par les délégations du père général et des pères procureurs ? Il ne faut point oublier que l'ordre, qui a exercé pendant des siècles un pouvoir absolu, avec droit de justice, qui a constitué aux siècles derniers, par une politique particulière, d'immenses domaines agricoles, d'importantes industries, et qui, depuis, a soutenu par des procédures diverses, subtiles et opiniâtres, par une administration serrée et compliquée, une propriété composite, industrielle, agricole, commerciale, réglée par des formules spéciales — cet ordre-là autrefois suzerain, encore souverain, s'il est une association contemplative à sa base, porte pour ainsi dire à son sommet une organisation singulièrement active.

La continuité, la perpétuité de son ordre, la vigueur de sa survie à travers les conditions changeantes des siècles, le Chartreux l'attribue à l'inflexible constitution cartusienne :

« La constitution cartusienne n'est pas moderne, elle est née en plein moyen âge ; elle nous a été donnée en 1140 et, depuis plus de sept siècles, elle a fonctionné parfaitement. Chartreux français, italiens, espagnols, suisses, allemands du Nord ou du Sud, hongrois, polonais, suédois, danois, hollandais, belges, anglais, ont été régis à la fois par ce gouvernement qui ne ressemblait en rien à celui de leurs patries respectives.

« On l'a dit il est vrai : « *Cartusia nunquam reformata quia nunquam deformata;* » l'ordre des Chartreux ne s'étant jamais déformé, n'a jamais eu besoin d'être reformé ».

« Ce qui nous a sauvés, c'est l'énergie du définitoire composé de membres de différentes nations qui, pour la plupart, n'ont point vécu et ne doivent point se retrouver avec ceux qu'ils frapperont d'une juste sentence; le définitoire, parfaitement libre, n'a reculé en aucune occasion devant un coup d'énergie. Jamais, dans l'ordre entier, jamais, dans une province, un abus n'a été approuvé, au moins tacitement : nous pouvons même dire, histoire en main, que jamais un manquement grave aux règles fondamentales de la vie cartusienne n'a été toléré dans aucune Chartreuse. Le définitoire a averti, patienté, insisté, menacé; enfin il a pris un moyen extrême et décisif en vue du bien commun; il a rejeté telle maison qui n'observait plus la règle et refusait de s'amender ou de se soumettre ; il l'a rejetée, déclarant que ni les personnes, ni les biens n'appartenaient plus à l'ordre, laissant aux réfractaires, édifices, rentes, propriétés, tout, excepté le nom de Chartreux et la règle de Saint-Bruno : *Cartusia nunquam deformata*, parce que dès que l'ordre prit de l'extension, au commencement du douzième siècle, nos ancêtres surent nous donner une constitution aussi forte qu'elle était large, aussi sage qu'elle était gardienne de la seule vraie liberté qui consiste, non point à pouvoir faire le mal ou le bien, mais, au contraire, à être dans l'heureuse nécessité de ne faire que le bien, tout en choisissant parmi ce qui est bien ce qui nous paraît le meilleur. »

Il nous semble inutile d'insister sur le caractère de cette politique ni d'essayer de démontrer qu'une modification de la constitution cartusienne destinée à la mettre en accord avec le sens le plus large de la loi du 1ᵉʳ juillet 1901 n'était point facile. La presse catholique en exprima, d'ailleurs, la pensée à diverses reprises en 1901.

Les Chartreux, disait-on, jouissent de par le pape lui-même de l'exemption de l'ordinaire. Accepteront-ils de dépendre effectivement de l'évêque de Grenoble?

D'autre part, ils n'accepteront pas d'être réduits à ce que l'on pourrait appeler la portion congrue, c'est-à-dire que l'État leur accorde sur leurs revenus 2.000 ou 3.000 francs par tête de religieux et que pour le surplus il leur impose l'obligation de le placer en rentes sur l'État, etc. Voudront-ils que le même État puisse constater ce qu'ils gagnent et l'emploi qu'ils font de leur argent?

En un mot, les pères ne pourront céder ni une parcelle de leur liberté, ni abandonner leurs prérogatives, ni surtout modifier leur constitution.

Toute l'habileté de l'évêque de Grenoble sera vaine contre une telle volonté.

Et, en fait, ces prévisions sont réalisées, et si les Chartreux ont demandé l'autorisation, ç'a été sous la réserve, non seulement tacite, mais explicite, de ne se conformer à aucune des conditions de la loi.

Si l'évêque de Grenoble a pu croire ou laisser croire qu'une telle demande pût être recevable et admise sans qu'il soit déféré en quoi que ce soit aux conditions et à l'esprit de la loi, nous n'avons pas à le rechercher.

Nous rappelons seulement que l'ordre de Saint-Bruno est le plus ancien de France, avec celui de Saint-Benoît. Il représente avec lui la forme primitive de la vie congréganiste : celle de ces grandes et nombreuses agglomérations monacales du douzième et du treizième siècle. Le couvent alors était une cité, et cette cité, la capitale d'une ou de plusieurs petites principautés souveraines, avec des pouvoirs de justice, de police, d'assistance matérielle et d'oppression morale.

Qui demandera aux Chartreux de renier le passé ? A peine consentent-ils à connaître la loi ; mais ils ne veulent pas être connus par elle. Sous la réserve de garder leur mystère, la liberté de leurs biens et de leurs dépenses occultes, et sous l'apparence d'une petite maison française, l'autonomie de la grande congrégation internationale, ils accepteraient de la République la reconnaissance officielle et la consécration d'errements qu'aucun des gouvernements précédents n'a voulu légitimer, en approuvant une société soustraite à tout caractère national, à toute autorité française, à tout principe de législation, à la loi même, enfin, si largement interprétée soit-elle, dont ils attendent l'existence légale.

C'est sur ce ferme terrain que nous entendons avant tout nous tenir.

Les dispositions de notre droit interdisent de constituer des personnes civiles contre la volonté de la loi, elles s'opposent à ce que les congrégations non reconnues puissent acquérir, sous le couvert de prête-noms, des corps de biens indépendants des individus. Elles s'opposent à la création de cette mainmorte libre, occulte, sans limite et sans contrôle que les ordonnances de l'ancienne monarchie et en particulier l'ordonnance de 1745, rédigée par d'Aguesseau, poursuivaient des sanctions les plus rigoureuses.

Les principes du droit et de la loi ne sauraient davantage admettre la dissimulation de la personnalité du personnel réel de la congrégation, des établissements, des membres et des administrateurs français et étrangers qui constituent ou dirigent l'association véritable.

En résumé on ne peut faire sanctionner par la loi la violation même du droit et de la loi. C'est pourtant cela même que les Chartreux demandent. La Chambre ne saurait y consentir.

VII

Il nous eût été possible de placer ici un chapitre spécial et particulièrement abondant et suggestif sur les mille moyens employés par les congrégations non seulement pour tourner la loi, mais aussi pour la violer.

Nous aurions pu vous démontrer par des exemples précis et éloquents comment certaines d'entre elles ont lésé le fisc sur la taxe d'accroissement, comment elles ont essayé de berner l'autorité par de fausses évaluations de leurs biens. L'exemple de dissimulation donné par les Chartreux a été suivi par la plupart des congrégations et certaines ont fait des déclarations scandaleusement inexactes.

Les préfets sont d'ailleurs presque unanimes à constater le défaut d'exactitude de ces estimations.

Nous n'apporterons que deux exemples particulièrement suggestifs.

Les frères de l'instruction chrétienne de Ploërmel ont déclaré posséder :

Meubles.	17,800 fr.
Immeubles	29,400 fr.

Or l'enquête officielle de l'enregistrement attribue à l'ensemble des immeubles qu'ils possèdent ou détiennent, une valeur vénale d'au moins 7 millions.

Les pères maristes de Sainte-Foy-lès-Lyon ont,

en ce qui concerne leur succursale de Toulon, présenté à l'enquête l'état suivant :

Biens. . . . . néant.
Meubles. . . . . néant.
Immeubles . . . . néant.

Ressources : 4 à 5.000 francs par an provenant des messes et prédications.

Or, si nous nous reportons à l'enquête dont nous venons de parler, nous voyons que la congrégation des Frères Maristes, qui détient dans le Var l'établissement de Toulon et celui de la Crau, figure pour un ensemble d'immeubles d'une valeur vé..ale de 1.288.500 francs.

De tels exemples pourraient être multipliés : votre conviction saura s'en passer. Elle trouvera dans les rapports des préfets de quoi appuyer d'arguments éclatants sa volonté de refuser les autorisations demandées.

Nous devons également appeler votre attention d'une façon générale sur une particularité frappante du recrutement de certaines congrégations enseignantes : c'est le très jeune âge *d'entrée en religion* accusé par les états de personnel qu'elles ont fournis à l'appui de leurs demandes.

Citons à titre d'exemple deux états pris au hasard dans les dossiers de la congrégation des Petits Frères de Marie :

ÉTABLISSEMENT SITUÉ A SERRES (HAUTES-ALPES)

ÉTAT DU PERSONNEL

(Document fourni par la congrégation.)

NOMS ET PRENOMS	NOMS DE RELIGION	NATIONALITÉ	AGE	LIEU DE NAISSANCE	DATE DE L'ENTRÉE EN RELIGION	AGE DE L'ENTRÉE EN RELIGION
Amblard (Emmanuel)	Euphrosin.	Français.	32	Darbres (Ardèche).	8 novembre 1883.	12 ans.
Chatelain (Alexis)	Perpetuus.	—	18	Montagny (Hte-Savoie)	14 février 1898.	13 ans.
Charron (Jean-François)	Diego.	—	64	Montréal (Ardèche).	1er août 1856.	17 ans.
Crimier (Louis-Denis).	Gabriel-Joseph.	—	40	Livron (Drôme).	2 juillet 1874.	11 ans.
Enfoux (Joseph-François).	Diodore.	—	26	St-Maurice (Htes-Alpes).	6 février 1890.	13 ans.
Vial (Laurent).	Eustase.	La Martinique.	20	Le Diamant (Martinique).	3 octobre 1896.	14 ans.
Vidal (Pedro)	Candido.	Espagnol.	23	Villasandino (Espagne).	27 janvier 1895.	15 ans.
Ville (Fabien)	Antibe.	Français.	28	Lachau (Drôme).	4 août 1887.	12 ans 1/2

ÉTABLISSEMENT SITUÉ A GUILLESTRE (HAUTES-ALPES)

ÉTAT DU PERSONNEL

(Document fourni par la congrégation.)

NOMS ET PRÉNOMS	NOMS DE RELIGION	NATIONALITÉ	AGE	LIEU DE NAISSANCE	DATE DE L'ENTRÉE EN RELIGION	AGE DE L'ENTRÉE EN RELIGION
Laurans (Cyprien). . .	Alphonse-Rodriguez.	Français.	37	Cros-de-Ge-vraud (Ardèche)	8 septemb. 1876.	10 ans et demi.
Bataille (Firmin). . . .	Antiogène.	—	18	Sansa (Pyré-nées-Orient.).	29 décemb. 1898	13 ans.
Ruffier (Zacharie). . .	Philoménus.	—	19	Montrapey (Savoie).	23 janvier 1898	14 ans.

VIII

AVIS DES PRÉFETS

Nous avons cru devoir revorter en annexes les extraits des avis des Préfets qui venaient à cette place dans le rapport présente à la Chambre des Députés.

Votre Commission a pensé qu'il y avait intérêt à compléter les notices et les avis des préfets — documents un peu fragmentaires — par un extrait d'un remarquable travail d'ensemble de M. Bonnange.

Cette étude comparative entre la situation de 1880 et celle de 1900 que vous trouverez en annexes, montre dans quelles conditions les congrégations, communautés et associations religieuses, dont un certain nombre ont été dissoutes en 1880, se sont reconstituées et développées dans des proportions incroyables.

Le premier tableau fait ressortir les contenances et valeurs des immeubles possédés occupés par les congrégations religieuses autorisées et non autorisées avec un relevé comparatif par congrégations et communautés d'hommes.

Le même travail a été fait pour les congrégations et les communautés de femmes et le deuxième tableau fait ressortir les résultats généraux comparatifs.

Il résulte de ces états que les immeubles possédés et occupés en 1880 avaient, d'après le cadastre, une contenance de 40,520 hectares 92 ares 84 cent., et mesurent, en 1900, une superficie de 48,757 hectares 38 ares 57 cent.

Si on compare la valeur de 1880 à celle de 1900, on passe du chiffre de 712,538,980, au chiffre de 1,071,775,260 francs.

Le nombre des congrégations, communautés et associations religieuses, a augmenté en même temps que leurs biens; elles étaient 1,265 en 1880, et elles ont monté au nombre de 1,473 en 1900.

Ces chiffres sont assez éloquents par eux-mêmes pour se passer de commentaires !

Votre Commission a eu à examiner un grand nombre de pétitions dont la Chambre a été saisie et qui lui ont été renvoyées.

Ces pétitions, dont les unes sont favorables et les autres défavorables, ne fournissent aucun argument nouveau. Elles sont, en général, la contre-partie des délibérations municipales.

Après avoir écarté provisoirement celles de ces pétitions qui concernent les congrégations de femmes, votre commission a décidé de joindre aux divers dossiers celles qui concernent les congrégations d'hommes.

IX

Vous avez maintenant, messieurs, les éléments d'information nécessaires pour conclure.

Dans l'exposé des motifs qui précède le projet de loi sur la congrégation des Chartreux, le gouvernement a cru devoir résumer l'histoire de cette congrégation.

On peut dire que cette histoire est celle de tous les ordres religieux qui, supprimés par la Révolution, se sont reconstitués peu à peu sous la Restauration et sous les gouvernements qui l'ont suivie, sans qu'aucun d'eux cependant ait osé les reconnaître légalement.

Rappellerons-nous que l'ordre des bénédictins, fondé au sixième siècle par saint Benoît, après avoir été supprimé en France par la Révolution, n'y a reparu qu'en 1833, — que celui des Dominicains, fondé en 1265 par saint Dominique dans le but de ramener les Albigeois à la foi orthodoxe, restera, malgré le souvenir du P. Lacordaire qui l'a illustré après sa reconstitution en France, sous le gouvernement de Juillet, l'ordre qui porte la responsabilité de l'établissement de l'Inquisition et des supplices auxquels il doit surtout sa renommée, — que l'ordre des Prémontrés, fondé en 1120 par saint Norbert, comptait moins d'un siècle plus tard 1,000 abbayes, 300 prévôtés, un nombre considérable de prieurés et 500 communautés de filles, — que celui des Franciscains, fondé en 1208 par saint François d'Assise, comptait au moment de la Révolution, et bien que beaucoup de ses communautés eussent été détruites par la Réforme, 7,000 maisons d'hommes et 900 couvents de filles, comprenant 43,000 religieux et religieuses en Europe, et ne s'est reconstitué en France que sous le Second Empire, etc...

Cette histoire peut se résumer par les lignes suivantes que leur a consacrées Portalis dans son rapport sur les articles organiques :

« Les fondateurs de ces ordres et leurs premiers disciples étaient des hommes vertueux. Mais des personnes sensées ont remarqué que la première ferveur se ralentit bientôt, qu'elle ne dure, tout au plus, qu'un siècle dans chaque ordre ; après quoi il faut le rappeler à sa première institution. Au lieu de protéger les pasteurs ordinaires qui sont de la hiérarchie de l'Eglise, on a élevé sur leur tête un clergé régulier qui les a opprimés, et *pour employer des troupes mercenaires et auxiliaires, on a négligé les troupes nationales.* Ces nouveaux ordres ont été comblés de biens, de faveurs, de privilèges ; on a multiplié leurs exemptions, *au préjudice de la juridiction des évêques, qui ont abandonné leur clergé avec peu de prévoyance.* »

Ces lignes semblent écrites d'hier, les idées qu'elles expriment se retrouvent dans l'exposé de M. le président du conseil et leur actualité même montre l'intérêt qui s'attache à ce que le Parlement ne permette pas la reconstitution des ordres religieux en France et exige, au contraire, l'application des lois tutélaires de la Révolution qui les a proscrits.

A plus forte raison, doit-il en être de même

pour les agrégations qui, comme les pères de Garaison, les oblats de Marie-Immaculée, par
exemple, se sont formées depuis le Concordat et ne
semblent avoir d'autre but que l'exploitation de la
crédulité humaine.

Quant aux nombreuses congrégations enseignantes qui se sont développées surtout à la faveur
de la loi de 1850, qui ont même obtenu les décrets
de reconnaissance d'utilité publique, elles auraient
dû disparaître le jour où la loi de 1886 a rapporté
les dispositions de la loi de 1850 relatives à l'enseignement primaire. Elles ne sauraient, en tous
cas, survivre à cette loi que tous les républicains
ont condamnée, car leur histoire n'est autre que
celle de cette loi néfaste elle-même.

Mais, il y a plus, les congrégations sur lesquelles
vous avez à statuer n'ont pas seulement alarmé les
républicains, elles ne sont pas seulement une
cause permanente de discordes civiles dans la
république. Elles sont aussi pour nos commerçants
et nos industriels un danger permanent sur le terrain du négoce.

Le gouvernement a bien pu grouper, en trois
catégories, les congrégations qui sollicitent l'autorisation : il ne l'a fait qu'arbitrairement, en tenant
compte de la spécialisation du but général qu'elles
se proposent.

Mais il convient de ne pas oublier que toutes ces
congrégations, d'une façon générale, s'adonnent à
toutes les formes de l'activité congréganiste.

Enseignantes, elles sont aussi prédicantes et commerçantes ; commerçantes, elles s'occupent aussi de prédication et d'enseignement.

Et c'est ainsi que les petits frères de Marie, qui comptent plus de 600 établissements d'enseignement, fabriquent du biphosphate de chaux et distillent de l'arquebuse.

C'est ainsi que les frères de Saint-Gabriel vendent une liqueur qu'ils ont baptisée de leur vocable.

C'est ainsi que les prédicants sont en même temps enseignants ; témoins des barnabites de Gien qui s'affirment prédicants et dont le seul établissement est un collège où ils donnent l'enseignement secondaire.

Tous les métiers sont bons aux congréganistes : il suffit qu'ils soient florissants et fructueux. Et les moyens dont ils usent dans leur commerce sont ceux qu'ils mettent en œuvre pour assurer le recrutement et le développement de leurs écoles.

L'enquête nous fait voir des congréganistes patentés comme meuniers, hôteliers — même en meublé — marchands de vins, liquoristes — surtout — pharmaciens, merciers, drapiers, fabricants de savon, cabaretiers ayant billard, etc., etc.

Et leur concurrence est d'autant plus redoutable pour les autres commerçants que, étant donnés leur mode de vie et leur recrutement, les frais de tous ordres, et notamment les frais généraux, sont réduits dans des proportions considérables.

Et c'est ainsi que dans les rapports des préfets, vous avez trouvé cette indication significative que les congrégations, en même temps qu'elles provoquent et aggravent les discussions locales, sont aussi une cause permanente d'alarme pour les commerçants et les industriels.

Nous vous avons dit déjà, à propos des congrégations qui s'adonnent à la prédication, sous quelle tutelle pesante elles tenaient le clergé séculier, et comment elles se substituent à lui pour l'exercice même du culte, ce qui est contraire à l'article 9 de la loi du 18 germinal an X, qui porte que le culte sera exercé *sous la direction* des archevêques et des évêques dans leurs diocèses et sous celle des curés dans les paroisses.

Les congrégations ne sont donc pas seulement un danger pour nos écoles publiques, mais encore pour nos commerçants et nos industriels et pour le clergé séculier lui-même.

Pour tous ces motifs, votre commission, d'accord avec le gouvernement, vous propose le rejet pur et simple des demandes d'autorisation dont elle est saisie par 54 congrégations.

Sans doute, ainsi que le fait remarquer le gouvernement dans l'exposé des motifs qui précède le projet de loi concernant les Chartreux, ce n'est point une question d'espèce, où la bienveillance et la tolérance puissent se doser différemment suivant l'appellation ou le costume. Sur toutes les congrégations les arguments hostiles ou favorables ont la même valeur et il sera possible à chacun de nos collègues de les faire valoir au moment des discussions générales.

Désireuse de favoriser ces discussions, votre commission a jugé utile de vous présenter trois projets de loi, dans la pensée que, pour certains d'entre vous, les arguments opposés au sentiment de la commission pourraient être apportés avec plus de précision et plus de valeur convaincante s'ils visaient une catégorie que s'ils portaient sur l'ensemble.

Nous n'avons fait, du reste, que suivre l'exemple donné par le gouvernement qui, s'il vous présente 54 projets de loi, n'a cru devoir faire que trois exposés de motifs.

Votre commission, dans le double but et de favoriser une discussion générale la plus large possible et de ménager les instants d'un Parlement que sollicitent des questions d'un intérêt plus pratique, sinon plus immédiat, vous propose d'accord avec le gouvernement de statuer sur trois projets de loi qui s'appliqueront l'un aux congrégations enseignantes en général, l'autre à l'ensemble des congrégations qui s'adonnent à la prédication, le troisième aux Chartreux, pour lesquels elle vous demande de ne pas passer à la discussion des articles.

Vous estimerez qu'il s'agit moins, en effet, de rechercher si telle congrégation est plus ou moins indigne de l'autorisation que de condamner la congrégation elle-même, dans son but et dans les moyens qu'elle emploie pour l'atteindre.

On vous dira peut-être que toutes les congrégations n'ont pas ce but : conquérir le pouvoir ; on invoquera la vocation et la liberté pour tout citoyen de vivre la vie contemplative de son choix.

Vous ne vous arrêterez pas à cette objection, et sans examiner les conséquences sociales de la généralisation, toujours possible, de pareilles tendances, vous constaterez que la loi que votre commission vous propose ne les interdit pas.

Le Conseil d'État a reconnu, en effet, dans l'avis que vous trouvez plus haut, que cinq congrégations étaient autorisées. Les « vocations », quel que soit leur objet, y trouveront aisément asile.

Par votre vote, vous allez dire si vous voulez que la loi du 1er juillet 1901, sur laquelle le pays républicain a fondé de si grandes espérances, doit rester lettre morte ou si elle doit porter son plein effet.

Là est le devoir républicain, et vous ne sauriez vous en laisser détourner.

Aussi bien, si des défaillances étaient à craindre, ne vous suffirait-il pas de regarder autour de vous pour reconnaître immédiatement où est la vérité et quelles sont les résolutions que vous doit dicter l'intérêt supérieur de la République.

Voici que des colères ardentes s'amassent et se font jour. Les congrégations ont une telle habitude de la désobéissance aux lois républicaines que déjà elles s'insurgent ; elles font connaître au public que, par tous les moyens, elles violeront une loi qu'il ne leur est plus possible de tourner.

Les moines saisissent la presse de leurs menaces, ils organisent la résistance, ils crient au déni de justice et affirment que « ce qui s'est passé en Bretagne ne sera rien en comparaison de ce qui se passera si on refuse les demandes d'autorisation » : si on les chasse, déclarent-ils, ils rentreront ; les portes fermées, ils escaladeront les fenêtres, ils briseront les scellés, se feront mettre et remettre en prison. « Ils sont prêts, comme les apôtres, à accepter la prison, les fers, à lasser, par leur inébranlable constance, la haine des spoliateurs ».

Ils méconnaissent la légalité et s'insurgent contre la loi.

Ces démonstrations à la fois puériles et scandaleuses donneront à tous les républicains la preuve de l'efficacité de la loi. Et, en effet, la dispersion des congrégations, à la suite de l'interdiction que vous prononcerez, c'est la ruine du parti qui combat la République. Vous venez de lire les rapports des préfets ; ils sont significatifs dans leur presque unanimité, l'action des congrégations est préjudiciable au développement des idées républicaines ; la disparition de ces ennemis acharnés de notre régime constitue la meilleure propagande à faire contre la réaction.

Vous ne vous arrêterez pas aux avis favorables qui ont pu être émis par les assemblées municipales.

A aucun moment, dans aucun conseil municipal, on n'a examiné les mérites ou les démérites réels des congrégations sur lesquelles avis devait être donné, non plus que les services qu'elles peuvent rendre ou les inconvénients qu'elles offrent.

Ces avis ne traduisent le plus souvent que les sentiments politiques de la majorité de l'assemblée.

Partout où le parti clérical agit en maître incontesté, nous avons donc des avis favorables.

Combien plus significatifs sont, dans un certain nombre d'assemblées municipales — et, ajoutons, chez quelques-uns des fonctionnaires de la République ! — les refus de se prononcer, le désir non dissimulé de rester, à tout le moins, dans la neutralité. Cette attitude marque la crainte inspirée par les congrégations, l'effroi des moyens qu'elles savent mettre en œuvre pour tirer vengeance des indisciplinés et des adversaires, moyens d'intimidation dont le boycottage commercial n'est même pas le plus redouté.

A ce point que chez beaucoup de ceux mêmes qui ont conclu contre les congrégations nous avons trouvé ce reproche, au moins tacite, de les avoir contraints à se prononcer. Il a fallu leur expliquer que de tout temps les pouvoirs locaux avaient dû être, en cette matière, consultés, et leur faire lire l'article 3 de la loi du 25 mai 1825.

Tous ont craint la répercussion locale de la décision qu'ils auraient prise en toute indépendance si les congrégations n'étaient aussi puissantes.

Dans ces conditions, douter du résultat serait faire injure à la majorité républicaine. Nous ne tirerons même pas argument de ce fait que la plupart de ces congrégations ont leur maison-mère à Rome. Nous nous contenterons de vous rappeler ces paroles éloquentes et vraies prononcées à la tribune par M. René Viviani, le 15 janvier 1901 :

« Nous sommes des hommes politiques, chargés d'accomplir une œuvre politique, chargés, par toutes les mesures qui sont en notre pouvoir, de préserver de toute atteinte le patrimoine de la République. »

ANNEXES

ANNEXES

CONGRÉGATIONS ENSEIGNANTES

Frères de l'instruction chrétienne de Ploërmel.

Préfet de l'Eure.

Les frères ne sont à Pont-Audemer que les instruments du parti réactionnaire et clérical qui, depuis quelques années surtout, combat avec acharnement les institutions républicaines sous toutes leurs formes et principalement celles qui touchent à l'enseignement.

A la mort de l'ancien directeur, l'école fut fermée pendant un certain temps et tous les enfants de la ville fréquentaient alors les écoles communales. Ce qui démontre par le fait qu'elles sont suffisamment grandes pour contenir toute la population scolaire.

Préfet du Finistère.

Les établissements constituent une arme de combat entre les mains du parti réactionnaire, et leur recrutement est devenu une cause d'oppression pour les fermiers, les commerçants et les ouvriers, de la part des grands propriétaires territoriaux, encore puissants et nombreux dans le département.

Préfet de la Loire-Inférieure.

Les frères se consacrent exclusivement à la diffusion de *l'enseignement congréganiste :* s'emparer de l'esprit de l'enfance pour dominer plus *facilement l'homme dans l'avenir*, tel est le but uniquement recherché et persévéramment poursuivi par ces religieux. La création de leurs écoles n'était ni désirée par les populations ni *justifiée par les besoins de l'enseignement primaire*. Les adversaires des institutions républicaines font de ces écoles une arme de conquête et de domination. Aussi veillent-ils à en assurer le recrutement par tous les moyens et plus particulièrement par une pression *éhontée* qu'ils exercent sur les fermiers, ouvriers et petits fournisseurs ; ceux de ces derniers qui envoient leurs enfants à l'école laïque sont atteints dans leurs intérêts et *privés de secours s'ils sont pauvres.*

Aucune des écoles fondées dans la Loire-Inférieure par cette congrégation n'est vraiment utile au point de vue du développement de l'instruction primaire. Leur suppression ne serait pas mal accueillie par la population en général ; elle ferait disparaître une *cause permanente de divisions locales* et rendrait à beaucoup de familles, dépendantes par leur situation, la possibilité de procurer à leurs enfants l'enseignement *qu'au fond du cœur elles préfèrent.*

Frères de la doctrine chrétienne de Nancy.

Préfet du Calvados.

A Dives, les nombreuses classes nouvellement créées aux écoles publiques permettent d'assurer le service scolaire dans les meilleures conditions. Le clergé, par la création inutile de l'école de Dives, ne cherche qu'à semer la division politique et religieuse dans la commune républicaine.

Préfet de Meurthe-et-Moselle.

L'attitude politique du directeur de l'école de Villie-lès-Nancy, le frère Krumenacker, est toujours restée habilement dissimulée. Mais il n'en est pas de même de son adjoint, le frère Simonin qui, ostensiblement, se montre l'adversaire résolu du régime républicain et qui n'hésite pas à intervenir dans les luttes électorales. Ce dernier n'est pourvu d'aucun diplôme.

École de Blamont. — La classe ouvrière et la classe commerçante qui forment la majorité de la population, se sont trouvées dans une situation très perplexe par le fait de l'ouverture de cette école.

En continuant d'envoyer leurs enfants à l'école communale, c'était pour les uns, risquer de perdre leur travail, pour les autres, la crainte de perdre leur clientèle. Il a été exercé sur eux une pression sans trêve ni merci. On a été jusqu'à demander les notes d'ouvriers récalcitrants s'ils ne consentaient à s'exécuter sur-le-champ.

Préfet   la Meuse.

A Juvigny-sur-Loison (Meuse), l'ingérence dans la politique du personnel de l'établissement est manifeste.

La réunion de l'association amicale des anciens élèves du pensionnat a donné lieu à une véritable manifestation politique : plusieurs des discours ou toasts qui y ont été prononcés ne laissent aucun doute à cet égard.

La distribution des prix du 28 juillet a revêtu un caractère politique indéniable, en raison de la présence de M. de Benoist, député de l'arrondissement de Montmédy qui, quelques heures plus tard, au banquet, prononçait un toast violent.

Préfet de la Meuse.

Pensionnat de Juvigny. — A la nouvelle que le 6ᵉ bureau de la Chambre des Députés proposait de valider l'élection de l'arrondissement de Montmédy, les frères ont organisé une manifestation en faveur de M. de Benoist, laquelle a provoqué une contre-manifestation du parti républicain de la localité.

Préfet de Seine-et-Marne.

Pensionnat de Saint-Laurent de Lagny. — L'aumônier attaché à l'établissement s'occupe de politique ; il s'est présenté à plusieurs reprises, sans succès d'ailleurs, au conseil municipal. Lors des dernières élections législatives, il a assisté à la réunion dans laquelle le député de la circonscription a rendu compte de son mandat et il a posé au candidat républicain un certain nombre de questions qui, dans son esprit, devaient l'embarrasser.

Frères de Sainte-Croix de Neuilly.

Préfet de la Mayenne.

Ce sont des adversaires déclarés de nos institutions.

. . . .

De plus, l'enseignement donné par les frères contribue, certainement, dans une large mesure, à empêcher les idées libérales de faire des progrès dans la région.

En résumé, les frères sont, à Craon, sous la dépendance absolue des réactionnaires les plus intransigeants.

Ils sont, entre leurs mains, un instrument politique.

Au point de vue scolaire, cet établissement n'a aucune utilité.

. . . .

Autre école.

Ils sont hostiles à toutes les institutions démocratiques.

Préfet de Maine-et-Loire.

. . . .

Comme dans toutes les communes similaires, une pression effrénée est exercée par les propriétaires sur leurs ouvriers, et par le desservant sur les habitants pour l'envoi des enfants à l'école congréganiste.

. . . .

Le conseil municipal a fait observer que l'école privée a créé un état de division regrettable dans la commune.

. . . .

Autre école.

Le but de cette école est, comme pour les établissements similaires, de placer la jeunesse sous l'influence exclusive du clergé et des propriétaires réactionnaires qui participent à son entretien. Le desservant est réellement

le directeur de l'école ; c'est lui qui adresse les lettres
d'invitation à la distribution des prix.

Préfet d'Indre-et-Loire.

La majorité réactionnaire du conseil municipal favo-
rise, autant qu'elle le peut, la fréquentation de l'école des
frères de Sainte-Croix, dont les élèves à leur sortie forment la clientèle d'un patronage catholique et réactionnaire dirigé par un prêtre et dont l'action est très vive en
temps d'élection.

Les écoles publiques y sont largement suffisantes.

Préfet de la Haute-Vienne.

Nous nous trouvons en face d'un de ces nombreux
établissements où, sous prétexte de bienfaisance ou d'enseignement, des religieux font fructifier de vastes domaines, non pas en payant la main-d'œuvre, mais en la
faisant payer.

. . . .

Les frères de la Croix, gens grossiers pour la plupart,
entrent dans les cabarets, fréquentent les foires et com-
mercent avec les marchands.

Cet établissement, d'autant plus mal vu qu'il peut, la
main-d'œuvre ne lui coûtant rien et même lui rapportant, permettre à ses exploitants d'amener des flexions
dans les cours des marchés qui sont contraires à l'intérêt
des cultivateurs, est un objet de réprobation unanime.

Frères de l'instruction chrétienne de Saint-Gabriel.

Préfet des Basses-Pyrénées.

En raison du rôle de ces établissements qui est nuisible
à la prospérité des écoles laïques dans les diverses communes ci-dessus mentionnées, j'émets un avis défavorable.

Préfet de la Loire-Inférieure.

Créées dans une intention ouvertement hostile à l'en-
eignement primaire public et par surcroît aux institu-

tions républicaines, leurs écoles, grâce à la pression continue exercée par les notabilités réactionnaires et influentes du département, sont fréquentées par un assez grand nombre d'enfants, mais la population, en général, accepterait avec soulagement la suppression de ces établissements, cause permanente de division ; la plupart des familles reconnaissent ainsi la possibilité de faire donner à leurs enfants un enseignement plus conforme à leurs besoins.

Préfet du Lot.

Le conseil municipal de Cahors a émis un avis défavorable, se basant sur ce que les frères d'Armis ne se contentent pas de diriger un orphelinat et une exploitation agricole, mais qu'ils se livrent à un commerce important et lucratif des vins de diverses provenances, et font ainsi le plus grand tort aux producteurs du véritable vin de Cahors.

Préfet de l'Allier.

Cet établissement (Cusset) n'est d'aucune utilité ; l'école laïque, qui compte un bien plus grand nombre d'élèves, peut suffire largement, à elle seule, aux besoins de l'instruction.

Préfet du Finistère.

Cette école n'est, en réalité, qu'une arme de combat entre les mains des partis réactionnaires, et son recrutement est devenu une cause d'oppression sur les fermiers et commerçants de la part des grands propriétaires territoriaux, encore nombreux et puissants dans ce département.

Préfet de Maine-et-Loire.

Il y a lieu de faire observer que, dans toutes ces communes, sans exception, une pression constante est exercée par la noblesse et le clergé sur les familles, pour les contraindre à envoyer leurs enfants dans les écoles privées.

C'est, d'ailleurs, la seule explication à donner du grand

nombre d'élèves qui fréquentent ces écoles et que du fait de la concurrence qui en résulte, il s'établit entre les élèves des écoles privées et publiques une animosité qui se perpétue avec l'âge et devient ainsi dans les communes une cause de division pour les habitants.

Préfet de la Mayenne.

Ils exercent dans cette commune et dans les environs une influence considérable et mettent, en toute circonstance, cette influence au service de nos adversaires. L'idée républicaine ne fera aucun progrès dans cette commune, pas plus que dans le canton de Meslay, tant que les frères de Saint-Gabriel et ceux de Sainte-Croix, établis à Meslay, resteront dans le pays.

Préfet du Puy-de-Dôme.

Ainsi que je l'ai indiqué plus haut, quelques communautés des frères de Saint-Gabriel se livrent au commerce. L'établissement des Gravoures, près Clermont, confectionne des vêtements ecclésiastiques ; les frères de Tauves donnent à boire et à manger les jours de foire et de marché et vendent du vin en gros.

Ceux de Bagnols vendent aussi du vin, des confitures et autres denrées. Ces congrégations font, de la sorte, une concurrence sérieuse et souvent déloyale aux commerçants de la localité.

En résumé, les frères de Saint-Gabriel, qui n'ont aucun caractère d'utilité et qui sont plutôt une source de difficultés pour les communes, au sein desquelles ils entretiennent les divisions, ne méritent en aucune façon la faveur qu'ils sollicitent.

Préfet de Seine-et-Oise.

Le desservant, les sœurs et les dames patronnesses, par des promesses d'argent, voire même des menaces aux commerçants et aux ouvriers, vont chez les habitants solliciter les enfants ; ils ont réussi à recruter une vingtaine d'élèves.

Préfet du Var.

La municipalité (Sorgues) a donné un avis nettement défavorable, basé sur des faits de provocation et de résistance incontestables.

Le 24 novembre 1884, de concert avec les frères maristes, les frères de Saint-Gabriel, accompagnés de leurs élèves, se livrèrent à une manifestation sur la voie publique qui, sans le sang-froid et les sages conseils des républicains, aurait pu donner lieu à des représailles regrettables.

En 1900, le directeur fut cité devant le conseil départemental et frappé d'une peine disciplinaire pour refus de communication des listes de présence des enfants à l'inspecteur primaire.

Préfet de la Vendée.

Les religieux de cet ordre tiennent un établissement commercial très important, où se fabriq une liqueur répandue dans la région sous la marqu   _s Frères de Saint-Gabriel.

Cette congrégation, une des plus importantes de la Vendée, est particulièrement dangereuse.

Deux revues périodiques, imprimées à Luçon, l'*Echo de Saint-Gabriel* et la feuille volante gabrielliste des frères soldats, défendent l'œuvre.

. . . .

Dans plusieurs communes républicaines, les conseillers municipaux, malgré leur vif désir d'être délivrés des congrégations, n'osent pas exprimer publiquement leur opinion. En effet, malheur au petit commerçant qui se déclarera hostile aux religieux...

Frères du Sacré-Cœur-du-Paradis.

Préfet du Puy-de-Dôme.

ÉTABLISSEMENT DE CHARBONNIÈRES-LES-VIEILLES

L'école des frères compte environ 30 à 35 élèves de la commune, tandis que l'école laïque du bourg en a 80 en

moyenne. On peut donc dire que la grande majorité des
pères de famille n'est pas favorable à l'école congréganiste, et si le desservant traitait sur le même pied d'égalité les enfants qui fréquentent les cours d'enseignement
du catéchisme, ce chiffre de 35 serait encore moins élevé.
Mais il n'en est pas ainsi, et les élèves des écoles laïques
sont systématiquement relégués au dernier rang, sans
considération de mérite. Il paraît même que cette injustice crée entre les enfants une animosité qui se poursuit
souvent au delà de l'école.

Il est à remarquer que là où ils (les frères) sont établis,
les luttes politiques prennent plus d'acuité que dans les
autres communes, résultat de l'enseignement congréganiste contraire aux idées républicaines.

ÉTABLISSEMENT DE RANDAN

On représente la congrégation comme enseignant aux
élèves des idées contraires aux principes de la Révolution
et comme manifestant ouvertement son hostilité au conseil municipal républicain. Cette école congréganiste est,
au surplus, toujours demeurée sous la dépendance du
Château, et depuis quelques années la distribution des
prix se fait sous la présidence de Mme la comtesse de
Paris.

Préfet du Rhône.

Ils exercent sur la population religieuse des milieux
ruraux, dans lesquels ils vivent, une certaine influence,
et leur influence se manifeste surtout en période électorale.

Frères de la Société de Marie, dits Marianistes de Paris.

Préfet des Vosges.

Ils mènent une campagne des plus violentes contre nos
écoles publiques et même ils emploient dans leur propagande les procédés les plus blâmables, car ils ne craignent
pas de calomnier nos instituteurs et notre enseignement,

et refusent systématiquement les secours de certaines associations religieuses, aux nécessiteux dont les enfants ne fréquentent pas leur école.

La municipalité républicaine de Rambervillers n'est pas davantage épargnée, et c'est bien ouvertement qu'ils manifestent leur hostilité contre elle et contre tout ce qui touche au régime et au gouvernement actuels.

Ces pratiques ont pour résultat immédiat d'entretenir de la façon la plus regrettable, la discorde dans tout le canton.

L'attitude politique des Marianistes de la Bresse est absolument déplorable et ils font à notre enseignement laïque une concurrence des plus acharnées.

Ces religieux, en effet, aidés par le desservant de la commune, recrutent les élèves par tous les moyens ; c'est ainsi que dans toutes les usines de la région ils combattent *de la façon la plus violente* notre enseignement et nos institutions, et que tous les ouvriers sont obligés d'envoyer leurs enfants à l'école congréganiste pour éviter d'être congédiés par leur patron.

Les frères sont arrivés, par ces procédés, à avoir 200 élèves dans leur établissement, alors que notre école primaire est à peine fréquentée par une vingtaine d'enfants qui sont, pour la plupart, les fils des petits fonctionnaires de la commune.

On me signale également, qu'en dehors de leur institution, ils ont organisé des œuvres de patronages où toute la jeunesse se trouve réunie deux ou trois fois par semaine. Des jeux et des livres sont mis à la disposition de ces jeunes gens et, bien entendu, on ne leur confie que des brochures religieuses et des journaux hostiles au gouvernement, tels que le *Nouvelliste des Vosges* et la *Volonté nationale* de Remiremont.

Mais les Marianistes ne limitent pas cette propagande anti-républicaine à leur institution ; ils l'exercent aussi dans la plupart des familles, et il est établi que 295 exemplaires de la *Croix* sont régulièrement distribués dans la commune par un élève de ces religieux...

Préfet de Meurthe-et-Moselle.

Cette école (congréganiste) créée pour les enfants des ouvriers de l'usine Wendel, reçoit aujourd'hui la plupart des enfants de la commune de Genebois.

Elle compte 317 élèves, alors que l'école publique n'en reçoit que 38.

Préfet du Tarn.

La congrégation des Marianistes est purement enseignante. Des rapports du service académique il résulte qu'elle ne répond, dans le département, à aucun besoin. Partout, en effet, où elle est installée, le service scolaire est largement assuré.

D'autre part, l'enseignement qu'elle donne est contraire à l'esprit de la démocratie française.

Préfet des Deux-Sèvres.

Si cette école privée est restée prospère, malgré les qualités de capacité et de moralité des maîtres de l'école publique, cela tient uniquement à la pression exercée par le presbytère et le château sur les pères de famille, fermiers ou salariés de propriétaires réactionnaires.

Préfet de l'Allier.

On sent bien, surtout en période électorale, qu'une certaine agitation se produit dans ce milieu et que des pourparlers existent entre cette congrégation et les familles de la localité en vue d'une propagande plus ou moins clandestine.

Administrateur du territoire de Belfort.

MORVILLARS

Cet établissement n'a été fondé que pour faire échec, dans cette commune, à l'enseignement laïque dont l'école est *très-peu* fréquentée.

BOUROGNE

Sans faire de politique militante, les membres de cette congrégation jouent cependant dans la commune de Bourogne un rôle important. En effet, l'appui de leur vote au profit de la réaction est la *seule cause* que le conseil municipal et la municipalité sont aux mains des ennemis acharnés de nos institutions.

BELFORT

Le directeur passe pour avoir été un des principaux membres du comité électoral de l'ancien député nationaliste Armand Viellard et l'on a pu constater que leurs élèves s'étaient fait les distributeurs des images immondes représentant le ministère et le candidat républicain comme inféodés à l'étranger.

Préfet de la Haute-Saône.

ÉTABLISSEMENT SAINT-RÉMY

Au point de vue politique, le personnel de ces établissements (congréganistes) est nettement hostile aux institutions républicaines et, à l'époque des élections, il combat toujours, dans la mesure de son pouvoir, les candidats républicains. Quatre frères de la société de Marie ont réussi, lors du renouvellement général de 1900, à forcer les portes de l'assemblée municipale. Ce sont les nommés Guinemaud, Pierre Courtot, Emile Redon, Claudel Léon.

ÉTABLISSEMENT DE GY

L'enseignement que les élèves y reçoivent est si médiocre que beaucoup de réactionnaires de la commune préfèrent envoyer leurs enfants suivre les cours de l'école communale et que, pour assurer la fréquentation de leurs classes, les frères ont dû avoir recours à des moyens détournés, tels que l'installation de salle de jeux, salle de billard, etc.

Au point de vue politique, le personnel de l'établissement, frères et domestiques, joue un rôle absolument néfaste et entretient dans le chef-lieu de canton des divisions tout à fait regrettables.

J'ajoute qu'il est étrange de voir l'archevêque de Besançon entretenir, dans une commune importante, une école où les enfants apprennent la haine et le mépris des institutions démocratiques, Il y aurait intérêt à faire cesser une situation aussi anormale, et la population de Gy ne pourrait que gagner à cette œuvre d'épuration.

Préfet des Hautes-Pyrénées.

L'ingérence des Marianistes dans la politique a été signalée, à diverses reprises, à mon administration. Un grand nombre de nos amis politiques estiment que les agissements de cette congrégation sont un obstacle au progrès des idées républicaines dans le canton d'Ossun.

Préfet du Nord.

Par leur clientèle les professeurs de cette école sont en rapport avec les réactionnaires militants et se livrent, dans l'ombre, à une active propagande cléricale et réactionnaire.

L'œuvre poursuivie avec la plus grande ardeur, c'est la concurrence à l'enseignement donné dans le lycée de l'Etat... Elle constitue certainement un danger réel, en raison de l'éducation que les enfants y reçoivent et du mépris qu'ont ces professeurs pour nos institutions.

Préfet de Lot-et-Garonne.

Pendant de longues années, l'établissement des frères Marianistes de Clairac a été un véritable foyer de réaction, c'est là que se réunissaient et s'organisaient, pour la lutte, tous les adversaires de la République.

Préfet des Basses-Pyrénées.

On leur reproche leur immixtion dans la politique. C'est ainsi que, pour l'élection législative de M. de Gontaut-Biron, en mars 1900, ils firent un pacte avec M. Carasson, maire de Pontacq, à qui ils promirent tout leur appui pour les élections municipales, à condition qu'il abandonnerait lui-même M. Dolercs, candidat républicain. Le pacte a été maintenu et M. Carasson a été élu maire de Pontacq.

Aux dernières élections cantonales, les Marianistes

firent également campagne pour le candidat préféré par M. Carasson, maire de Pontacq, leur allié, contre le candidat républicain gouvernemental, M. Hoo-Paris.

Inquiets aujourd'hui des conséquences qui pourraient résulter pour eux de cette attitude, les Marianistes expriment manifestement leurs regrets de ce que le conseiller municipal élu, M. Hoo-Paris, ne soit pas allé solliciter leurs voix et leur concours.

Préfet de la Charente-Inférieure.

J'ai pu me rendre compte par moi-même, en parcourant les livres d'histoire et de lecture dont vous trouverez ci-joint quelques extraits édifiants, combien était anti-républicain et rétrograde l'enseignement donné dans cet établissement...

En résumé l'école Fénelon se propose de lancer dans la vie des jeunes gens tout spécialement préparés à lutter contre ceux qu'inspire l'esprit laïque, libéral et républicain; on leur enseigne, d'une façon habile, la haine des institutions que le pays s'est lui-même données, et la création de cet établissement a certainement contribué pour une large part, à faire naître à La Rochelle un état d'esprit que l'on ne pouvait prévoir lorsque tous les enfants de la bourgeoisie suivaient les cours du lycée. Il est donc profondément regrettable que la division qui existe aujourd'hui, de ce fait entre les parents, menace de se perpétuer dans l'avenir par l'enseignement et l'éducation que donnent les établissenents de la nature de ceux de l'école Fénelon.

Clercs du Saint-Viateur.

Préfet du Rhône.

A Oullins, la congrégation fabrique des liqueurs diverses et des produits pharmaceutiques. Le frère Constant, aidé d'un pharmacien laïque, M. Bern, dirige la distillerie et l'officine. Ce religieux a été condamné, le 25 janvier 1900, avec le bénéfice de la loi de sursis, par le tribunal correctionnel de Lyon, à 500 francs d'amende pour exercice

illégal de la pharmacie. La maison réalise un bénéfice
de 3o,ooo francs par an, dit-on, sur les produits qu'elle
fabrique.

Préfet des Deux-Sèvres.

Au point de vue scolaire, tous les établissements fondés
dans le département sont sans utilité. Ils ont été créés
dans un intérêt de propagande cléricale et réactionnaire
et afin de combattre l'enseignement laïque.

Préfet du Cantal.

L'établissement des Ternes a toujours été un foyer
d'agitation politique, et durant la dernière période électorale ce foyer a été particulièrement ardent... Le scandale
occasionné par cette congrégation est considérable et pro-
voque l'unanime indignation du parti républicain.

Préfet de l'Aisne.

L'organisation de tels établissements, en se couvrant
des apparences de la sollicitude patronale, n'est en réalité
que l'instrument mis en œuvre pour retarder l'application des réformes introduites dans l'enseignement.

Préfet de l'Aveyron.

Le travail des enfants recueillis à l'orphelinat profite
exclusivement à la congrégation; par suite, le côté intéressant de l'œuvre se trouve fortement diminué. Le caractère charitable n'existe qu'en apparence et l'utilité est
fort contestable. L'établissement principal de Rodez
comprend un noviciat, un pensionnat et une école privée;
c'est un établissement très prospère qui prépare les jeunes
gens à diverses écoles, et principalement aux emplois
publics. Depuis une dizaine d'années environ, l'un des
membres de la congrégation a ouvert dans l'établissement
un commerce de presque toutes sortes d'objets (draperie,
mercerie, librairie, etc.). Ce commerce a pris une extension considérable et a, à juste raison, alarmé les commerçants de la ville de Rodez. La municipalité s'est toujours

trouvée désarmée et n'a pu, en aucune façon, faire cesser le préjudice porté aux commerçants.

Préfet de l'Indre.

L'école congreganiste de Pellevoisin fait une concurrence acharnée à l'école laïque. A chaque rentrée annuelle des classes, les frères parcourent activement la campagne et ne reculent devant aucun moyen pour engager les familles à leur confier leurs enfants. Avec son personnel enseignant hostile à nos institutions, bien loin de présenter un caractère d'utilité, l'école privée de Pellevoisin contribue à accentuer les divisions qui existent au sein de cette commune.

Petits Frères de Marie.

Préfet du Doubs.

Les frères maristes jouissent, à Saint-Paul, d'une réelle influence. Ils sont nombreux et occupent un certain nombre d'habitants à la confection de chaussures, soutanes, linge de corps.

Ils ont profité de cette situation pour peser lourdement sur la population et toute famille qui n'obéit pas à la direction politique tracée par eux est privée des travaux qui pouvaient lui être confiés.

Préfet de la Gironde.

ÉTABLISSEMENT DE CAUDÉRAN, PRÈS BORDEAUX

Au moment de la première communion, une pression des plus vives est exercée dans les familles; on menace de renvoyer du catéchisme certains enfants de l'école laïque en alléguant l'insuffisance de leur instruction religieuse. Ces manœuvres aboutissent parfois. Au cours de l'année dernière (1901) trois enfants ont été ainsi retirés, de l'école communale.

Préfet des Hautes-Alpes.

Ancelle est l'une des communes les plus réactionnaires de l'arrondissement de Gap et l'action du desservant, jointe à celle des congréganistes, fait que la situation politique et loin de s'y améliorer.

Transformés en agents électoraux, les deux frères maristes d'Ancelle ont fait ouvertement campagne en faveur du candidat nationaliste, M. Cézanne.

Deux réunions publiques ont été données dans la commune, l'une par M. Cornaud, candidat socialiste, l'autre par M. Euzière, républicain radical.

Dans chacune d'elles, l'un des congréganistes a pris la parole pour attaquer avec la dernière violence le gouvernement et les députés de la majorité, qu'il a appelés « panamistes et dreyfusards ». Il a même pris à partie personnellement M. Euzière et donné lieu à un pénible incident au cours duquel il a traité l'honorable député de « menteur ».

SERRES

Entre temps la maison s'occupait clandestinement du commerce des bougies, du savon, du vin, des pâtes alimentaires, du biphosphate de chaux. A cet égard les petits frères de Marie font aux négociants du pays une concurrence peu loyale. Aussi leur départ ne causerait-il aucun regret.

Les petits frères de Marie usent de tous les moyens pour recruter les élèves aux dépens de l'école laïque, et ils avaient trouvé un auxiliaire précieux au Plan de Vitrolles, dans la personne du desservant qui a été déplacé. Cet ecclésiastique, en effet, allait jusqu'à renvoyer du catéchisme les enfants qui ne fréquentaient pas l'établissement congréganiste.

Préfet du Doubs.

Les élèves (établissement de Maiche) sont presque tous des fils de fermiers, ou d'ouvriers placés sous la dépendance de propriétaires ou de patrons réactionnaires. Nombre de familles pauvres envoient également leurs enfants chez les Pères, dans la crainte d'être exclus des secours de la commune... (qui compte parmi les moins républicaines du département).

Préfet de l'Aude.

L'établissement (celui d'Azille) comprend deux classes fréquentées par un assez grand nombre d'élèves. Les uns sont payants : ce sont les fils des familles aisées qui passent à l'école chrétienne les premières années scolaires en attendant qu'ils soient envoyés dans des établissements secondaires. Ils sont entourés de soins spéciaux et jouissent dans l'établissement d'une situation privilégiée.

On ne les interpelle qu'en faisant précéder leur nom de « monsieur » — et on ne les tutoie jamais. — Les autres, fils de domestiques, de métayers ou « vamouets, » sont admis gratuitement, mais négligés tant au point de vue de l'instruction que de l'éducation.

Préfet de la Dordogne.

Les membres de cette congrégation (établissement de Saint-Cyprien) s'occupent, paraît-il, de politique à l'occasion de toutes les élections. Pour assurer la fréquentation de leur école, ils vont solliciter à domicile et se livrent à de vives critiques contre l'enseignement laïque auquel ils enlèvent de nombreux élèves.

Préfet de l'Ain.

Les Maristes de Saint-Didier-sur-Chalaronne sont au nombre de 16... Le recrutement de leurs élèves se fait dans le pays et s'étend jusque dans les cantons voisins de Saône-et-Loire et du Rhône. Cet établissement sert de lieu de réunion et de centre d'action pour le parti hostile aux institutions républicaines.

A Thoissey..., très remuants, ils font une propagande active pour attirer dans leur école le plus grand nombre d'élèves possible ; ils se servent pour cela de l'influence de certaines familles réactionnaires les plus aisées du. pays, qui exercent ainsi une pression utile sur les ouvriers et les petits commerçants que les exigences de la vie ne laissent pas indépendants.

Préfet de l'Aisne.

En particulier, à Origny, les frères Maristes n'ont pas

l'attitude réservée qu'on est en droit d'attendre d'eux. Grâce à la propagande active faite en leur faveur par le curé, grâce aussi à des distributions de secours, à des sollicitations de porte en porte, ils en sont arrivés à *diviser les familles en deux partis violemment opposés*.

Préfet de l'Allier.

Certains membres de cette congrégation ont appelé sur eux l'attention publique; M. Lauris, en religion frère Gualbert, notamment, le directeur depuis 1862 de l'importante école de Saint-Pourçain-sur-Sioule, a violé sciemment et volontairement (sans conteste du reste) les prescriptions des règlements locaux (sorties sur la voie publique, musique, etc.,) et a subi de ce chef trois condamnations (les 19 décembre 1894, 19 décembre 1896, *20 juillet 1901*) donnant ainsi aux *élèves de l'école qu'il avait associés à ses actes, une leçon de révolte contre les pouvoirs publics!*... Il a été frappé par décision du 5 décembre 1901 de la peine d'interdiction dans la commune de Saint-Pourçain-sur-Sioule.

Ils ne sont pas aimés et ne jouissent pas de la sympathie des familles réactionnaires, dont ils servent les intérêts et qui obligent les familles sous leur dépendance à confier l'instruction de leurs enfants à ces religieux. Le commerce local est en outre très hostile, car ils ont coutume de se servir chez des fournisseurs étrangers au pays.

Préfet de la Loire.

Le préfet envoyait son avis *défavorable*, pour l'envoi d'une délibération du conseil départemental de l'enseignement primaire, prononçant la peine de l'interdiction contre un membre de cette congrégation, qui avait remis, comme livre de lecture à des élèves, un livre de l'abbé Garnier, contenant de violentes attaques contre les lois de la République.

La délibération est ainsi conçue :

« Considérant que la congrégation précitée s'occupe exclusivement d'enseignement primaire;

» Que cet enseignement étant assuré par les écoles pu-

bliques dans d'excellen e conditions et avec toutes les
garanties désirables de neutralité religieuse et d'impartia-
lité, ladite congregation n'est d'aucune utilité;

» Que, de plus, les fforts de toute nature qui sont faits
pour lui recruter des elèves ne peuvent qu'entraver la
liberté des pères de famille, surexciter les passions locales
et entretenir les divisions dans la commune :

» Est d'avis :

» Qu'il n'y a lieu d'accorder à la congregation des
Petits Frères de Marie l'autorisation qu'elle sollicite. »

Préfet du Pas-de-Calais.

De l'époque de sa fondation jusqu'en 1896 l'enquete n'a
révélé aucun fait de nature à attirer l'attention publique
sur ledit établissement (Saint-Pol-sur-Ternoise) ; mais il
n'en a pas été de meme depuis quelques annees où des
faits d'une gravité indeniable sont officieusement parvenus
à la connaissance de l'administration. Ces faits sont de
deux sortes : les uns ont trait à la morale... : quant aux
faits de la seconde categorie, ils sont du domaine de la
politique. Chaque année les frères maristes de Saint-Pol
donnent, le jour de saint Louis, une fête qui est presidee
par l'une des notabilités reactionnaires du pays et où sont
conviés les parents des élèves.

Le 24 juin 1897, le president désigné fut M. de Bize-
mont, maire de la commune de Neulette, qui dans un
discours prononcé à la fin du banquet profera de violentes
injures contre le projet du gouvernement.

Je signalerais encore les agissements de l'aumônier en
exercice il y a quelques annees chez les Frères maristes,
l'abbé Parsez. Ce prêtre, qui a quitté l'établissement, il
y a un peu plus d'un an, a été dans toute la region de
Saint-Pol un acharné propagandiste des associations cléricales militantes. Il a fondé dans un certain nombre de
communes de l'arrondissement des sections affiliées à
l'*Association de la Jeunesse catholique* et multiplia autant
qu'il le put les occasions de réunir ces groupements et de
les faire manifester... La liberté d'action laissée à son
aumônier par les Frères maristes établit à leur égard une
complicité morale manifeste.

Préfet du Rhône.

Ces frères (ceux de Cours), notamment dans les périodes électorales, s'occupent activement de politique. Des conférences ont lieu dans leurs salles d'école. L'abbé Garnier naguère y parlait, ainsi que M. Ernest Billet, l'un des chefs du parti nationaliste lyonnais.

Ils inspirent et dirigent le cercle catholique composé en partie des enfants sortis de leur école et pépinière d'adversaires pour nos institutions.

Dans la plupart des communes agricoles où ils exercent ils jouissent d'une certaine popularité et partant d'une réelle influence qu'ils emploient, le cas échéant et violemment dans les élections à combattre les candidats républicains.

Préfet de Saône-et-Loire.

En général, on reproche aux Frères maristes ou à ceux qui les subventionnent d'user de moyens de pression et d'intimidation pour assurer le recrutement de leurs écoles et de créer ainsi des divisions profondes parmi les habitants. Les rapports qui m'ont été adressés insistent beaucoup sur ce point. Pour ces motifs j'estime que la demande d'autorisation présentée par la congrégation des Petits frères de Marie pour ses vingt-quatre établissements de Saône-et-Loir ne présente aucun intérêt.

Préfet de l'Hérault.

ÉTABLISSEMENT DE SAINT-BAUZILLE-DE-PUTOIS

Son but non équivoque est d'entretenir dans la localité cette sorte de rivalité malsaine entre bourgeoisie et l'élément ouvrier indépendant, rivalité qui existe depuis longtemps à Bauzille.

Préfet du Lot.

L'établissement de MM. Lempron date de 1891. Le but poursuivi par les fondateurs, tous bonapartistes ou royalistes fougueux, était d'asservir l'esprit des électeurs de l'avenir en leur inculquant par un enseignement et une éducation appropriés des sentiments favorables à la réalisation de leur rêve, qui n'est autre que le renversement de la République.

Préfet du Nord.

L'école de Croix-Lille a été fondée par le parti clérical pour reconquérir son influence par l'enseignement congréganiste et le patronage. Elle est une cause de division dans la commune.

Préfet du Puy-de-Dôme.

L'enseignement n'est pas le but poursuivi par les frères de Vic-le-Comte. Il paraît qu'ils s'adonnent aussi au commerce et vendent des vêtements, de la mercerie, de la parfumerie, des liqueurs et font une concurrence déloyale aux marchands de la localité.

Les ressources proviennent, dans la plupart de ces établissements, non seulement de la rétribution scolaire et du prix de pension des élèves internes, mais encore des émoluments annuels qui leur sont assurés par les notabilités réactionnaires des communes où ils sont installés.

Préfet de la Savoie.

L'éducation qu'ils donnent à leurs élèves m'est signalée par M. le maire de Frontenex comme ne tendant qu'à former des réactionnaires au lieu de bons citoyens républicains.

Frères de la Croix de Jésus de Menestruel.

Préfet de la Savoie.

Depuis leur installation à Moutiers, les frères de la Croix se sont toujours occupés de politique.

Et c'est dans leur immeuble, notamment, que se sont tenues, il y a quelques années, les réunions où fut fondé, par le clergé de Tarentaise, le journal l'*Indépendant Savoyard*, organe très violent du parti clérical dans la région.

Préfet de l'Isère.

Dès l'apparition des frères dans cette commune, spécialement à partir de l'ouverture de leur école et de leur pensionnat, leur attitude militante et la pression exercée par eux pour assurer une fréquentation nombreuse à leurs établissements ont entretenu un état d'esprit qui a provoqué des divisions regrettables entre les familles de la localité.

L'action agressive du personnel enseignant de l'école congréganiste s'est même quelquefois manifestée par des incidents violents.

En 1897, notamment, un frère surveillant ses élèves à l'église de Chasse s'est livré, dans l'église même à une voie de fait, sur un enfant de l'école laïque. Il fut condamné pour cette brutalité, à une amende par le tribunal correctionnel.

Préfet de l'Ain.

Depuis cette époque (1870), ce collège n'existe plus que de nom ; les prêtres qui en étaient les professeurs ont disparu et il ne reste pour maîtres que des frères qui n'ont pour la plupart que le brevet élémentaire.

L'utilité de cet établissement qui ne donne aux enfants qu'un médiocre enseignement paraît contestable.

. . . .

Dans la séance du 22 décembre 1901, un conseiller municipal, M. Girardet, a pu faire allusion à certains scandales occasionnés par les frères sans qu'aucun démenti, aucune protestation aient pu lui être opposés.

Il y a une vingtaine d'années, toute la presse régionale a eu à s'occuper des turpitudes commises par les frères de la Croix de Jésus. Plusieurs élèves auraient été conduits par leurs professeurs dans une maison de tolérance de Bourg ; la femme d'un commerçant de Lagnieu aurait été enlevée par un des frères ; d'autres se seraient livrés, en classe même, à des attouchements sur des enfants à eux confiés.

Pour d'autres motifs, en 1886, l'établissement a donné encore prise à la critique. Des frères auraient été convaincus de fraude en matière d'examen ; onze élèves auraient été présentés deux fois sous des noms différents pour l'obtention du certificat d'études ; un instituteur de Crémieu reconnut les candidats et dénonça la supercherie.

Frères des écoles chrétiennes de la Miséricorde de Montebourg.

Préfet de la Manche.

L'abbaye de Montebourg, siège de la congrégation, ne comprend pas seulement les bâtiments à usage d'habitation, école, pensionnat, etc., elle se compose en outre, d'une très belle propriété rurale d'une étendue superficielle de 20 hectares ; la congrégation l'exploite par elle-même, ainsi qu'une *minoterie*, qui y est annexée. C'est en partie là l'explication du nombre relativement élevé des congréganistes à l'établissement principal.

Avis particuliers.

L'école privée d'Argouges (Manche) ne présente aucun caractère d'utilité ; elle est, au contraire, un sujet de division dans la commune.

En 1900, la maison mère a servi de lieu de réunion à la Jeunesse royaliste de la Manche.

La plupart des établissements des écoles chrétiennes de la Miséricorde sont en concurrence avec les écoles communales.

Le conseil municipal de Créances a réclamé, à une forte majorité, la suppression de l'école congréganiste. Cette école a été et est, encore, un élément de discorde dans la commune.

Frères de la Sainte-Famille de Belley.

Préfet du Puy-de-Dome.

La concurrence aux écoles publiques de Mauzat et du canton n'est pas la seule œuvre poursuivie par les frères. Ils ont vendu des journaux, fait le commerce du vin du

Midi, représenté une société d'assurances mutuelles contre la mortalité du bétail, etc. Enfin, un comité d'encouragement composé de réactionnaires militants de Mauzat, subventionne encore l'établissement lorsque son budget se trouve en déficit.

Au point de vue politique, la conduite des frères de Mauzat est ouvertement hostile à la République et aux candidats républicains. Ils ne sont que l'instrument docile de la coalition réactionnaire.

Eudistes.

Préfet du Doubs.

Groupant autant que possible leurs anciens élèves, les Eudistes ont fondé la conférence Saint-Thomas-d'Aquin, sorte d'université libre à tendance nettement réactionnaire, et qui a organisé, en novembre 1898, un congrès catholique à Besançon.

C'est surtout grâce à cette influence sur la jeunesse, que les Eudistes ont pu, à maintes reprises, prêter un concours actif aux adversaires de nos institutions et jouer un rôle assez important dans la politique locale.

Leurs anciens élèves leur demeurent généralement fidèles, et on les retrouve dans toutes les organisations réactionnaires et cléricales de Besançon.

De même, plusieurs d'entre eux ont été mêlés aux manifestations qui se sont produites pendant la période aiguë de l'agitation nationaliste.

Très militants eux-mêmes, les pères Eudistes n'ont jamais dissimulé leur sentiment d'hostilité à l'égard du Gouvernement de la République.

Préfet des Côtes-du-Nord.

La maison de la Corbinais et la ferme qui en dépend ont été acquises de Michel Robinot par la société Jollivet (Eudiste), suivant acte du 2 juillet 1877, reçu par M⁰ Bodin, notaire à Plancoët, moyennant certaines charges, évaluées dans l'acte à un capital de soixante mille francs.

Mais de l'avis de tous, cette vente a été fictive, et la propriété de la Corbinais a été donnée aux Eudistes.

. . . .

En résumé, les Eudistes ne poursuivent aucun but charitable ou d'utilité sociale...

En 1881, il fut question de l'expulsion des Eudistes de Plancoët, et ceux-ci, manifestant l'intention de s'y opposer par la force, firent appel au concours des habitants. Le suisse, le bedeau et quelques vieilles filles se rendirent à leur appel et montèrent pendant deux jours la garde devant le couvent.

Préfet d'Ille-et-Vilaine.

La délibération du conseil municipal de Bains n'est appuyée d'aucune considération bien sérieuse ; seul le désir de conserver dans la commune *un appoint sérieux* pour la lutte contre la République a guidé cette assemblée, entièrement à la discrétion du maire clérical et réactionnaire.

Contrairement aux affirmations du conseil municipal, le séminaire des Eudistes (je dis séminaire, car c'est l'établissement où les Eudistes forment leurs professeurs) n'est d'aucune utilité pour la commune de Bains au point de vue commercial ; c'est en effet à Redon, par l'intermédiaire de l'administration du collège, que s'approvisionne l'établissement.

. . . .

Le collège de Redon, propriété des Eudistes depuis le 25 août 1838, est le centre d'un foyer de propagande antirépublicaine, qui a ses ramifications dans toutes les communes de l'arrondissement.....

L'association des anciens élèves qui, en réalité, n'est qu'une société politique, se réunit une fois par an sous la présidence de M. Le Doré, supérieur général des Eudistes : *On y discute les questions électorales, on critique les actes du gouvernement...*

On termine la fête par un banquet où les toasts contiennent de violentes critiques à l'adresse du gouvernement.

Tout est merveilleusement organisé chez les Eudistes et rien n'est négligé pour augmenter l'influence dont ils disposent auprès des habitants de Redon. Une salle de concert située à l'intérieur du collège reçoit plusieurs fois dans l'année les invités de la ville que l'on a soin de prendre dans toutes les classes de la société.

L'action des Eudistes à Redon et dans l'arrondissement est grande et préjudiciable au développement des idées libérales.

La disparition de ces ennemis avérés de notre régime constitue la meilleure propagande à faire contre la réaction.

J'ajouterai qu'en prévision de la loi sur les associations, les Eudistes ont fondé le 23 avril 1900 une société civile dite « La Redonnaise » devenue propriétaire déguisée des biens appartenant à la congrégation.

Préfet d'Ille-et-Vilaine (autre rapport).

Au point de vue politique, les Eudistes sont, dans toute l'acception du mot, des réactionnaires militants.

Pères maristes.

Préfet du Rhône.

L'attitude des Pères maristes de la montée Saint-Barthélemy a prêté plusieurs fois à critiques par leur esprit intolérant et leur aversion pour tout progrès social et scientifique.

Au mois de décembre 1900, les Pères maristes ont organisé une manifestation politique contre le projet de loi sur les associations en discussion à la Chambre des députés.

Le supérieur de la communauté ayant réuni dans l'établissement les élèves et leurs parents, sous prétexte de recevoir leurs compliments avant le départ pour les vacances du jour de l'an, fit un discours *des plus violents* contre le gouvernement et son projet de loi et invita les parents à signer et à faire signer par leurs amis une pétition des plus énergiques contre cette loi liberticide qui devait être la ruine intellectuelle du pays.

Préfet du Rhône.

La congrégation des Pères maristes s'est fait remarquer par son esprit intolérant et son aversion pour tout progrès social. Ses membres représentent la politique intransigeante et ultramontaine, et sont les ennemis irréductibles de tout régime de liberté.

Préfet de l'Ain.

Le caractère de l'éducation qu'ils donnent s'inspire moins de la pensée d'instruire que de se faire des auxiliaires dans leur lutte contre toute idée de progrès social et contre les institutions républicaines. Leur enseignement, aveuglé par le préjugé religieux et leur haine de la Révolution, ne peut que nuire aux intérêts généraux du pays et au progrès des idées républicaines.

Préfet du Puy-de-Dôme.

La chapelle ouverte illégalement à l'exercice du culte et qui dépend de leur établissement situé rue Pascal, est le rendez-vous de la réaction la plus intransigeante. Non seulement cet établissement est inutile, mais il est dangereux au point de vue de la politique républicaine, et contraire aux intérêts des fabriques des deux paroisses de la localité et conséquemment à ceux de la ville, puisqu'il fait concurrence aux églises.

Dominicains enseignants.

Préfet du Tarn.

Des renseignements recueillis par nos soins, il résulte que la congrégation ne laisse passer aucune occasion de manifester son hostilité à l'égard de nos institutions ; elle s'est jetée dernièrement dans la mêlée électorale avec beaucoup de vivacité.

Préfet du Rhône.

Ils ne sont d'aucune utilité, ne rendent aucun service et de même que leurs collègues ou professeurs de l'école de Saint-Thomas d'Aquin, ils n'ont jamais eu les sympathies de la population républicaine de la commune.

Prêtres de Saint-Basile.

Préfet de l'Ardèche.

C'est au collège des prêtres de Saint-Basile qu'est formée la bourgeoisie d'Annonay, qui, à de rares exceptions près, en sort foncièrement hostile à la République.

Préfet de la Dordogne.

(Périgueux). L'immeuble fait partie de la mense épiscopale et l'évêque de Périgueux pourvoit à son administration temporelle.

L'établissement compte un personnel de 13 membres appartenant, dit-on, au clergé paroissial, et qui sont à la nomination de l'évêché. Il recevait 98 pensionnaires l'année dernière; ils ne sont plus aujourd'hui que 85 qui suivent des cours d'enseignement secondaire jusqu'à la rhétorique inclusivement.

Dès lors que ce personnel séculier suffit aux besoins de la maîtrise, je considère comme inutile l'adjonction de réguliers comme le sont les Basiliens.

Pères de l'Immaculée-Conception de Saint-Méen.

Préfet de l'Ille-et-Vilaine.

L'enseignement donné au petit séminaire de Saint-Méen est purement classique et, en principe tout au moins, il a pour but la préparation au grand séminaire.

Mais, en fait, les élèves se destinant à l'état ecclésiastique sont relativement peu nombreux dans cet établissement, lequel est plutôt une institution secondaire libre préparant aux carrières les plus diverses.

Il est, en outre, une agence de propagande antirépublicaine et cléricale.

Préfet du Finistère.

L'utilité de cet établissement congréganiste d'enseignement secondaire ne s'est jamais fait sentir à Quimper.

Aussi sa disparition n'aura d'autre effet que de rendre la centaine d'élèves inscrits sur les contrôles de Saint-Yve s à l'enseignement universitaire et surtout à des établissements congréganistes préexistants.

Préfet de la Seine.

Je constate que ces établissements ne rendent aucun service.

.   .   .   .

Je ne puis que répéter à ce propos (exercice du culte) les observations que j'ai faites dans de précédents rapports concernant les congrégations des oblats de Marie, des capucins et des franciscains, à savoir qu'il semble qu'il y ait là une intervention directe de la congrégation dans l'exercice public du culte.

Il appartient d'apprécier s'il n'y a pas, dans l'espèce, violation des dispositions de loi du 18 germinal an X qui décide en son article 9 « quel culte catholique sera exercé sous la direction des archevêques et des évêques dans leurs diocèses et sous celle des curés dans leurs paroisses. «

Pères du Sacré-Cœur de Bétharram.

Préfet des Basses-Pyrénées.

Aux dernières élections législatives, ils ont pris dans la 1re circonscription de Pau une attitude ouvertement hostile à l'égard du candidat républicain, M. d'Iriat d'Etchepare, député sortant.

Quant à l'enseignement qu'ils donnent dans leurs maisons d'éducation, il procède du même esprit que celui de tous les ordres religieux. Ces tendances sont hostiles aux institutions républicaines, et se sont particulièrement manifestées à diverses reprises au collège, ou petit séminaire d'Oloron. C'est ainsi que les maîtres de cet établissement affectent de faire classe le 14 juillet et de ne pas donner congé à leurs élèves le jour de la Fête nationale.

Préfet des Basses-Pyrénées.

L'influence des Bétharramistes s'étend dans les deux

cantons de Nay-Est et de Nay-Ouest, où ils comptent une clientèle importante de fournisseurs et d'obligés.

Il est manifeste que les religieux de cette congrégation ont multiplié auprès des électeurs des démarches pressantes pour les amener à donner leurs suffrages au candidat réactionnaire. Le rapport de M. le commissaire spécial de Pau relate un acte très grave d'intimidation : le journal le *Patriote*, qui a soutenu la candidature de M. d'Ariste l'a rendu public afin que la leçon puisse servir aux autres fournisseurs des établissements religieux.

Congrégation des enfants de Marie-Immaculée.

Préfet de la Vendée.

A La Roche-sur-Yon, les pères de Chavagnes ont fait édifier dans les dépendances de l'immeuble qu'ils occupent une véritable église dont la construction n'a pas dû coûter moins de 3 à 400,000 francs. Sans autorisation préalable, ils ont, en 1901, ouvert cette église au public et y ont exercé le culte.

L'administration préfectorale a dû intervenir pour faire cesser cet état de choses. Depuis l'église est fermée.

. . . .

L'attitude constante d'opposition des missionnaires de Chavagnes, l'agitation créée en leur faveur contre les républicains méritent une sanction, le refus de la demande d'autorisation.

Préfet de l'Aube.

Il convient d'observer qu'en ce qui concerne la préparation des jeunes gens au sacerdoce, les séminaires des départements suffisent à cette mission.

Préfet de Maine-et-Loire.

Expulsés en 1881, les pères ont continué à habiter l'immeuble qu'ils occupent encore actuellement.

Congrégation de Saint-Martial de Limoges.

Préfet de la Haute-Vienne.

Nous avons en face de nous un collège de maristes très prospère, si prospère que l'évêque a empêché les jésuites de lui créer une concurrence. Ce collège reçoit tous les enfants de la bourgeoisie de Limoges et la quasi totalité des fils d'officiers ; il a 400 élèves ; il fait à l'Université, au lycée, une guerre au couteau.

CONGRÉGATIONS PRÉDICANTES

Capucins.

Préfet du Lot.

Le frère Damas, de l'ordre des Capucins, dans un sermon prononcé le 9 mai 1900, ne s'est pas borné à donner à ses auditeurs des conseils d'ordre purement religieux ; il a abordé à plusieurs reprises, les questions politiques et s'est particulièrement signalé par la violence de ses paroles.

Dans son discours de lundi il a été relevé le passage suivant :

« Il n'y a plus de France ; elle est gangrenée, pourrie, depuis qu'elle est devenue la France du divorce. Les gouvernants actuels sont également pourris jusqu'à la moelle. Ils se laissent diriger par les femmes. Toutes les nations appellent la France et personne ne répond parce qu'il n'y en a plus ».

Ces paroles ont produit une profonde émotion parmi la population.

Ces paroles ont été reproduites par trois journaux du département.

Préfet de la Vienne.

Deux moines de l'ordre des Capucins prêchent une mission depuis quelques jours dans la commune de Saulge (arrondissement de Montmorillon). M. Renaud,

maire de cette commune ayant appris que les moines et
le desservant avaient l'intention de faire une procession,
la nuit, dans le cimetière et craignant que les tombes ne
soier piétinées, que des déprédations ne soient commises
dans cette propriété communale, a donné des ordres à son
garde champêtre pour empêcher qu'on pénètre la nuit
dans le cimetière.

Le 22 courant, à huit heures du soir, le desservant et
les deux moines, escortés d'une soixantaine de femmes
et d'enfants portant des torches et des lampions allumés,
se sont dirigés en cortège vers le cimetière.

Le garde champêtre se tenait devant la porte d'entrée ;
il a dit aux moines et au desservant qu'il avait des ordres
formels du maire pour les empêcher de pénétrer la nuit
dans le cimetière.

Ces derniers l'ont alors bousculé, il a dû céder devant
la force et tous ces forcenés ont pénétré dans le cimetière
qu'ils ont piétiné dans tous les sens sans aucun souci du
respect dû aux tombes.

Dans son audience du 3o avril, le tribunal correctionnel de Montmorillon, admettant qu'il ressort de tous les
documents de la cause que la procession devant avoir lieu
la nuit, le maire avait parfaitement le droit de l'interdire
pour éviter des profanations de sépultures ; qu'il est établi
par les témoins, interrogés après les faits et plus dignes
de foi que ceux amenés par la suite, qu'il y a eu résistance accompagnée de violences de la part du moine Loureau, ce qui constitue bien le délit de rébellion, a condamné le moine Loureau et le père Clément à 5o francs
et le sieur Dufour à 25 francs d'amende.

Préfet de la Vendée.

Le père Raymond, dans son sermon du 5 du courant
(mars 1901), « a violemment attaqué le gouvernement »
qui veut, dit-il, la séparation de l'Eglise et de l'Etat et qui
prépare une loi « scélérate » ayant pour objet de restreindre la liberté de l'enseignement et pour but d'obliger
les familles à confier leurs enfants à des instituteurs
laïques.

Dans son sermon du 7 il a comparé la fortune des juifs

à celle des congrégations. « Les ultra-révolutionnaires, a-t-il dit, veulent détruire l'Eglise et les congrégations, mais quoiqu'ils fassent et quelles que soient les lois qu'ils fassent contre elles, ils ne réussiront pas à les abattre ».

Préfet d'Indre-et-Loire.

Mais la situation (des capucins établis à Saint-Symphorien) s'est modifiée récemment. Sans avoir repris leur projet de chapelle et continuant à officier dans la salle du rez-de-chaussée qui en tient lieu, les capucins ont peu à peu laissé le public y pénétrer; le 12 août 25 personnes assistaient à la messe; le 18, 67 femmes et 3 hommes se rendaient aux vêpres.

Préfet de la Savoie.

Le dimanche 11 courant (11 mai 1902) le père Camille a parlé politique à deux reprises dans son sermon.

Il s'est attaché principalement à faire ressortir l'injustice de la loi sur les associations en attaquant le gouvernement.

Il a dit : « Le ministère actuel nous poursuit et nous tracasse ; il nous empêche de prêcher l'Evangile au milieu des populations. Il fait, en un mot, tous ses efforts pour frapper mortellement la liberté de conscience et faire disparaître insensiblement la foi dans notre chère patrie ».

Dans un autre passage, il a visé les élections, en faisant une comparaison entre l'âme et le corps. Au jugement dernier, a-t-il dit, lorsqu'il s'agira de faire le choix des âmes pures et dignes du bonheur éternel, le travail sera *autrement important que celui d'élire un député.*

Prémontrés de France.

Préfet des Bouches-du-Rhône. — Sous-préfet d'Arles.

En ce qui concerne leur attitude politique, les Prémontrés sont des adversaires déclarés de la République, ils ont, toujours et constamment, fait preuve d'hostilité contre tout ce qui, de près ou de loin, touche au régime républicain.

Ils ont joué un rôle considérable lors de l'application des décrets du 29 mars 1880, et leur dissolution à cette époque a nécessité un siège en règle.

Ils n'ont pas tardé à se reconstituer, d'abord clandestinement, puis ouvertement.

Ils prennent une part active à toutes les manifestations anti-républicaines et à toutes les élections par la propagande à laquelle ils se livrent à chaque scrutin.

Ils se rendent dans les bureaux de vote en longues files et, sous le costume dont ils sont revêtus, il est très difficile de contrôler leur inscription, leur identité et même leur nationalité.

Préfet de la Loire-Inférieure.

Il semble bien cependant que leurs ressources ne consistent pas uniquement dans le produit des missions et des retraites et, si elles ne proviennent pas de la charité publique, il n'en est pas moins vrai que ces religieux s'enrichissent des donations particulières, quelquefois considérables.

Rédemptoristes.

Préfet de la Gironde.

Cette congrégation possède deux établissements dans la Gironde : l'un à Bordeaux, l'autre à Coutras.

Dans l'une et l'autre de ces villes, les installations ont coïncidé avec la disparition de l'ordre des Assomptionnistes.

Préfet de la Vendée.

Ces religieux se donnent comme les auxiliaires du clergé paroissial. Le but avoué de leur apostolat est l'évangélisation des âmes et la moralisation du peuple.

En réalité, ces missionnaires sont de dangereux adversaires de la famille et de la société.

Ils se répandent dans les campagnes pour prêcher et, à

la suite de leurs missions, ils arrachent à leurs parents
des jeunes gens fanatisés par leurs prédications.

. . . .

Dans l'ordre politique, les rédemptoristes des Sables-
d'Olonne ont fait beaucoup de mal au parti républicain.

. . . .

Ils sont surtout redoutables dans leur chapelle où ils
donnent libre cours à toutes les violences, prêchent la
haine entre les citoyens et poussent à la guerre civile...

Leurs œuvres dites de la Sainte-Famille, des Mères
chrétiennes, des Enfants de Saint-Louis, sont en réalité
autant d'organisations politiques. Les adhérents sont
embrigadés, hiérarchisés, tous obéissent à des chefs reconnus.

Préfet de l'Allier.

En 1880, les rédemptoristes se sont particulièrement
signalés à l'attention publique en refusant de se conformer
au décret du 29 mars. L'administration préfectorale a dû
procéder le 4 juin 1880 à l'expulsion officielle de la communauté ; ces religieux avaient fait pénétrer dans le couvent de nombreuses personnes étrangères à la communauté pour assister à l'expulsion et provoquer ainsi du
scandale.

. . . .

Une chapelle pouvant contenir au moins quatre cents
personnes est contiguë à cet établissement...

Elle porte un préjudice considérable à la fabrique de
l'église paroissiale...

. . . .

Dans le courant de l'année 1900, les rédemptoristes ont
joint à ces établissements un noviciat.

. . . .

Les pères rédemptoristes ont une certaine influence sur
beaucoup d'esprits et il est de notoriété publique que
sous prétexte de « travailler au salut des âmes et à la
moralisation du peuple » conformément à l'article premier de leurs statuts, ils se livrent à une propagande hostile aux lois fondamentales du pays.

Préfet de la Drôme.

Depuis qu'elle s'est formée à Valence, la congrégation des rédemptoristes n'a cessé d'être en révolte ouverte contre la loi.

En 1880, sa résistance à l'application des décrets ne put être vaincue que par la force.

En 1897, mon administration dut intervenir pour faire fermer d'office la chapelle de l'établissement dont les scellés avaient été brisés et qui avait été de nouveau ouverte au culte.

Enfin, plus récemment et à l'occasion de la loi sur les associations, les critiques injurieuses formulées du haut de la chaire à l'égard du gouvernement par le directeur de l'agrégation de Valence, le sieur Jules Blanpied, ont entraîné contre ce dernier des poursuites correctionnelles qui ont abouti à une condamnation prononcée par le tribunal de Villefranche (Rhône) et confirmée par la Cour d'appel de Lyon.

Il n'y a, à mes yeux, aucune raison pour accorder à cette association, qui ne fait qu'acte de politique et qui reste étrangère à toute œuvre d'utilité publique, l'autorisation qu'elle sollicite.

Frères prêcheurs de France (dits dominicains).

Préfet de la Seine.

Les frères prêcheurs de France s'occupent, à Paris, de prédications : ils sont fréquemment chargés de prêcher dans les églises les plus fréquentées et dans les circonstances les plus solennelles ; certains écarts regrettables de parole ont donné lieu à des incidents publics, — notamment lors de la messe dite de Notre-Dame après l'incendie du Bazar de la Charité.

Préfet de la Côte-d'Or.

Si quelques-uns de ses membres passent, aux yeux de la population de Flavigny, pour avoir des idées libérales, ce qui resterait à démontrer, il n'en est pas de même des membres civils de cet ordre, dits du tiers-ordre, qui, ouvertement, font de la politique militante en rendant cette affiliation dangereuse pour la société laïque.

Préfet de la Haute-Garonne.

Au moment de l'exécution des décrets, en 1880, les dominicains, parmi lesquels se trouvent encore les pères Guillermin et Coconnier, aidés de nombreux partisans, se barricadèrent dans leur etablissement et se livrèrent à des manifestations qui occasionnèrent des désordres graves. Les scellés furent apposés à leur maison et à leur chapelle, mais dans le courant de l'année 1882, ces congreganistes, qui ne s'étaient jamais d'ailleurs séparés, s'installèrent dans un immeuble de la rue Espinasse, appartenant également à la famille de Villèle et contigu à celui qu'ils occupaient rue Vélane.

. . . .

En résumé, les œuvres poursuivies par les dominicains ne présentent aucun caractère d'utilité publique et sont dirigées plutôt contre les institutions républicaines.

Préfet de la Gironde.

Fermée en 1880, lors de l'exécution des décrets, la chapelle a été rouverte peu après; un arrêté de fermeture pris de nouveau, en 1888, n'a pas non plus été suivi d'effet.

Les pères dominicains se livrent aux divers services du culte et font à l'église paroissiale une concurrence sérieuse.

Préfet des Basses-Pyrénées.

En fondant une maison à Biarritz, la congrégation des Frères prêcheurs de France se proposait surtout d'attirer à elle les familles riches qui fréquentent cette station balnéaire; c'est dans ce dessein qu'elle édifia une chapelle somptueuse, que l'aristocratie des fidèles ne put manquer de préférer aux églises plus modestes de la commune.

A ces attraits d'ordre matériel, le père Tapie, supérieur de la communauté, joignit les habiles sollicitations d'une réclame discrète et bientôt la clientèle désirée afflua, re-

cherchant les confesseurs de renom et la pompe des
offices religieux.

Les Dominicains de Biarritz ont le plus grand intérêt
à ce que cette vogue se maintienne ; recueillant des
offrandes et des lons abondants, ils voient croître chaque
jour la prospérité de leur maison. Cette rapide fortune
n'a pas laissé d'inquiéter les membres du clergé paroissial de Biarritz, qui souhaiteraient que les fabriques
eussent leur part de ces bienfaits pécuniaires et qui ver-
raient même, sans déplaisir, la fermeture de la chapelle
des Dominicains.

Préfet du Rhône.

Ils trouvent souvent dans les prédications auxquelles
ils se livrent l'occasion d'aider à la propagande contre le s
idées républicaines.

Préfet de la Seine-Inférieure.

Il serait difficilement contestable que, par leurs relations notoires, le caractère de leurs prédications, de leur
enseignement oral ou écrit, conforme d'ailleurs aux anté-
cédents et aux traditions de leur ordre, les Dominicain s
ne restent pas inactifs dans les luttes politiques contem-
poraines et que leur influence ne s'exerce pas dans un
sens favorable au gouvernement de la République.

J'estime qu'aucun intérêt public ne justifierait l'autorisation.

Préfet de la Vienne.

En leur qualité de frères prêcheurs, ces religieux sil-
lonnent le pays et leur attitude comme prédicateurs est la
plupart du temps extrêmement regrettable.

C'est ainsi — je citerai seulement un fait récent — que
l'un de ces religieux, le sieur Ducoudray, en religion
frère Marie-Bernard, a fait le 4 octobre dernier, à Montmorillon, un sermon exclusivement politique sur ce
sujet : « Liberté et obéissance ». Dans la première partie,
l'orateur s'est élevé de façon très vive contre la loi sur les
associations, critiquant les actes du gouvernement et

disant que, « grâce à cette loi inique, il prendrait demain le chemin de l'exil ou celui du cachot ». Et ce sermon, en somme, a été une attaque violente contre la République et le gouvernement.

Sans aller aussi loin que le gouvernement du premier Empire qui, par une lettre du ministre de l'intérieur du 1ᵉʳ octobre 1809 à l'un de mes prédécesseurs se basant sur ceci : « que les prédicateurs ambulants se font toujours remarquer par des prédications fanatiques ou extravagantes, qui ne tendent qu'à discréditer les pasteurs ou à jeter l'incertitude dans les consciences », lui recommandait très expressément de « faire arrêter tout prêtre faisant profession de prédicateur ambulant », j'estime, comme le gouvernement d'alors, que « la France a des évêques, des curés, leurs vicaires, des desservants et des chanoines, que voilà les vrais et respectables organes de la religion et de la parole sacrée, et que le gouvernement n'en reconnaît pas d'autres ».

Je considère, en conséquence, que la présence sur le territoire de la République des Dominicains qui attaquent le gouvernement et font tous leurs efforts pour la combattre n'est nullement justifiée, et j'estime que l'autorisation sollicitée pour l'établissement de Poitiers doit être refusée.

Passionnistes français.

Préfet du Pas-de-Calais.

Les Passionnistes d'Hardinghen ne s'occupent d'aucune œuvre charitable et il n'est possible de voir en eux que des auxiliaires du clergé.

Comme tels, ils me paraissent inutiles et même dangereux ; inutiles parce que le clergé séculier doit suffire à sa tâche, dangereux en ce sens, qu'échappant à l'autorité du gouvernement, ils peuvent s'écarter sans crainte des devoirs du ministère qu'ils sont appelés à assurer.

. . . .

J'estime qu'il est prudent de rejeter la demande de cet établissement qui est dépourvu de tout caractère d'utilité.

Préfet de Lot-et-Garonne.

Tout d'abord l'état du personnel de l'établissement de Latané est bien fait pour éveiller certaine défiance ; il comprend 15 religieux, dont 3 âgés de 21 à 22 ans et 4 mineurs de 18 à 19 ans ; on y trouve des Italiens, des Belges, des Hollandais.

. . . .

En 1891, le sieur de Vezza présenta une demande de naturalisation, qui fut rejetée parce que le postulant n'avait jamais rendu aucun service et qu'il était absolument hostile à nos institutions.

Le signataire paraît être un prêtre italien, Théodore de Vezza, âgé de 53 ans, né à Monte-San-Aiaggio.

Le gouvernement n'ayant pas tenu la main à l'exécution du décret du 29 mars 1880, la communauté s'est reconstituée peu à peu.

. . . .

Les prédications spéciales des moines amènent presque toujours dans les villes où elles ont lieu une agitation qui n'est pas toujours sans danger.

Préfet de la Vendée.

Les religieux se répandent dans les campagnes pour propager l'idée religieuse, disent-ils, mais, en réalité, le but qu'ils poursuivent, c'est de préparer la domination de l'Eglise ; ils soutiennent dans la lutte antirepublicaine les candidats réactionnaires.

Sacrés-Cœurs de Jésus et de Marie de Picpus.

Préfet de la Vienne.

Les religieux de Picpus sont hostiles à la forme actuelle de la société et du gouvernement. Quels que soient la prudence des maîtres et les habitudes d'obéissance, de soumission, de retenue et de réserve qu'on donne aux élèves, la haine de la République et l'hostilité contre son gouvernement, qui sont plus ou moins ouvertement inculquées aux élèves de l'établissement de Poitiers, percent à certains moments.

C'est ainsi que le 2 mai 1901, la Ligue de la Patrie française ayant tenu à Poitiers une réunion salle Durocher, trois religieux de Picpus y assistèrent; à la sortie, quelques personnes qui se trouvaient dans la rue criaient : « Vive la République! » Les trois religieux groupèrent autour d'eux une cinquantaine de leurs élèves ou anciens élèves et se dirigèrent à leur tête vers leur établissement, en criant : « Liberté! liberté! » Arrivés à la Grand'-Maison, rue Victor-Hugo, les religieux, du haut de leur perron, haranguèrent les manifestants, les félicitèrent de leur conduite et les remercièrent de leur témoignage de dévouement et de sympathie.

Oblats de Saint-François de Sales.

Préfet de l'Aube.

Si, d'après leurs statuts, les oblats se proposent l'éducation de la jeunesse et les missions, ils ont, en fait, entrepris, ainsi qu'il résulte des statuts mêmes de la société commerciale qu'ils ont établie à Saint-Ouen, des œuvres d'une nature toute différente.

Dans le département de l'Aube, ils occupent depuis 1885 une cinquantaine de novices des deux sexes aux travaux agricoles et à l'élevage du bétail.

Ils occupent à Montceaux une centaine d'ouvriers et d'ouvrières *dans un atelier de bonneterie* qu'ils ont installé vers 1896.

Ils font travailler un certain nombre de jeunes gens aux travaux du bois *pour la construction des maisons et des meubles.*

Ils dirigent une colonie agricole à Chaource et exploitent des terres à Willy-le-Maréchal et aux Loges-Marqueron.

La congrégation serait, en outre *commanditaire de diverses usines importantes* à Troyes et exploiterait, par l'intermédiaire de gens qui lui seraient affiliés, *une épicerie et une boulangerie.*

En dehors de ces entreprises si diverses, les oblats ont complété leur œuvre d'éducation et de propagande catholique, en formant une « Association amicale des anciens

élèves de l'école Saint-Bernard, qui compte actuellement
près de 450 membres, appartenant en grande majorité
aux professions libérales, à la grande industrie et à l'armée.
Ces membres avec lesquels ils restent continuellement en
contact, les ont aidés à former, sous diverses dénomina-
tions, des associations purement politiques telles que
l' « Union nationale », les « Chevaliers de la Croix », la
« Jeunesse antisémite », l' « Œuvre de la Jeunesse ».

Toutes ces œuvres sont dirigées par le Père Alary, qui
se réclame du diocèse de Rodez, mais porte le costume
des oblats, chez lesquels il est nourri. En fait, il est le bras
droit du Père Brisson. Très adroit et très combatif, le
Père Alary est un des principaux collaborateurs de la
Croix de l'Aube et l'organisateur des conférences natio-
nalistes qui ont été faites à Troyes.

Les deux membres de la congrégation qui ont attiré
sur eux l'attention publique sont le Père Brisson et le
Père Alary. Tous deux sont considérés dans le département comme les chefs du parti clérical et les organisateurs
de toutes les œuvres dirigées contre le gouvernement.
Leur action politique est indéniable ; elle s'est fait sentir
aux dernières élections municipales de Troyes et a puissamment contribué à la nomination de l'Assemblée actuelle.

Préfet de l'Aube (rapport supplémentaire).

Les agents les plus actifs de la politique cléricale ont été,
sans contredit, les oblats, congrégation en instance d'au -
torisation.

C'est en effet à leur « Union nationale » que s'orga-
nisa la campagne pour laquelle ils mirent tout en œuvre :
influence et argent.

Moines ligueurs, ils se sont jetés à corps perdu dans la
lutte. Une permanence fut organisée au sein de leur
comité de l'Union nationale, les réunions furent multi-
pliées et c'est là que se rédigèrent les plus violents articles
de la *Croix* et du *Réveil des Patriotes*, c'est de là que
partirent les jeunes conférenciers, frais émoulus du collège
Saint-Bernard.

Oblats du Sacré-Cœur de Saint-Quentin.

Préfet de l'Aisne.

En 1877, sous les auspices de ses supérieurs et avec le concours de plusieurs prêtres, l'abbé Dehon a fondé à Saint-Quentin l'établissement d'enseignement secondaire dit « Institution Saint-Jean. »

Quelques années plus tard, en 1882, M. Dehon ouvrait au village de Fayet, près de Saint-Quentin, un autre établissement, établissement d'enseignement secondaire, appelé « Ecole Saint-Clément », « Ecole apostolique » et désigné dans sa demande actuelle comme maison de recrutement de la congrégation.

En 1884, il fondait l'établissement de Lille, 89, rue de la Station.

Vers 1891, ayant pris possession par acquisition du château de la famille de Turenne, à Fourdrain, près Laon, M. Dehon transformait cette propriété à l'usage de séminaire ou de maison de refuge, sans destination bien précise, mais en organisant toutefois, à l'aide de plusieurs frères congréganistes appelés dans cette résidence, l'exploitation industrielle du domaine.

Entre temps, M. Dehon s'occupait de la création du cercle catholique des ouvriers de Saint-Quentin et prenait une part active aux conférences tenues par un comité d'études sociales composé de prêtres et de laïques, et dont les travaux se résument dans la publication du *Manuel social chrétien*, édité à Paris en 1894 (librairie de la Bonne-Presse, 8, rue François Ier).

En dernier lieu, il devient supérieur général de la congrégation des prêtres du Sacré-Cœur-de-Jésus, qu'il a également fondée et reçoit la dignité de chanoine résident de Rome.

M. Dehon avait abandonné en 1894 la direction de l'important collège de Saint-Jean.

Il convient de signaler le fait assez anormal de la présence dans les établissements privés d'un grand nombre de prêtres distraits du ministère paroissial, alors que dans le département de l'Aisne plus de quatre-vingts églises succursales manquent de titulaires ecclésiastiques. Mais la constitution de la congrégation des prêtres de Saint-Quentin, succédant aux essais timides qui furent tentés à Soissons dès 1875 pour l'organisation d'une corporation de missionnaires diocésains, placés sous la direction immédiate de l'évêque, marque suffisamment le caractère d'une évolution qui ne s'est accomplie qu'en sacrifiant aux intérêts de plus ardent prosélytisme, les besoins religieux des paroisses et le principe de subordination qui est le fondement essentiel de toute organisation rationnelle.

Tantôt, en effet, les prêtres congréganistes de Saint-Quentin se réclament de l'autorité diocésaine, tantôt ils se montrent indépendants de cette juridiction.

Le recrutement des professeurs de l'établissement Saint-Jean a donné lieu à de vives critiques.

. . . .

A Fourdrain, le personnel de la congrégation a encouru des reproches encore plus graves.

Le conseil municipal, dans sa délibération du 15 décembre 1901, impute au supérieur d'avoir voulu assurer à sa congrégation une véritable mainmise sur les services du culte, des écoles et de l'assistance publique, et faire sentir son influence sur toute l'administration municipale.

Il n'est pas jusqu'au desservant de Fourdrain qui n'ait répudié toute solidarité avec les anciens confrères congréganistes de l'établissement. Un desservant de Saint-Quentin, l'abbé Ponthieu, s'est plaint, en 1886 et en 1894, des agissements des prêtres associés à M. Dehon, qui sont parvenus à l'évincer de sa cure.

Il y a quatre ans, sous la raison sociale « Veuve Coutant et Cie », on a installé à la maison de Fourdrain une savonnerie avec fabrique de lessive. La maison paraît se transformer en colonie agricole ; on y entretient des animaux de ferme ; le lait, le beurre sont vendus dans le pays ou sur les marchés avoisinants avec les produits de la culture maraîchère.

Un certain nombre de frères lais, 7 ou 8, sont employés dans la ferme ; il y vient chaque jour des abbés, la plupart inconnus. Il a été fait jusqu'ici une vingtaine de déclarations par les étrangers qui passent quelque temps dans cette maison; ce sont des individus de nationalité luxembourgeoise, allemande, hollandaise ou belge.

Les frères sont recueillis un peu au hasard, et il est venu là, entre autres, un individu qui avait un casier judiciaire chargé de nombreuses condamnations.

Le 13 décembre dernier, un arrêté d'expulsion a été pris, sur la proposition du préfet de l'Aisne, contre les moines :

Selgoffe, sujet belge;

Kauters, sujet hollandais;

Thuet, né à Ammerschwihr (Alsace);

Sturzer, sujet Belge;

faisant tous partie de la congrégation des oblats de Sainte-Marie.

Franciscains.

Préfet de la Seine.

Des comptes versés au dossier il ressort que les ressources de l'établissement de la rue Falguière, comme d'ailleurs celles de la succursale de la rue de Puteaux, proviendraient d'honoraires de *messes*, de prédications et de dons volontaires. Une somme de 10,820 francs pour honoraires de messes et une autre de 11,586 francs pour prédications, soit au total 22,406 francs, figurent au budget de la maison mère au chapitre des recettes.

Je ne puis que répéter à ce propos les observations que j'ai faites dans de précédents rapports concernant les oblats de Marie et les capucins, à savoir qu'il me semble qu'il y a là une intervention directe de la congrégation dans l'exercice du culte; il vous appartient d'examiner si cette immixtion est conforme aux dispositions de la loi du 18 germinal an X qui décide, en son article 9 que « le culte catholique sera exercé sous la direction des archevêques et évêques dans leur diocèse et sous celles des curés dans leurs paroisses.

Préfet du Calvados.

Le supérieur des franciscains de Caen, le père Alexis, est un adversaire militant, irréductible du gouvernement de la République.

Préfet du Gard.

Les religieux qui composent l'agrégation de Nîmes sont, en grande partie, de nationalité étrangère.

Préfet du Loiret.

Par leur tenue et par leurs allures, le respect intéressé qu'ils affectent pour l'aristocratie, les franciscains se sont rendus profondément antipathiques à la population orléanaise.

Préfet des Basses-Pyrénées.

La congrégation des franciscains est au nombre de celles qui ne dissimulent pas leurs sentiments d'hostilité aux institutions républicaines et dont tous les établissements ont été, sans cesse, des foyers de propagande réactionnaire.

ÉTABLISSEMENT DE PAU

Un incident scandaleux auquel ils furent mêlés mérite d'être rapporté ici. La chapelle du couvent est vouée à Saint-Expedit, auquel la communauté tente de faire une réputation analogue à celle de saint Antoine de Padoue, à l'effet de recueillir le plus grand nombre d'offrandes possibles.

En 1893, une aventurière qui se faisait appeler madame Oddo-Maire, sous prétexte de remercier ce saint d'une guérison obtenue par son intercession, avait donné aux franciscains une somme de 1,200 francs qu'elle avait volée à un commerçant de la ville, attaché au parti clérical, M. Gachi. Cette femme, qui avait commis plusieurs délits d'escroquerie, fut condamnée par le tribunal correctionnel de Pau à cinq ans de prison.

Les franciscains tinrent à honneur de publier qu'ils ne voulaient point bénéficier de l'offrande faite dans ces conditions. Mais, prétextant que cette somme avait été employée dans les travaux de leur chapelle, ils ouvrirent une souscription parmi les fidèles pour désintéresser M. Gachi.

Chanoines de Latran.

Préfet des Deux-Sèvres.

Les chanoines de Beauchène se seraient réunis au monastère, la veille ou l'avant-veille du 29 septembre, date de la demande en autorisation.

Dans ce conciliabule, on aurait décidé, contrairement à vis exprimé par l'abbé Rousseau, supérieur, que l'on se disperserait et que, par conséquent, on ne demanderait pas l'autorisation ; mais l'abbé Rousseau aurait passé outre, et, à l'insu de ses collègues, aurait adressé la demande dont il s'agit, tant en son nom qu'au nom des moines composant l'établissement.

On ajoute que ceux-ci le désavouent et ne veulent pas rentrer, même provisoirement, à l'abbaye.

A trois époques différentes, les scellés ont été apposés à la chapelle de Beauchène : en 1880, en 1881 et en novembre 1896.

Les moines n'ignorent pas que, même au milieu des populations catholiques de l'arrondissement de Bressuire, ils n'ont jamais pu acquérir de réelles sympathies. Ils se sont fait remarquer par leur esprit de domination, confinant parfois à la violence ; et leur conduite privée, du moins pour quelques-uns, n'a pas toujours été exemplaire.

Agrégation très agissante en pays d'ancienne chouannerie.

Oblats de Marie-Immaculée.

Préfet de l'Ardèche.

L'établissement de Pontmain compte actuellement 21 religieux. Leur attitude est nettement hostile au gouvernement. Ils s'adonnent particulièrement à la prédica-

tion, à faire des missions au cours desquelles ils se livrent
généralement à la critique de nos institutions. Ils le font
prudemment, s'arrêtant à la limite précise où des poursuites pourraient être prescrites, de façon à éviter une
répression ; mais leur action, quoi que dise le supérieur
dans une lettre annexée au dossier, n'en est pas moins
réelle et continue.

. . . .

Au point de vue religieux, ils se trouvent, vis-à-vis de
l'autorité diocésaine, dans une situation qui ne permet
pas à l'évêque de les atteindre. D'après les statuts, ils dépendent de l'évêque ; mais, en fait, et même en droit ca-
nonique, je crois, ils sont absolument indépendants. En
tous cas, ils exercent une influence occulte indéniable.
Ils étendent constamment leur action et finiraient, s'ils
restaient à Pontmain, par devenir, comme à Lourdes, les
véritables maîtres du diocèse.

. . . .

A un autre point de vue, il y a lieu de souhaiter leur
départ. Ils font une guerre sourde à tous ceux qui ne
sont pas des leurs et font perdre leur clientèle à tous les
commerçants qui n'acceptent pas leur direction.

Préfet de la Gironde.

Dans les deux localités de la Gironde où ils se sont
installés, les empiètements des Oblats sur les attributions
du clergé séculier ont donc provoqué — les délibérations
des conseils municipaux l'attestent — un mécontentement
certain, accentué encore, notamment à Talence, par leur
tendance à se mêler aux luttes locales.

Ils n'ont créé, d'autre part, aucune œuvre de bienfaisance et se bornent à occuper des situations qui pourraient
être plus religieuses attribuées à des prêtres du diocèse.

Préfet de la Nièvre.

Les Oblats de Saint-Andelin ne paraissent avoir d'autre
rôle que celui de combattre le gouvernement de la République et l'enseignement laïque. Il n'est pas douteux
qu'ils profitent de toute occasion pour dénigrer le ré-

gime républicain. Ils sont parvenus à terroriser les mères
de famille.

. . . .
L'état du personnel joint au dossier révèle parmi eux
la présence de plusieurs étrangers.

Bénédictins du Sacré-Cœur de la Pierre-qui-Vire.

Préfet du Finistère.

A mon avis, l'utilité de cet établissement ne s'est jamais
fait sentir dans le département du Finistère ; les nécessités
du service des cultes sont largement assurées par les
membres du clergé des quatre communes de Plouédern,
Trémaouéza, Plounéventer et Lannonfret, au centre desquelles est situé le monastère de Kerbénéat.

Préfet des Basses-Pyrénées.

Mais la prière, la science et la prédication n'absorbent
pas cependant toute l'activité des religieux de l'abbaye de
Notre-Dame de Belloc : ils se consacrent en outre à des
travaux très fructueux ; le caractère principal de l'établissement congréganiste d'Urt et de Sandos est d'être une
vaste exploitation agricole, commerciale et industrielle,
ingénieusement conçue et organisée avec une remarquable
intelligence.

Les bénédictins pratiquent sur leur domaine des cul-
tures variées ou l'élevage du bétail, ils y ont installé en
outre une minoterie que des moulins actionnent et se
sont faits boulangers, pâtissiers et même fabricants de
chocolat. Les fromages qu'ils faisaient sont réputés dans
le pays et le miel qu'ils récoltent n'en est pas moins apprécié. De là d'importants revenus et d'abondantes ressources que d'autres apports charitables viennent par
suite grossir.

. . . .
Les religieux de l'abbaye de Belloc n'ont pas cru qu'ils
pouvaient demeurer étrangers à la politique ; ils ont
pensé, au contraire, que les nombreux et importants
intérêts qui les attachent à la commune d'Urt devaient
être représentés au conseil municipal et trois d'entre eux
se sont fait élire à cette assemblée.

Préfet du Tarn.

Les ressources qui assurent le fonctionnement de cet établissement proviennent du produit des récoltes, des missions prêchées par les bénédictins, d'aumônes, des bénéfices d'une hôtellerie et des messes.

. . . .

Depuis qu'elle est établie dans la région, la congrégation des bénédictins a toujours pris parti contre les républicains et s'est livrée à une propagande des plus actives en faveur des candidats réactionnaires.

Préfet des Basses-Pyrénées.

Sous le titre « chantage électoral » le journal l'*Indépendance* d'hier publie la note ci-dessous relatant que le père Donatien, de l'ordre des Bénédictins, fondateur de l'institut agricole de la route de Morlaas, venait de retirer la clientèle de la communauté à un entrepreneur de notre ville, qui, malgré les plus pressantes sollicitations, lui a refusé de faire campagne pour M. d'Ariste.

Le fait est exact.

Presque tous les fournisseurs de cette congrégation ont été l'objet de la même intimidation.

Missionnaires de Garaison.

Préfet des Hautes-Pyrénées.

Les missionnaires de l'Immaculée-Conception exercent leur influence politique dans tout le département.

Très réservés à Lourdes par crainte de compromettre les intérêts spéciaux considérables des établissements de la grotte, cette action s'exerce d'une façon plus active sur d'autres points du département et notamment dans les cantons de Castelneau-Magnoac et de Galan. La violence particulière des luttes électorales qui se succèdent, depuis plusieurs années, dans ces deux cantons, doit être attribuée à l'enseignement donné dans l'établissement de Garaison et à l'action directe des missionnaires de l'Immaculée-Conception.

Je crois devoir ajouter que le refus d'autorisation ne

créerait pas de difficultés sérieuses pour le fonctionnement de l'œuvre de Lourdes qui pourrait, sous l'autorité
directe de l'évêque de Tarbes, être gérée par des membres
du clergé séculier, provenant du grand séminaire.

Préfet de l'Ariège.

Les pères de Sabart s'occupent aussi des missions et
prédications à propos de jubilés, retraites de première
communion... C'est à l'occasion de circonstances de cette
nature que l'un d'eux, le père Manessie, s'est livré au
cours de ses sermons de Brassac et de Mayols, au prin-
temps dernier, à des critiques à l'égard du gouvernement
de la République.

Missionnaires de Sainte-Garde.

Préfet de Vaucluse.

Je n'aperçois pas du tout l'utilité de la congrégation.

. . . .

Quant à l'aide qu'ils entendent donner au clergé paroissial, l'article en question le qualifie lui-même d'extraordinaire ; c'est donc en contradiction avec cette déclaration que quelques-uns d'entre eux sont investis à
demeure de fonctions ecclésiastiques. Cet état de choses
me semble un abus préjudiciable aux intérêts du clergé
paroissial et il y aurait lieu de le faire cesser.

Préfet des Basses-Alpes.

Cet établissement n'a aucun caractère d'utilité, son existence ne se justifie en rien, l'association ne participant à
aucun acte de la vie publique ni à aucune œuvre de bienfaisance ou d'assistance pour les classes pauvres.

Préfet de l'Hérault.

La venue des gardistes à Brissac a été pour beaucoup
de pauvres de la région la perte de nombreux secours
dont les curés de la paroisse étaient assez prodigues
quand ils avaient la direction du pèlerinage.

. . . .

D'autre part, leurs missions de prédication sont assez inutiles dans ce pays déjà trop enclin à se soumettre aux exigences actuelles des prêtres, qui savent d'ailleurs mettre à profit ces dispositions lors des élections.

Aussi le canton déjà fortement atteint par la réaction, notamment Brissac, autrefois centre républicain, n'a-t-i l pas besoin de ce supplément de missionnaires.

Oblats de la Vierge-Marie.

Préfet des Alpes-Maritimes.

Si la nécessité de maintenir la prédication en langue étrangère paraît démontrée, eu égard au nombre considérable d'Italiens habitant Nice, il est aisé à l'évêché d'y pourvoir à l'aide de prêtres italiens auxiliaires dûment agréés par l'autorité épiscopale.

Pères de l'Oratoire de Saint-Philippe-de-Néri.

Sous-préfet de Reims.

Les membres de cette congrégation ne constituent pas autre chose que l'état-major de l'archevêque ; ils sont surtout chargés par lui de parcourir le diocèse pour y porter les instructions et surveiller toutes les œuvres de propagande cléricale qu'il a fondées un peu partout.

Barnabites de Gien.

Préfet du Loiret.

A l'établissement est annexée une chapelle, interdite au culte depuis le 30 mai 1901. La fermeture de cette chapelle a été motivée par l'attitude des congréganistes, lors du vote de la loi sur les associations ; à cette époque les barnabites firent circuler dans la ville de Gien des protestations contre la mesure législative dont il s'agit ou essayèrent de provoquer dans la ville un mouvement en leur faveur, en agissant sur le monde des commerçants et les fournisseurs de l'établissement.

L'esprit de l'enseignement, donné à l'institution de

Saint-François-de-Sales, est en effet nettement hostile à nos institutions ; les Barnabites ne perdent pas une occasion de combattre les idées républicaines et prennent part aux luttes politiques.

Ils ont joué le rôle le plus actif pendant la dernière période électorale ; ils ont contribué à fonder à cette époque le *Réveil de Gien*, organe nationaliste, dont ils étaient les principaux rédacteurs, et ils ont parcouru les communes de l'arrondissement, faisant la propagande pour le candidat modéré.

Déjà, le 25 décembre 1901, le plus remuant d'entre eux, le père Lechien, critiquait en chaire, a Viglain, les actes du gouvernement.

A propos de l'application de la loi du 1er juillet 1901, le père Loiseau, recteur de l'institution de Saint-François-de-Sales, a fait allusion, dans le discours prononcé à la distribution des prix, à « la persécution actuelle. »

En résumé, ces congréganistes sont des ennemis acharnés du gouvernement.

Les Barnabites avaient, en juin dernier, manifesté l'intention d'abandonner l'institution et avaient commencé à faire passer leur mobilier en Belgique ; mais, se sentant encouragés par la résistance du parti clérical, ils ont renoncé à leur projet.

Barnabites de Paris.

Préfet de la Seine.

Les Barnabites se proposent des buts multiples :

Tout d'abord, je dois signaler l'intervention des Barnabites dans l'exercice public du culte. Ils ont une chapelle ouverte au public.

De plus, dans un fascicule d'une publication, le *Messager de Saint-Paul*, jointe au dossier, je vois que les Barnabites ont fondé une archiconfrérie de Notre-Dame de la Providence à laquelle on convie les fidèles à s'affilier, moyennant le versement d'une cotisation de 3 francs par an, en leur promettant diverses faveurs spirituelles, messes, indulgences, etc... C'est là un fait que je n'avais

pas relevé jusqu'ici. Si d'autres congrégations admettent
le public à assister à leurs offices, les Barnabites, par la
fondation de cette archiconfrérie et la publication du
bulletin, font appel aux fidèles et les groupent autour
d'eux dans une association religieuse.

Les Barnabites s'occupent de publications religieuses.
Dans leur établissement de la rue Legendre, sont établis
les bureaux du *Messager de Saint-Paul* qui a pour titre :
Bulletin Mensuel des pères Barnabites.

Pères du Calvaire de-Toulouse.

Préfet de la Haute-Garonne.

L'immeuble affecté à la résidence, ainsi que les dépendances (vignes, prairies etc.), font partie des biens de la
mense épiscopale, ou les ressources destinées au fonctionnement de l'établissement en proviennent, comme il est
dit dans l'état produit à l'appui de la demande.

Je crois devoir, toutefois, vous faire remarquer, M. le
président du conseil, que dans cet état, il n'est pas fait
mention de la chapelle de Notre-Dame d'Alet, située à
Montaigut (Haute-Garonne). Au moment de l'exécution
des décrets de 1880, cet établissement fut fermé et les
prêtre du Sacré-Cœur, au nombre de 41, qui le desser-
vaient, furent expulsés, à l'exception de M. Hab qui, y
ayant été laissé comme gardien, y célèbre depuis l'exercice du culte.

En 1882, M. le cardinal Desprez tenta de reconstituer
la congrégation, mais la demande qu'il forma à cet effet
n'eut pas de suite, car un de mes prédécesseurs, estimant
sans doute que le grand-séminaire pouvait suffire à assurer le recrutement du clergé paroissial, conclut à son
rejet.

J'estime à mon tour que la situation est, à ce point de
vue, la même qu'en 1882, et que la congrégation des
prêtres du Sacré-Cœur ne présente aucun caractère d'utilité publique.

ENQUÊTES DE 1880 ET DE 1900

---

*Valeur des immeubles possédés et occupés par les congré-
gations et communautés religieuses autorisées et non
autorisées.*

Relevé comparatif par congrégation et communauté

	1880	1900	Différence.
	1.000 fr.	1.000 fr.	1.000 fr.
Apostolique (Société civile), à Beaumont (Ardennes). .	12	» —	12
Augustins de l'Assomption, à Paris	1.015	3.690 +	2.675
Barnabites (pères), à Rome.	830	1.117 +	289
Basiliens (prêtres), à Anno- nay	700	835 +	135
Bellemagny (communauté de), Haute-Alsace.	23	» —	23
Bénédictins, à Delle et Sainte- Anne-de-Kergouan (Finis- tère).	230	555 +	324
Bénédictins anglais, à Douai.	200	397 +	197
Bénédictins de la Congréga- tion de France, à Solesmes.	581	2.142 +	1.561

Bénédictins, dits Olivétains, au mont Olivet (Italie) . .	107	168 +	61
Bénédictins du Sacré-Cœur de Jésus et du Cœur Immaculé de Marie, à la Pierre-qui-Vire. . . . . ,	254	484 +	230
Bernardins dits Cisterciens, à Notre-Dame de Sénanque (Vaucluse).	560	860 +	300
Calvaire (pères du), Montauban.	90	» —	90
Camaldules, Rome.	14	» —	14
Capucins (pères et frères mineurs), Rome, établissements autorisés.	306	423 +	117
Dito, non autorisés.	4.611	4.822 +	210
Carmes déchaussés, Rome. .	2 029	1.994 —	35
Chanoines réguliers de l'Immaculée-Conception, Saint-Antoine (Isère). . .	60	101 +	41
Chanoines réguliers de l'ordre des Prémontrés de l'Observance commune, Juaye Mondaye.	381	88 —	293
Chanoines réguliers de Saint-Augustin de la congrégation du Très-Saint Sauveur de Latran, Rome.	135	190 +	55
Chartreux (pères), à la Grande-Chartreuse.	6.232	5.386 —	846
Cisterciens (Religieux), à Hautecombe (Savoie). Établissement autorisé	308	309 +	1
Clercs réguliers de Notre-Sauveur (Épinal).	108	30 —	78
Commissaires de Terre Sainte (Franciscains), Jérusalem.	286	30 —	256
Cordeliers, Rome.	28	» —	28
Croix de Jésus (frères de la),			

à Menestruel. Etablissements autorisés.	493	187 —	215
Dito, non autorisés.	»	435 +	435
Doctrine Chrétienne (frères de la), Solesmes	»	544 +	544
Doctrine Chrétienne (frères de la), dits de Saint-Yon, à Paris. Etablissements autorisés.	30.978	85.947 +	54.968
Doctrine Chrétienne (frères de la), dits de Sion, Vaudemont à Nancy, établissements autorisés.	10.632	2.462 —	8.170
Dito, non autorisés.	»	1.336 +	1.336
Doctrine chrétienne (frères séculiers de la), Rome. . .	78	40 —	38
Domestiques (œuvres des), à Nîmes . . . . . ·	49	» —	49
Dominicains (pères) dits Frères Prêcheurs, Rome.	6.391	7 439 +	1.048
Dominicains du tiers-ordre enseignant de saint Dominique (pères), Rome . . .	1.290	3 290 +	2.000
Ecoles chrétiennes de la Miséricorde (frères des), à Montebourg, établissements autorisés.	438	335 —	103
Dito, non autorisés.	»	340 +	340
Ecoles chrétiennes du faubourg Saint-Antoine à Paris (société des), autorisées.	275	50 —	224
Education de la jeunesse (société de l'), prêtres de Notre-Dame-sur-Vire (Manche) .	161	138 —	23
Eglise évangélique à Nîmes.	20	» —	20
Enfants de Marie Immaculée à Chavagnes (Vendée), établissements autorisés . . .	»	23 +	23
Dito, non autorisés.	»	565 +	565

Ermites de Saint-Augustin, à Rome.	»	129 +	129
Eudistes (prêtres) de la congrégation de Jésus et de Marie, à Paris.	1.973	3.466 +	1.493
Fondations catholiques anglaises, à Paris, autorisées.	471	» —	471
Dito, écossaises, à Paris, autorisées	260	» —	260
Dito, irlandaises, à Paris, autorisées	730	» —	730
Fort-Lillo (société civile des), à Argoules (Somme) . . .	430	» —	430
Franciscains dits Frères mineurs, à Rome.	1.942	3.829 +	1.886
Géorgiens (missionnaires arméniens) à Montauban . .	8	6 —	2
Immaculée-Conception (pères de l'), à Lourdes . .	1.486	» —	1.486
Immaculée-Conception (prêtres de l'), à Rennes. . . .	»	564 +	564
Immaculée-Conception de la bienheureuse Vierge-Marie (prêtres de l'), à Moncontour.	19	» —	19
Instruction chrétienne (frères de l') dits de Lamennais, à Ploërmel, établissements autorisés.	2.372	2.891 +	518
Dito, non autorisés.	»	4.468 +	4.468
Instruction chrétienne du Saint-Esprit (frères de l'), dits de Saint-Gabriel, à Saint-Laurent-sur-Sèvre, autorisés.	2.005	2.792 +	787
Dito, non autorisés.	»	1.340 +	1.340
Instruction chrétienne (frères de l') dits du Sacré-Cœur, à Espaly-Saint-Marcel			

(Haute-Garonne), autorisés.	715	1.648 +	933
Dito, non autorisés.	»	1.616 +	1.616
Isidore (œuvre agricole de Saint-), à Scillon (Ain) . .	100	» —.	100
Isidore (communauté de Saint-), à la Crau (Var). .	160	» —	160
Jésus (pères de la Compagnie de), à Rome	42.089	48.925 +	6.836
Jésus (pères espagnols de la Compagnie de), à Rome. .	120	120	
Jésus et Marie (congrégation de), à Londres.	35	» —	35
Joseph (frères de Saint-), à Cîteaux (Côte-d'Or). . . .	2.773	» —	2.773
Marie (prêtres missionnaires de la Compagnie de), à Saint-Laurent-sur-Sèvre. .	566	404 —	162
Marie (les enfants de) à Chavagnes (Vendée)	160	» —	160
Marie (les frères de), à Cannes.	140	» —	140
Marie (les serviteurs de), à Vaucouleurs.	15	» —	15
Marie (frères de la Société de), dits Marianistes, à Paris, autorisés.	6.643	8.464 +	1.820
Dito, non autorisés.	»	2.336 +	2.336
Marie (petits frères de) dits frères maristes, à Saint-Genis-Laval (Rhône), autorisés.	6.193	8.638 +	2.445
Dito, non autorisés.	»	7.785 +	7.785
Maristes (pères), à Lyon. . .	5.972	6.593 +	620
Minimes des frères, à Rome.	6	» —	6
Miséricorde (prêtres de la), à Paris	1.663	1.087 —	576
Missionnaires africains (pères), à Lyon.	450	920 +	470
Missionnaires du diocèse de			

Besançon, à Ecole-Beaupré (Doubs), autorisés	»	101 +	101
Dito, non autorisés.	423	» —	423
Missionnaires de Bellevue, à Rennes.	173	» —	173
Missionnaires d'Hasparren (Basses-Pyrénées).	75	170 +	95
Missionnaires de l'Immaculée-Conception, Tarascon (Ariège)	88	» —	88
Missionnaires de Notre-Dame d'Afrique, dits Pères-Blancs, à la Maison-Carrée, près Alger, autorisés . . .	140	34 —	106
Dito, non autorisés.	»	765 +	765
Missionnaires de Notre-Dame du Laus, commune de Saint-Etienne-d'Avençon (Hautes-Alpes).	237	158 —	79
Missionnaires de l'Oratoire de Saint-Philippe-Néri (prêtres), à Reims	127	70 —	57
Missionnaires diocésains de Lons-le-Saunier	67	43 —	24
Missionnaires diocésains de Notre-Dame-de-Buglose (Landes), autorisés. . . .	48	» —	48
Dito, non autorisés.	»	64 +	64
Missionnaires diocésains du Chêne, à la Chapelle-du-Chêne, commune de Vion (Sarthe).	18	200 +	182
Missionnaires diocésains de la Délivrance, à la Délivrance-Douvres (Calvados).	»	311 +	311
Missionnaires diocésains de Notre-Dame-de-Myans (Savoie).	»	51 +	51

Missionnaires de Notre-Dame de la Salette à Châtillon-sur-Chalaronne (Ain) et à la Salette-Falavaux (Isère).	1.347	1.252 —	94
Missionnaires diocésains de Notre-Dame de la Salette, dits pères de l'Union du Saint-Sacrement, à Notre-Dame de l'Ermitage, commune de Noirétable (Loire).	55	90 +	35
Missionnaires diocésains de Paris	»	350 +	350
Missionnaires diocésains de Périgueux.	140	10 —	130
Missionnaires diocésains de Saint-Bernard à Fontaine-les-Dijon.	45	85 +	40
Missionnaires de Saint-François-de-Sales, à Annecy.	885	844 —	41
Missionnaires de Ste-Croix (Drôme).	»	85 +	85
Missionnaires du bienheureux Thomas (pères), à Biville (Manche)	»	36 +	36
Missionnaires du Travail, à Tarbes	»	40 +	40
Mission de Saint-Lazare (prêtres de la Congrégation de la), dits Lazaristes, à Paris.	5.668	5.824 +	155
Mission du Diois (Drôme).	100	» —	100
Notre-Dame de l'Annonciation (frères de), Misserghin (Oran).	»	25 +	25
Notre-Dame de Sainte-Croix (pères de), dits frères de Saint-Joseph, à Neuilly-sur-Seine, autorisés.	461	728 +	266
Dito, non autorisés.	»	875 +	875
Notre-Dame-de-Ste-Garde			

(prêtres missionnaires de), dits Gardistes, à Orange. .	61	65 +	4
Notre-Dame-de-Sion (prêtres de), à Paris.	150	» —	150
Notre-Dame des Sept-Douleurs, à Accons (Basses-Pyrénées)	12	» —	12
Oblats de Marie-Immaculée (pères), Aix.	2.573	3.391 +	818
Oblats de Saint-François de Sales (pères), Saint-André (Aube).	1.070	1.351 +	281
Oblats de St-Hilaire (pères), Poitiers	218	276 +	58
Oblats de Saint-Jacques, Nice.	10	» —	10
Oratoire de Jésus et de Marie (prêtres de l'), Paris. . . .	1.350	1.360 +	10
Orphelinat Dijonnais. . . .	282	» —	282
Passionnistes (pères), Rome.	814	482 —	331
Pensionnat évangélique, Nîmes.	100	» —	100
Société française des Pionniers africains, Lyon. . .	»	35 +	35
Prémontrés de la Congrégation de France (pères), Saint-Michel de Frigolet, commune de Tarascon. .	490	516 +	26
Prêtres auxiliaires du diocèse de Tarbes, à Garaison. . .	«	4.380 +	4.380
Rédemptoristes (pères), dits Liguoriens (de la congrégation du Très-Saint-Rédempteur), Rome, autorisés.	20	60 +	40
Dito, non autorisés.	1.491	3.220 +	1.729
Refuge protestant à Nîmes .	80	» —	80
Refuge de St-Joseph (frères de la société du) à Saint-Félix, commune de Cour-			

melles (Aisne)	»	35 +	35
Retraite chrétienne (pères de la), à Aix	140	42 —	98
Sacré-Cœur (frères du), Lyon	320	» —	320
Sacré-Cœur (pères missionnaires du), Issoudun . . .	614	1.000 +	387
Sacré-Cœur (prêtres du), Toulouse	»	297 +	296
Sacré-Cœur de Jésus (prêtres du), Bétharram (Basses-Pyrénées)	1 001	880 —	121
Sacré-Cœur de Jésus et du Cœur immaculé de Marie (pères du) dits de St-Edme, à Pontigny (Yonne). . . .	325	958 +	633
Sacré-Cœur de Jésus-Enfant (pères du), à Marseille . .	»	284 +	284
Sacrés-Cœurs de Jésus et de Marie et de l'Adoration perpétuelle du Très-Saint-Sacrement de l'autel (pères des), dits Picpus, à Paris. .	1.605	1.225 —	380
Saint-Bertin (société de), à Saint-Omer	675	902 +	227
Saint-Charles (frères de), (Ardennes)	600	» —	600
Saint-Camille de Lellis(pères de), dits Camilliens, Rome.	350	474 +	124
Saint-Esprit et du Saint-Cœur de Marie (congrégation du), à Paris.	3 437	3.529 +	92
Saint-François d'Assise(frères de),dits frères agriculteurs, Bapaume	307	334 +	27
Saint-François Régis (frères de), à la Roche-Arnaud, commune du Puy, autorisés.	525	342 —	183
Dito, non autorisés.	»	304 +	304

St-Irénée (prêtres de), Lyon.	610	615 +	5
St-Jean-de-Dieu (frères hospitaliers de), Lyon. . . .	6.978	7.232 +	254
Saint-Joseph (frères de) Saint-Fuscien (Somme).	50	32 —	18
Saint-Pierre-ès-Liens (pères de), Marseille	738	218 —	520
Saint-Sacrement (pères du), à Paris.	1.409	994 —	415
Saint-Sulpice (compagnie des prêtres de), à Paris. . . .	1.500	2.501 +	1.001
Saint-Viateur (clercs de), à Paris, autorisés.	953	1.260 +	307
Dito, non autorisés.	»	1.027 +	1.027
Saint-Vincent de Paul (frères de), à Paris	50	1.347 +	1.297
Sainte-Anne, aux Indes orientales (congrégation des missionnaires de)	12	25 +	13
Sainte Face (prêtres de la), Tours.	70	78 +	8
Sainte Famille (frères de la), Belely, établissements autorisés.	158	428 +	270
Dito, non autorisés.	»	225 +	225
Sainte-Marie (frères de), Tinchebray	453	1.162 +	709
Sainte-Marie de l'Assomption (frères de), Clermont-Ferrand.	1.146	3.260 +-	2.114
Salésiens de Dom Bosco (prêtres), Turin	»	3.691 +	3.691
Séminaire d e s Missions étrangères (congrégation du), Paris.	4.364	4 863 +	499
Séminaire espagnol des Missions étrangères, à Thun (Pyrénées-Orientales). . .	27	» —	27
Somasques (les pères), à So-			

masques (Lombardie). . .	28	» —	28
Société pour l'évangélisation, à Nîmes.	12	» —	12
Société de Marie (les pères de la), (Gironde)	157	» —	157
Tiers-ordre régulier de Saint-François-d'Assise (pères du) Ambialet (Tarn)	25	121 +	96
Trappistes, à Rome.	8.624	11.127 +	2 503
Trinitaires (pères), à Rome .	58	12 —	46
Trinité (prêtres de la), à Béziers.	250	» —	250
Union (frères de la Sainte), à Douai.	180	» —	180

RÉCAPITULATION

Congrégations et communautés d'hommes :			
1º Autorisées.	81.433	135.062 +	53.628
2º Non autorisées et établissements de congrégations et communautés autorisés non pourvus d'une existence légale.	124.052	177.933 +	53.880
	205.485	312.995 +	107.508

IMMEUBLES OCCUPÉS PAR LES CONGRÉGATIONS, COMMUNAUTÉS ET ASSOCIATIONS RELIGIEUSES D'HOMMES ET DE FEMMES, AUTORISÉES ET NON AUTORISÉES

TABLEAU COMPARATIF

DES RÉSULTATS GÉNÉRAUX DES ENQUÊTES OFFICIELLES DE 1880 ET DE 1900

CONGRÉGATIONS, COMMUNAUTÉS ET ASSOCIATIONS RELIGIEUSES	CONTENANCE D'APRÈS LE CADASTRE					VALEUR VÉNALE					NOMBRE DE CONGRÉGATIONS, COMMUNAUTÉS ET ASSOCIATIONS RELIGIEUSES		OBSERVATIONS
	EN 1880.	Totaux.	EN 1900.	Totaux.	Différences.	EN 1880.	Totaux.	EN 1900.	Totaux.	Différences.	EN 1880.	EN 1900.	
	hect. ares c.	hect. ares c.	hect. ares c.	hect. ares c.	hect. ares c.	Francs.	Francs.	Francs.	Francs.	Francs.			
1° Congrégations et communautés.													NOTA. — La superficie de la France étant de 528.572 kilomètres carrés : Celle des immeubles appartenant aux établissements religieux étant : En 1880 de 405 kilomètres carrés ; En 1900 de 485 kilomètres carrés. On en déduit qu'en 1880 les établissements religieux possédaient la 1/1.305e partie du territoire et qu'en 1900 ils occupent la 1/1.083e partie.
Établissements autorisés. { Hommes	3.841 74 03	26.076 49 43	4.336 14 2	23.202 25 27	— 2.873 24 15	81.433.558	500.840.934	135.062.155	610.877.186	+ 110.036.252	31	30	
Femmes	22.233 75 40		18.864 10 4			419.407.376		475.815.031			640	703	
Établissements non autorisés. { Hommes ...	10.960 06 68	14.445 43 42	12.665 43 8	25.048 60 93	+ 10.603 17 51	124.052.855	211.698.046	177.933.345	439.194.314	+ 227.496.268	136	92	
Femmes ...	3.485 36 74		12.383 17 2			87.645.191		261.260.969			457	503	
2° Associations religieuses.													
Établissements autorisés			31 40 7	506 52 37	+ 506 52 37			4.955.000	21.703.730	+ 21.703.730	•	7	
Établissements non autorisés			475 02 6					16.708.730			•	126	
Totaux généraux		40.520 92 84		48.757 38 57	+ 8.236 45 73		712.538.980		1.071.775.860	+ 359.236.280	1.285	1.473	+ 213

NAPOLÉON ET LES CONGRÉGATIONS

Au moment où les partis réactionnaires, bonapartistes compris, se coalisent pour la défense des moines, il est bon de rappeler comment Napoléon entendait la politique vis-à-vis de la Congrégation.

Les quelques lettres qui suivent, datant du lendemain du Concordat, sont particulièrement suggestives.

« Trèves, 15 vendémiaire an XIII.
(7 octobre 1804.)

A M. Fouché.

« J'ai lu avec attention le rapport du préfet de police sur l'exécution du décret du 3 messidor an XII, relatif aux corporations religieuses. Mon but principal a été d'empêcher les Jésuites de s'établir en France. Ils prennent toutes sortes de figures ; je ne veux ni *Cœur de Jésus*, ni *Confrérie du Saint-Sacrement*, ni rien de ce qui ressemble à une organisation de milice religieuse ; et, sous

aucun prétexte, je n'entends faire un pas de plus,
ni avoir d'autres ecclésiastiques que des prêtres
séculiers. Mon intention, également, est de ne
point vouloir de couvents de religieuses; mais,
sur ce point, je ne vois pas d'inconvénient à ce
que l s anciennes religieuses finissent leur vie en
commun et portent chez elles les habits qu'elles
veulent; mais qu'elles ne fassent point de novices
et n'aillent point dans la rue avec leurs habits;
j'en excepte les Sœurs de la Charité, je les autorise même à établir des noviciats pour s'y recruter.
Il y a donc deux précautions à prendre pour les
religieuses: la première de les connaître et de bien
les surveiller pour s'assurer qu'elles ne sont point
dirigées par des prêtres qui ne sont pas dans la
communion de leur évêque; car toute société qui
s'écarterait de cette voie doit être frappée impi-
toyablement, elle est dans le chemin du crime,
elle est dans les mains de scélérats, et il y a tout
à craindre de la part de filles mal conduites; la
seconde est de veiller à ce qu'elles ne fassent point
de novices et cela a quelques difficultés. Je vois,
par exemple, que les religieuses de la Miséricorde,
rue de la Chaise n° 529, forment des élèves; comment distinguer une élève d'une novice? Mon intention est qu'on s'assure : 1° que les élèves ne
puissent porter un habit religieux et soient vêtues
d'un habit ordinaire; 2° qu'elles ne puissent pas
avoir au-delà de 18 ans. Toutes celles qui auraient
plus de 18 ans doivent être renvoyées de ces mai-

sons. Mon intention est qu'on les prévienne de
sortir sous six mois, sous peine de voir la maison
fermée et l'établissement dispersé. Mais il faudrait
avoir des ecclésiastiques dévoués et sages, avoués
par l'archevêque, qui visiteraient ces maisons et
les inspecteraient, ou que M. Portalis commît
des hommes demi-religieux pour cet objet.

« Faites-moi un rapport sur les religieuses de la
congrégation de la rue Saint-Étienne, qui prennent, dit le rapport, des novices et des pensionnaires et qui ont adopté particulièrement la dévotion du *Sacré-Cœur*.

« Voyez si elles sont avouées par l'archevêque et
quelles novices elles reçoivent. Faites faire cette
recherche sans les effrayer, par le canal d'un grand
vicaire ou autre moyen simple. Vous pouvez
même en causer avec M. Portalis. Le rapport
du préfet de police est clair et précis; que les préfets en envoient de semblables et il vous sera facile
d'ordonner, en suivant les principes que je viens
de poser. »

« NAPOLÉON. »
(Archives de l'Empire.)

A M. Fouché.

« Luxembourg 17 vendémiaire, an XIII
(9 octobre 1804.)

A M. Fouché, ministre de la police générale.
« Je vois avec peine que plusieurs journaux ont la

rage de parler contre les philosophes et de les
attaquer en masse, manière qui est d'autant plus
extraordinaire que cerfains de ces écrivains criaient
contre les prêtres.

« Mon intention est que vous teniez la main
à ce que vos feuilles périodiques évitent tout ce
qui pourrait tendre à réveiller des haines et des
partis qui ont tous également contribué à troubler
la tranquillité publique. On peut sans doute discuter différentes opinions, différentes théories, sans
vomir des insultes contre tous les philosophes; cet
avertissement doit principalement être donné au
Mercure, qui paraît écrit avec plus de virulence
et de fiel que n'en ont mis dans leurs écrits Marat
et d'autres écrivains du même temps, et ils avaient
l'excuse que c'était une manière de faire aller la
nation. Vous préviendrez les rédacteurs du *Mercure* et du *Journal des Débats* que je n'entends
point que le nom des Jésuites soit même prononcé,
et que tout ce qui pourrait amener à parler de cette
société soit évité dans les journaux.

« Je ne permettrai jamais son établissement en
France; l'Espagne n'en veut plus, l'Italie n'en
veut pas non plus.

« Tenez-, donc la main, faites connaître aux différents préfets qu'ils veillent à ce que le mouvement qu'on voudrait donner pour le rétablissement
des Jésuites n'ait pas même de commencement.

« Napoléon. »

(*Archives de l'Empire.*)

A M. Talleyrand.

« Trèves, 15 vendémiaire an XIII (7 Oct 1804.)

« Je désire que vous écriviez en Espagne pour faire connaître que je verrais avec peine le rétablissement des Jésuites, que je ne le souffrirai jamais en France ni dans la République Italienne, que j'ai lieu de penser, d'après la nature de nos relations, que l'Espagne restera ferme dans les mêmes principes, mais que je désire en avoir l'assurance. Ecrivez la même chose à la reine d'Etrurie.

« NAPOLÉON. »
(*Archives de l'Empire.*)

Décision,

M. Portalis propose d'autoriser une association de prêtres qui se forme à Lyon, sous le patronage du cardinal Fesch, pour l'éducation de la Jeunesse.

« Paris, 8 pluviose an XIII (28 janvier 1805).

« Je ne veux d'aucune congrégation ecclésiastique, cela est inutile ; de bons curés, de bons évêques, de bons prêtres, des séminaires bien tenus, c'est tout ce qui est utile.

« NAPOLÉON. »
(*Archives des Cultes.*)

18

LISTE DES DEMANDES

FORMÉES PAR LES

CONGRÉGATIONS RELIGIEUSES

EN EXÉCUTION DE

L'ARTICLE 13 DE LA LOI DU 1er JUILLET 1901

ET DÉPOSÉES CONTRE RÉCÉPISSÉS

A L'ADMINISTRATION DES CULTES, CONFORMÉMENT

A L'ARRÊTÉ DU MÊME JOUR

DU 2 JUILLET AU 10 OCTOBRE 1901

HOMMES

I. — CONGRÉGATIONS EXISTANTES SANS AUCUNE AUTORISATION

NUMEROS des RÉCÉPISSÉS	NOM DE LA CONGREGATION	LIEU où est situé L'ÉTABLISSEMENT PRINCIPAL	DEPARTEMENT	NOMBRE des ÉTABLISSEMENTS tant principaux que particuliers pour lesquels l'autorisation est demandée
18	Passionnistes français.	Mérignac.	Gironde.	4
28	Sacré-Cœur et Adoration perpétuelle.	Paris.	Seine.	6
29	Oblats de Saint-François-de-Sales	Troyes.	Aube.	11
30	Frères de Sainte-Croix.	Neuilly.	Seine.	23
48	Frères de la Doctrine chrétienne	Solesmes.	Nord.	3
86	Prêtres de Notre-Dame-de-Sion.	Issy	Seine.	1
112	Prêtres du Sacré-Cœur-de-Jésus	Saint-Quentin.	Aisne.	3
119	Société de Marie ou Marianistes	Paris.	Seine.	95
124	Religieux hospitaliers de Saint-Jean-de-Dieu.	Lyon.	Rhône	10
126	Pères de l'Oratoire.	Paris.	Seine.	10
162	Tiers-ordre régulier de Saint-François-d'Assise	Ambialet	Tarn.	4
183	Petits frères de Marie.	Saint-Genis-Laval.	Rhône	600
184	Sacré-Cœur de Jésus de Batharram.	Lestelle.	Basses-Pyrénées.	7
189	Franciscains	Paris.	Seine.	39
194	Oblats de la Vierge-Marie	Saint-Pons	Alpes-Maritimes.	2
204	Frères du Sacré-Cœur	Paraдis (Espaly)	Haute-Loire.	136
207	Frères de la Croix-de-Jésus.	Menestruel (Poncin).	Ain.	17
213	Frères prêcheurs *dits* Dominicains	Paris.	Seine.	25
215	Chanoines réguliers de l'Immaculée-Conception.	Saint-Antoine.	Isère.	2
221	Frères de la Sainte-Famille.	Belley	Ain.	47

NUMEROS des récépissés	NOM DE LA CONGREGATION	LIEU où est situé L'ÉTABLISSEMENT PRINCIPAL	DEPARTEMENT	NOMBRE des ÉTABLISSEMENTS tant principaux que particuliers pour lesquels l'autorisation est demandée
400	Frères des Ecoles-Chrétiennes-de-la-Miséricorde.	Montebourg.	Manche.	21
402	Frères mineurs capucins de St-François-d'Assise.	Paris.	Seine.	49
408	Missionnaires de l'Immaculée-Conception	Geraison.	Hautes-Pyrénées.	7
225	Cisterciens de l'Immaculée-Conception	Ile de Lérins.	Alpes-Maritimes.	1
233	Maison du Calvaire — Prêtres du Sacré-Cœur.	Toulouse.	Haute-Garonne.	1
235	Prémontrés de France	St-Mich.-d-Frigolet (Tar.).	Bouches-du-Rhône.	4
246	Missionnaires de Saint-François-de-Sales	Annecy.	Haute-Savoie.	3
263	Société de saint-Pierre-ès-Liens.	Marseille	Bouches-du-Rhône	2
271	Eudistes.	Paris.	Seine.	12
272	Bénédictins du Sacré-Cœur.	La Pierre-Qui-Vire.	Yonne.	8
273	Pères Maristes.	Sainte-Foy-les-Lyon.	Rhône.	15
432	Prêtres du Très-Saint-Sacrement	Paris.	Seine.	4
292	Missionnaires Oblats de Marie-Immaculée.	*Idem.*	*Idem.*	18
435	Cisterciens *dits* Trappistes	Citeaux.	Côte-d'Or.	23
458	Tiers ordre enseignant de Saint-Dominique	Coublevie.	Isère.	6
303	Oratoire de Saint-Philippe-de-Neri	Reims	Marne.	1
308	Chartreux	Grande-Chartreuse.	Isère.	1
312	Rédemptoristes.	Antony.	Seine.	19
460	Frères agriculteurs de Saint-François-Régis.	La Roche-Arnaud.	Haute-Loire.	7
315	Frères de l'Instruction chrétienne.	Ploërmel.	Morbihan.	385
317	Frères hospitaliers de Sainte-Marie-de-l'Assomption	Clermont.	Puy-de-Dôme.	2
330	Frères de Saint-Joseph.	Saint-Fuscien.	Somme.	1
322	Cleres de Saint-Viateur.	Vourles.	Rhône	112
329	Frères de la Doctrine chrétienne.	Nancy	Meurthe-et-Moselle	22
339	Frères de l'Instruction chrétienne de Saint-Gabriel.	Saint-Laurent-sur-Sèvre.	Vendée.	161
343	Prêtres de la Miséricorde	Paris-Passy.	Seine.	1
345	Prêtres de Saint-Basile.	Annonay.	Ardèche.	3

NUMEROS des récépissés	NOM DE LA CONGRÉGATION	LIEU où est situé L'ÉTABLISSEMENT PRINCIPAL	DÉPARTEMENT	NOMBRE
340	Barnabites (clercs de Saint-Paul).	Gien.	Loiret.	1
508	Prêtres de l'Immaculée-Conception.	Rennes.	Ille-et-Vilaine.	7
508	Enfants de Marie-Immaculée.	Chavagnes-en-Paillers.	Vendée.	8
380	Passionnistes anglais.	Paris.	Seine.	1
375	Barnabites.	Idem.	Idem.	1
393	Prêtres de Notre-Dame-de-Sainte-Garde.	Orange.	Vaucluse.	3
554	École Saint-Martial.	Limoges.	Haute-Vienne.	1
397	Carmes déchaussés.	Laghet.	Alpes-Maritimes.	1
701	Bénédictins anglais.	Douai.	Nord.	1
705	Missions africaines.	Lyon.	Rhône.	5
546	Chanoines de Latran.	Beauchesne.	Deux-Sèvres.	2
710	Prêtres auxiliaires.	Vabres.	Aveyron.	1
713	Missionnaires d'Alger. — Pères Blancs.	Maison-Carrée.	Alger.	6
729	Salésiens de Don Bosco.	Paris.	Seine.	12

II. — ÉTABLISSEMENTS NON AUTORISÉS DE CONGRÉGATIONS AUTORISÉES

NUMEROS des récépissés	NOM DE LA CONGRÉGATION	LIEU où est situé L'ÉTABLISSEMENT PRINCIPAL	DÉPARTEMENT	NOMBRE des ÉTABLISSEMENTS tant principaux que particuliers pour lesquels l'autorisation est demandée
557	Pères du Saint-Esprit	Paris.	Seine.	16
394	Lazaristes.	Idem.	Idem.	23
700	Missions étrangères.	Idem.	Idem.	4

FEMMES

FEMMES

III. — CONGRÉGATIONS EXISTANTES SANS AUCUNE AUTORISATION

NUMÉROS des RÉCÉPISSÉS	NOM DE LA CONGRÉGATION	LIEU où est situé L'ÉTABLISSEMENT PRINCIPAL	DÉPARTEMENT	NOMBRE des ÉTABLISSEMENTS tant principaux que particuliers pour lesquels l'autorisation est demandée
11	Visitation Sainte-Marie	Orléans	Loiret	1
12	Carmélites	Idem.	Idem.	1
13	Idem.	Agen.	Lot-et-Garonne.	1
15	Sœurs de Jésus-au-Temple	Vernon.	Eure.	9
19	Sainte-Anne	Fongarolles.	Lot-et-Garonne.	27
20	Dominicaines de Sainte-Catherine de Sienne.	Etrépagny	Eure.	5
21	Visitation Sainte-Marie	Moulins	Allier.	1
22 et 182	Franciscaines missionnaires de Marie.	Paris.	Seine.	7
23	Bénédictines.	Jouarre.	Seine-et-Marne.	1
24	Nobertines.	Mesnil-Saint-Denis.	Seine-et-Oise.	1
25	Clarisses.	Poligny.	Jura.	1
26	Saint-Nom-de-Jésus	Vésinet.	Seine-et-Oise.	1
27	Notre-Dame.	Beaumont-de-Lomagne.	Tarn-et-Garonne.	1
31	Gardes-malades de Saint-Dominique	Corme-Ecluse	Char.-Infér.	7
33	Visitation Sainte-Marie	Bordeaux.	Gironde	1

32	Réparation.	Saint-Dizier	Haute-Marne	1
34	Dominicaines du Sacré-Cœur.	Hardingben	Pas-de-Calais	2
35	Notre-Dame.	Epinal	Vosges	1
36	Dominicaines.	Bordeaux.	Gironde	1
37	*Idem.*	Neuilly.	Seine	1
38	*Idem.*	Epernay.	Marne	1
39	Saint-Cœur-de-Marie	Godoncourt	Vosges	1
41	Ursulines	Nice.	Alpes-Maritimes	1
42	Visitation	Grasse.	*Idem.*	1
43	Clarisses.	Menton.	Alpes-Maritimes	9
44	Sainte-Marthe	Nice.	*Idem.*	1
46	Sainte-Croix-et-Passion-de-Notre-Seigneur J.-C.	Mamers	Sarthe	1
47	Carmélites.	Périgueux	Dordogne	1
49	Annonciades.	Joinville.	Haute-Marne	1
50	Dominicaines de Notre-Dame-du-Saint-Rosaire	Boulogne.	Seine	1
51	Dominicaines garde-malades de l'ouvrier	Orléans	Loiret	3
52	Augustines hospitalières du Saint-Cœur-de-Marie.	Saint-Germain	Seine-et-Oise.	1
53	Franciscaines servantes de Marie.	Blois.	Loir-et-Cher	19
55	Présentation de Marie	Châtel	Jura	21
54	Carmélites.	Lambézellec	Finistère	1
58	Dominicaines du Très-Saint-Rosaire	Sèvres.	Seine-et-Oise.	6
60	Bénédictines du Saint-Cœur-de-Marie	Chantelle	Allier	1
61	Petites-Sœurs de la Passion	Bordeaux	Gironde	1
62	Charité de la Sainte-Agonie.	*Idem.*	*Idem.*	12
63	Sœurs Saint-François-d'Assise.	Toulouse.	Haute-Garonne.	1
64	Carmélites.	Morlaix	Finistère	1
65	Clarisses.	Versailles	Seine-et-Oise.	1
66	Dominicaines.	Sainte-Adresse	Seine-Inférieure.	1
67	*Idem.*	Saint-Nazaire.	Loire-Inférieure	1
68	Protectorat de Saint-Joseph.	Aulnay-lès-Bondy	Seine-et-Oise.	7
69	Oblates de Notre-Dame-de-Consolation.	Le Bouscat.	Gironde	1
70	Saint-Enfant-Jésus	Neuilly	Seine.	1
71	Clarisses.	Lourdes	Hautes-Pyrénées	1
72	Filles-de-la-Croix.	Lambézellec	Finistère	5
73	Immaculée-Conception	Sauvagnon	Basses-Pyrénées	1
74	Franciscaines du Sacré-Cœur.	Parpeville	Aisne.	2
75	Filles-de-la-Croix.	Chavanod	Haute-Savoie.	36
80	Clarisses.	Azille	Aude.	1
81	Sainte-Marie-Madeleine.	Montferrand	Doubs	4

NUMEROS des récépissés	NOM DE LA CONGREGATION	LIEU où est situé L'ÉTABLISSEMENT PRINCIPAL	DEPARTEMENT	NOMBRE des ÉTABLISSEMENTS tant principaux que particuliers pour lesquels l'autorisation est demandée
82	Clarisses	Valence	Drôme	1
83	Filles-de-Notre-Dame	Châtillon-sous-Bagneux	Seine	1
84	Visitation Sainte-Marie	Dôle	Jura	1
85	Rédemptoristines	Gagny	Seine-et-Oise	1
87	Dames des Sacrés-Cœurs et de l'Adoration	Paris	Seine	22
88	Tiers-Ordre des Servites-de-Marie	Cuves	Haute-Marne	1
89	Sœurs-Unies	Marvéjols	Lozère	1
90	Carmélites	Libourne	Gironde	1
91	Clarisses	Orthez	Basses-Pyrénées	1
92	Charité-du-Bas-Château	Essey-lès-Nancy	Meurthe-et-Moselle	1
93	Petites-Sœurs des Orphelins	Evreux	Eure	1
95	Clarisses	Châteauroux	Indre	1
96	Idem	Vals-les-Bains	Ardèche	1
97	Sœurs-Unies de Saint-Gervais	Mende	Lozère	1
98	Ursulines de Montmartin	Baume-les-Dames	Doubs	1
99	Clarisses	Romans	Drôme	1
100	Idem	Roubaix	Nord	1
101	Carmélites	Montauban	Tarn-et-Garonne	1
102	Notre-Dame-des-Victoires	Voiron	Isère	3
103	Franciscaines de Saint-Vincent-de-Paul	Idem	Idem	2
104	Franciscaines du Sacré-Cœur	Villeurbanne	Rhône	16
105	Saint-Eutrope	Avignon	Vaucluse	1
106	Auxiliatrices de l'Immaculée-Conception	Paris	Seine	6
107	Dominicaines de l'Immaculée-Conception	Toulouse	Haute-Garonne	3
108	Sœurs de Jésus	Saint-Didier-la-Séauve	Haute-Loire	1
109	Clarisses	Grenoble	Isère	1
110	Doctrine chrétienne	Meyruels	Lozère	1

113	Filles du Cœur-de-Jésus.	Tours	Indre-et-Loire	1
114	Notre-Dame-des-Victoires	Lyon	Rhône	1
115	Oblates de Saint-François-de-Sales.	Paris.	Seine.	21
117	Saint-Nom-de-Jésus.	Idem.	Idem.	1
118	Carmélites.	La Rochelle.	Char.-Infér.	1
120	Saint-Cœur-de-Marie.	Entrevaux	Basses-Alpes.	1
121	Religieuses du Mont-Carmel	Le Dorat.	Haute-Vienne	1
122	Clarisses	Mazamet.	Tarn.	1
123	Tiers-Ordre régulier de Saint-Dominique.	Agen	Lot-et-Garonne.	1
127	Saints-Anges.	Macon	Saône-et-Loir.	3
129	Clarisses.	Lyon.	Rhône	1
130	Carmélite.	Chambéry	Savoie	1
131	Idem.	Bourges	Cher.	1
132	Verbe-Incarné.	Limoges	Haute-Vienne	1
133	Carmélites	Tarbes.	Hautes-Pyrénées	1
134	Idem.	Nice.	Alpes-Maritimes.	1
135	Clarisses.	Lanouvelle.	Gard.	1
136	Petites-Dominicaines de l'Eucharistie.	Nîmes	Idem.	1
137	Carmélites	Pau	Basses-Pyrénées	1
138	Idem	Oloron.	Idem.	1
139	Visitation-Sainte-Marie.	Thonon-les-Bains.	Haute-Savoie.	1
140	Augustines de la Charité de Notre-Dame.	Beaucaire.	Gard.	1
141	Carmélites.	Toulon.	Var	1
142	Idem.	Bayonne	Basses-Pyrénées	1
143	Ursulines.	Marche.	Doubs	1
144	Carmélites.	Epernay	Marne.	1
145	Visitation	Dreux	Eure-et-Loir	1
146	Sainte-Famille-de-la-Délivrande	La Délivrande	Calvados	3
147	Carmélites.	Beaune.	Côte-d'Or	1
150	Saint-Joseph-de-Bon-Secours.	Toulouse.	Haute-Garonne.	2
151	Immaculée-Conception.	Saint-Etienne-de-Montluc.	Loire-Intérieure.	10
153	Carmélites.	Pontoise	Seine-et-Oise.	1
154	Idem.	Saint-Germain-en-Laye.	Idem	1
157	Charité de la Sainte-Agonie.	Mazamet.	Tarn.	13
158	Clarisses.	Beziers.	Herault.	1
159	Idem.	Lorgues	Var.	1
161	Visitation	Chartres.	Eure-et-Loir.	1
163	Carmélites.	Bergerac.	Dordogne.	1
164	Clarisses.	Crest.	Drôme.	1

NUMEROS des RÉCÉPISSÉS	NOM DE LA CONGREGATION	LIEU où est situé L'ÉTABLISSEMENT PRINCIPAL	DEPARTEMENT	NOMBRE des ÉTABLISSEMENTS tant principaux que particuliers pour lesquels l'autorisation est demandée
165	Franciscaines de Notre-Dame-des-Sept-Douleurs.	Lyon.	Rhône	1
166	Clarisses.	Paris.	Seine.	1
168	Carmélites.	Albi.	Tarn.	1
169	Sœurs Servantes du Sacré-Cœur-de-Jésus	Versailles	Seine-et-Oise.	29
170	Carmélites.	Le Puy.	Haute-Loire	1
172	Visitation	Ornans.	Ille-et-Vilaine.	1
173	Clarisses.	Rennes.	Saône-et-Loire.	1
174	Idem.	Paray-le-Monial	Idem.	3
175	Tiers ordre régulier de Notre-Dame-du-Carmel.	Autun.	Idem.	1
177	Carmélites.	Idem.	Loire.	1
178	Clarisses.	Montbrison.	Lozère.	1
179	Carmélites.	Mende.	Loire.	1
180	Verbe Incarné.	Belmont.	Loire-Inférieure.	14
181	Franciscaines Oblates du Sacré-Cœur-de-Jésus.	Chantenay.	Bouches-du-Rhône.	12
185	Retraite chrétienne.	Aix.	Rhône.	1
186	Cinq-Plaies de Notre-Sauveur	Lyon.	Var.	1
187	Carmélites.	Draguignan.	Seine-Inférieure.	1
188	Dominicaines.	Blosseville-Bon-Secours.	Orne.	1
190	Carmélites	Alençon	Idem.	1
191	Clarisses.	Idem	Bouches-du-Rhône	2
192	Saint-Nom-de-Jésus	La Ciotat.	Basses-Pyrénées.	1
193	Oratoire de Saint-Philippe-de-Néri.	Biarritz.	Rhône	1
195	Dominicaines	Vernaison.	Meurthe-et-Moselle.	1
196	Pauvre Enfant-Jésus	Petit-Arbois	Indre.	1
197	Notre-Dame-du-Sacré-Cœur	Issoudun.	Seine.	3
198	Dominicaines (de Notre-Dame-de-Grâce)	Châtillon-sous-Bagneux.	Isère.	17
199	Sœurs garde-malades	Saint-Marcellin.		

300	Servantes du Saint-Cœur-de-Marie	Paris	Seine	23
301	Visitation	Chambéry	Savoie	1
302	*Idem*	Avignon	Vaucluse	1
303	Sœurs du St-Cœur-de-Marie, *dites* de la Providence	Mayenne	Mayenne	1
305	Sainte-Croix	St-Germain-de-Laprade	Haute-Loire	8
306	Carmélites	Boisguillaume	Seine-Inférieure	1
308	Dominicaines	Dax	Landes	1
309	*Idem*	Mauléon	Basses-Pyrénées	1
310	*Item*	Lourdes	Hautes-Pyrénées	1
311	Verbe-Incarné	Sancerre	Cher	1
312	Ursulines	Clamart	Seine	1
314	Sainte-Marthe	Lyon	Rhône	1
316	Ursulines	Chartieu	Loire	1
317	Visitation	Pont-Saint-Esprit	Gard	1
318	Clarisses	Amiens	Somme	1
118²	Immaculée-Conception	St-Fraimbault-de-Lassay	Mayenne	1
40¹	Visitation	Mayenne	Mayenne	1
40³	Franciscaines de Notre-Dame-du-Temple	Le Dorat	Haute-Vienne	5
40⁴	Clarisses	Nantes	Loire-Inférieure	1
40⁵	Dominicaines du Tiers-Ordre	Saint-Etienne	Loire	1
406	Dominicaines	Biviers	Isère	1
407	Franciscaines du Très-Saint-Sacrement	Troyes	Aube	1
409	Visitation	Le Mans	Sarthe	1
410	Oblates de Marie-Immaculée	Marseille	Bouches-du-Rhône	1
226	Victimes du Sacré-Cœur-de-Jésus	*Idem*	*Idem*	1
228	Carmélites	Lourdes	Hautes-Pyrénées	1
229	Immaculée-Conception	Bergerac	Dordogne	1
230	Notre-Dame-de-la-Merci	Aix	Bouches-du-Rhône	1
231	Dominicaines	Pellevoisin	Indre	1
234	Bénédictines (de la Rochette)	Cuire Caluire	Rhône	1
411	Dominicaines	Saint-Maximin	Var	1
412	*Idem*	Chamalières	Puy-de-Dôme	1
413	Saint-Joseph	Saiste-Foy-de-Peyrolières	Haute-Garonne	10
414	Chartreuses (de Notre-Dame-du-Gard)	Crouy	Somme	1
415	Sacrés-Cœurs de Jésus et de Marie	Larajasse	Rhône	4
416	Saint-Joseph	Marcillac	Aveyron	34
236	Petites Sœurs des Orphelins	Péronas	Ain	7
237	Petites Sœurs de Saint-Joseph	Fontaine-sur-Saône	Rhône	11
238	Carmélites	Rabastens	Tarn	1

NUMEROS des récépissés	NOM DE LA CONGREGATION	LIEU où est situé L'ÉTABLISSEMENT PRINCIPAL	DEPARTEMENT	NOMBRE des ÉTABLISSEMENTS principaux que particuliers pour lesquels l'autorisation est demandée
239	Saint-François-d'Assise.	Montfaucon-de-Velay.	Haute-Loire	11
240	Charité du Verbe-Incarné.	Villeurbanne	Rhône	6
241	Croix de Jésus.	Groissiat.	Ain	19
242	Oratoire de Saint-Philippe-de-Néri.	Brest.	Finistère	1
243	Notre-Dame-de-la-Miséricorde	Orbec.	Calvados	1
244	Carmélites.	Caen.	Idem.	1
245	Carmélites	Lisieux.	Calvados.	1
247	Hospitalières de Sainte-Marthe	Anse.	Rhône	1
248	Clarisses.	Lille.	Nord	1
249	Saint-Joseph	Clairvaux	Aveyron	56
418	Carmélites	Vienne.	Isère.	1
419	Marianites de Sainte-Croix	Le Mans.	Sarthe	7
420	Carmélites	Besançon.	Doubs	1
421	Idem.	Dijon.	Côte d'Or	1
422	Saint-Roch.	Viviers.	Ardèche	12
424	Bénédictines	Dourgne.	Tarn.	1
250	Saint-François-d'Assise.	Rodez.	Aveyron	24
251	Clarisses.	Millau	Idem.	1
252	Saint-Joseph	Villecomtal.	Idem.	19
253	Réparation.	Saint-Affrique	Idem.	1
254	Dominicaines du Tiers-Ordre.	Gramond.	Idem.	54
255	Clarisses.	Mur-de-Barrez	Idem.	1
256	Saint-François-de-Sales *dites* de l'Union.	Lavernhe (Séverac).	Idem.	5
257	Saint-Joseph	Salles-la-Source.	Idem.	27
258	Union	Bozouls	Idem.	4
259	Carmélites	Villefranche	Idem.	1
260	Cisterciennes de l'Immaculée-Conception	Reillanne.	Basses-Alpes	3

263	Adoration réparatrice	Paris	Seine	5
264	Sainte-Marthe	Dommartin	Ain	1
265	Chanoinesses de Saint-Augustin	Gray	Haute-Saône	1
266	Carmélites	Paray-le-Monial	Saône-et-Loire	1
267	Bénédictines	Nîmes	Gard	1
268	Dominicaines	S.-Jean-de-Pourcharesse	Idem	5
269	Carmélites	Vans	Ardèche	1
270	Carmélites	Tulle	Corrèze	1
274	Instruction de Notre-Dame	Eygurande	Idem	11
275	Clarisses	Bastia	Corse	1
276	Immaculée-Conception	Meysse	Ardèche	1
277	Servantes des Pauvres	Angers	Maine-et-Loire	10
426	Notre-Dame-de-Bon-Secours	Lyon	Rhône	7
427	N.-D.-de-Charité (Maison Saint-Cœur-de-Marie)	Marseille	Bouch.-du-Rhône	1
428	Notre-Dame-de-Salette	Grenoble	Isère	1
429	Notre-Dame-de-la-Délivrance	La Croix-Rouge	Idem	1
430	Ursulines	Rive-de-Giers	Loire	1
431	Visitation	Angers	Maine-et-Loire	1
433	Servantes du Très-Saint-Sacrement	Idem	Idem	3
434	N.-D.-des-Sept-Douleurs et de Sainte-Marthe	Amiens	Somme	14
278	Gardes-malades de la Miséricorde	Beaulieu	Corrèze	3
279	Tiers-Ordre de Saint-François	Lyon	Rhône	1
280	Ursulines	Villefranche	Idem	1
281	Rédemptoristines	Grenoble	Isère	1
282	Dames de l'Oratoire	Neuilly	Seine	1
286	Franciscaines du Bon-Pasteur	Vienne	Isère	4
287	Action de Grâces	Mauron	Morbihan	1
289	Sainte-Enfance	Lavalla	Loire	16
290	Hospitalières de Sainte-Marthe	Letra	Rhône	1
291	Notre-Dame-de-l'Espérance	Bordeaux	Gironde	44
295	Adoration perpétuelle	Gévigney	Haute-Saône	7
296	Franciscaines de la Sainte-Famille	Marseille	Bouch.-du-Rhône	2
297	Carmélites	Vannes	Morbihan	1
486	Filles du Cœur-de-Jésus	Marseille	Bouch.-du-Rhône	1
437	Assistance maternelle	Paris	Seine	1
438	Franciscaines de Notre-Dame-des-Anges	Condrieu	Rhône	1
439	Visitation	Lyon	Idem	1
440	Idem	Caluire	Idem	1
441	Idem	Condrieu	Idem	1

NUMEROS des RÉCÉPISSÉS	NOM DE LA CONGREGATION	LIEU où est situé L'ÉTABLISSEMENT PRINCIPAL	DEPARTEMENT	NOMBRE des ÉTABLISSEMENTS tant principaux que particuliers pour lesquels l'autorisation est demandée
442	Carmélites	Roanne	Loire	1
443	Idem	Saint-Chamond	Idem	1
444	Bénédictines	Pradines	Idem	1
445	Carmélites	Oullins	Rhône	1
446	Idem	Lyon	Idem	1
447	Idem	Domrémy-la-Pucelle	Vosges	1
448	Sainte-Famille	Aurillac	Cantal	16
449	Notre-Dame-de-la-Charité-du-Refuge	Valognes	Manche	1
450	Carmélites	Meaux	Seine-et-Marne	1
451	Visitation Sainte-Marie	Marvejols	Lozère	1
452	Dominicaines de Notre-Dame-du-Rosaire	Chandron-les-Mauges	Maine-et-Loire	1
453	Carmélites	Angers	Idem	1
454	Clarisses	Besançon	Doubs	1
455	Charité-Sainte-Marie	Angers	Maine-et-Loire	2
456	Sainte-Famille-du-Sacré-Cœur	Saint-Denis	Seine	3
296	Franciscaines de Notre-Dame-de-Pitié	Deauville	Calvados	4
299	Trinitaires de Saint-James	La-Trinité-Porhoët	Morbihan	1
301	Petites Sœurs de Jésus Franciscaines	Saint-Sorlin	Rhône	8
304	Carmélites	Carpentras	Vaucluse	1
306	Sœurs Minimes de Saint-François-de-Paule	Marseille	Bouch.-du-Rhône	1
307	Sœurs des Saints-Noms de Jésus et Marie	Montferrand	Doubs	19
310	Trinitaires déchaussées	Marseille	Bouch.-du-Rhône	17
461	Carmélites	Le Havre	Seine-Intérieure	1
463	Saints-Noms de Jésus et de Marie	Marseille	Bouch.-du-Rhône	25
465	Carmélites	Auch	Gers	1
467	Ursulines	Besançon	Doubs	1
468	Idem	Dijon	Côte-d'Or	1

469	Oblates.	Albi	Tarn.	1
470	Consolatrices du Cœur de Jésus.	Lille.	Nord.	3
471	Marie Auxiliatrice	Paris.	Seine.	8
472	Carmélites	Luçon	Vendée.	1
473	Servantes du Cœur de Jésus	Saint-Quentin	Aisne	2
478	Augustines de la Charité de Notre-Dame	Pont-de-Beauvoisin	Savoie	1
479	Immaculée-Conception	Ruffieux	*Idem.*	8
313	Carmélites	Marseille.	Bouch.-du-Rhône.	1
482	Sœurs de la Compassion	Saint-Hilaire-en-Vœvre.	Meuse	6
484	Carmélites.	Nevers.	Nièvre.	1
485	Filles du Sacré-Cœur.	Colombier	Loire.	1
487	Saint-Joseph	Saint-Prix	Ardèche	8
488	Saint-Cœur de Marie.	Rodez	Aveyron	56
316	Hospitalières de Sainte-Marie-de-l'Assomption.	Clermont.	Puy-de-Dôme.	4
318	SS.-CC. de Jésus et Marie	Tours	Indre-et-Loire.	9
319	Clarisses.	Péronne	Somme.	1
321	Sœurs missionnaires du Sacré-Cœur de Jésus	Neuilly.	Seine.	1
323	Carmélites.	Poitiers	Vienne	1
325	*Idem.*	Le Mans.	Sarthe.	1
326	Sœurs Trinitaires.	Ducey	Manche.	1
327	Notre-Dame-de-la-Miséricorde-du-Refuge.	Lisieux.	Calvados.	1
328	Visitation Sainte-Marie.	Légé.	Loire-Inférieure	1
331	Sœurs servantes de Jésus.	Avranches	Manche.	1
332	Franciscaines garde-malades	Paris.	Seine.	11
333	Carmélites.	Avignon	Vaucluse.	1
336	Petites Sœurs infirmières des campagnes.	Loubeyrat	Puy-de-Dôme.	1
337	Charité de Saint-Vincent-de-Paul.	Belfort.	Territ. de Belfort.	1
340	Auxiliatrices du Purgatoire.	Paris.	Seine.	12
342	Trappistines.	Laval	Mayenne.	9
344	Notre-Dame-de-la-Merci.	Ajaccio.	Corse	1
348	Bernardines	Besançon.	Doubs.	2
350	Augustines.	Hondschoote.	Nord.	1
351	Hospitalières du Sacré-Cœur.	Paris.	Seine.	1
352	Carmélites.	Aire-sur-Adour	Landes.	1
353	Dames de la Visitation.	Saint-Etienne.	Loire.	1
354	Franciscaines de la Propagation de la Foi.	Lyon.	Rhône	6
493	Carmélites.	Saint-Flour.	Cantal.	1
494	Clarisses.	Arras.	Pas-de-Calais.	1
495	Sœurs de Saint-Joseph.	Lens.	*Idem.*	1

NUMÉROS des RÉCÉPISSÉS	NOM DE LA CONGRÉGATION	LIEU où est situé L'ÉTABLISSEMENT PRINCIPAL	DÉPARTEMENT	NOMBRE des ÉTABLISSEMENTS tant principaux que particuliers pour lesquels l'autorisation est demandée
497	Carmélites.	Caès.	Gard.	1
498	Sœurs servantes de Jésus.	Fublaines.	Seine-et-Marne.	1
500	Visitation.	Annecy.	Haute-Savoie.	1
501	Carmélites.	Cahors.	Lot.	1
502	Carmélites déchaussées.	Nancy.	Meurthe-et-Moselle.	1
503	Carmélites.	Marseille.	Bouches-du-Rhône.	1
505	Sœurs de Bon-Secours.	Cusset.	Allier.	1
356	Dominicaines garde-malades.	Auch.	Gers.	10
359	Diaconesses de la Confession d'Augsbourg.	Paris.	Seine.	1
361	Relig. de l'ancienne abbaye de Flides (Bernardines).	Douai.	Nord.	3
363	Sœurs de Saint-François-d'Assise.	Le Puy.	Haute-Loire.	4
365	Visitation Sainte-Marie.	Rennes.	Ille-et-Vilaine.	1
366	Ursulines.	Vitré.	Idem.	1
367	Sainte-Anne.	Nice.	Alpes-Maritimes.	2
369	Bénédictines.	Urt.	Basses-Pyrénées.	5
370	Carmélites.	Figeac.	Lot.	1
371	Garde-malades de la Sainte-Famille.	Grillant-Nantes.	Loire-Inférieure.	10
507	Visitation.	Nice.	Alpes-Maritimes.	1
508	Franciscaines.	Calais.	Pas-de-Calais.	26
511	Ursulines.	Montluçon.	Allier.	1
512	Missionnaires franciscaines.	Angers.	Maine-et-Loire.	4
514	Dominicaines garde-malades.	Tarbes.	Hautes-Pyrénées.	1
515	Dames du patronage.	Paris.	Seine.	1
516	Notre-Dame du Calvaire.	Grèges.	Aveyron.	7
517	Sœurs de l'Union.	Saint-Pierre de Bessuéjouls.	Idem.	4
520	Idem.	Saint-Geniès-d'Olt.	Idem.	6
521	Dominicaines garde-malades.	Bourg.	Ain.	2

522	Carmélites	Lons-le-Saunier	Jura	1
524	Notre-Dame auxiliatrice de Dom Bosco	Sainte-Marguerite	Bouches-du-Rhône	7
525	Carmélites	Moissac	Tarn-et-Garonne	1
526	Visitation	Montpellier	Hérault	1
529	Filles du Sacré-Cœur	Tarentaise	Savoie	1
530	Instructions du Sacré-Cœur	Montlieu	Char.-Inférieure	19
531	Filles du Sacré-Cœur	Bessat	Loire	1
532	Sœurs Minimes de la Doctrine chrétienne	Ceilhes	Hérault	19
533	Sœurs de Jésus-Marie	Remiremont	Vosges	1
534	Sœurs de Bethléem	Bethléem	Loire-Inférieure	2
372	Franciscaines de Saint-Louis	Saint-Jean-de-Bazillac	Gers	1
373	Franciscaines	La Tresne	Gironde	1
374	Carmélites	Troyes	Aube	1
535	Dominicaines	Ganges	Hérault	1
536	*Idem*	Cette	*Idem*	2
537	Sœurs missionnaires de Notre-Dame-des-Apôtres	Vénissieux	Rhône	2
539	Dominicaines de Notre-Dame-du-Rosaire	Monteils	Aveyron	31
540	Petites Sœurs de Notre-Dame-des-Orphelins	Quézac	Cantal	1
541	Carmélites	Aurillac	*Idem*	1
542	*Idem*	Notre-Dame-du-Thil	Oise	1
543	*Idem*	Compiègne	*Idem*	1
544	*Idem*	Saint-Georges-l'Agricol	Haute-Loire	2
551	Marie adoratrice	Paris	Seine	1
386	Sainte-Marie de la Famille	*Idem*	*Idem*	7
395	Tiers-Ordre de Saint-François-d'Assise	Moingt	Loire	1
702	Notre-Dame-des-Orphelins	Méplier	Haute-Saône	9
558	Saints-Cœurs de Jésus et de Marie	Le Puy	Haute-Loire	1
561	Sœurs de l'Union	Lunet	Aveyron	8
562	*Idem*	Saint-Martin-de-Lenne	*Idem*	2
563	*Idem*	Auzits	*Idem*	23
564	*Idem*	Saint-Parthem	*Idem*	1
572	Tiers-Ordre de Saint-François-d'Assise	Bussières-et-Pruns	Puy-de-Dôme	1
708	Sœurs de l'Union	Saint-Cyprien	Aveyron	8
709	Sœurs de l'Union ou de Saint-François	Naves	*Idem*	6
574	Franciscaines	Paris	Seine	1
715	Dominicaines	Prouille (com. de Fanjeaux)	Aude	1
717	Dames de l'Orphelinat	Paris	Seine	1
576	Carmélites	Saint-Eugène-d'Alger	Alger	2
719	Dames de l'Orphelinat	Bazemont	Seine-et-Oise	1

NUMÉROS des RÉCÉPISSÉS	NOM DE LA CONGRÉGATION	LIEU où est situé L'ÉTABLISSEMENT PRINCIPAL	DÉPARTEMENT	NOMBRE des ÉTABLISSEMENTS tant principaux que particuliers pour lesquels l'autorisation est demandée
720	...ines	Montpellier.	Hérault.	1
726	Missionnaires de N.-D.-d'Afrique. — Sœurs blanches.	Saint-Charles-de-Kouba.	Alger.	22
728	Notre-Dame-de-la-Merci	Saint-Eugène-d'Alger.	*Idem.*	2
582	Saint-Cœur de Marie.	Fiancey	Drôme.	2
733	Dominicaines.	Bonnay.	Saône-et-Loire.	1
736	Franciscaines	Rolleville.	Seine-Inférieure.	1
586	Notre-Dame-de-'a-Charité.	Vitteaux	Côte-d'Or.	1
588	Franciscaines de Saint-François-d'Assise	Amiens.	Somme.	1
738	Sœurs Thérésiennes	Oran.	Oran.	2
73.	Franciscaines.	Saint-Hippolyte-du-Fort	Gard.	1
740	Dominicaines.	Marles.	Loire.	1

IV. — ÉTABLISSEMENTS NON AUTORISÉS

DE CONGRÉGATIONS AUTORISÉES

NUMÉROS des RÉCÉPISSÉS	NOM DE LA CONGREGATION	LIEU où est situé L'ÉTABLISSEMENT PRINCIPAL	DEPARTEMENT	NOMBRE des ÉTABLISSEMENTS tant principaux que particuliers pour lesquels l'autorisation est demandée
14	Hospitalières du Saint-Esprit	Poligny	Jura	21
16	Saint-Joseph de l'Union	Sainte-Colombe	Lot	28
17	Tiers-Ordre des Servites de Marie	Livry	Seine-et-Oise	1
40	Dominicaines	Langres	Haute-Marne	1
45	Saint-Joseph	Saint-Jean-de-Maurienne	Savoie	30
54	Mère de Dieu	Paris	Seine	3
57	Sacré-Cœur de Jésus	Saint-Aubin	Seine-Inférieure	113
59	Filles de la Croix	Guingamp	Côtes-du-Nord	1
76	Bon Pasteur de la Visitation	Caudéran	Gironde	6
77-78-79-155-491	Instruction chrétienne (*dites* Ursulines)	Troyes	Aube	7
96	Saint-Sacrement	Aix	Bouches-du-Rhône	1
111	Saint-Cœur de Marie	Chartres	Eure-et-Loir	4
116	Miséricorde	Saint-Sauveur-le-Vicomte	Manche	138
125	Notre-Dame de Bon-Secours	Troyes	Aube	14
128	Franciscaines de la régulière observance	Vichy	Allier	6
148	Sacré-Cœur de Jésus	Valence-d'Albigeois	Tarn	23
149	Ursulines	Rongères	Allier	27
152	Saint-Joseph	Moutiers	Savoie	20
156	Filles de Jésus	Vaylats	Lot	135
160	Notre-Dame du Calvaire	Gramat	*Idem*	59
167	Saint-Joseph	Oulias	Tarn	29
171	Saint-Cœur de Marie	Nancy	Meurthe-et-Moselle	4
219	Sœurs de la Croix	Lavaur	Tarn	13
220	Tiers-Ordre de Saint Dominique	Albi	*Idem*	13
223	Franciscaines de l'Immaculée-Conception	Lons-le-Saunier	Jura	30
224	Augustines hospitalières	Chinon	Indre-et-Loire	2

NUMEROS des récépissés	NOM DE LA CONGREGATION	LIEU où est situé L'ÉTABLISSEMENT PRINCIPAL	DEPARTEMENT	NOMBRE des ÉTABLISSEMENTS tant principaux que particuliers pour lesquels l'autorisation est demandée
227	Saint-Joseph d'Annecy.	Annecy.	Haute-Savoie.	38
232	Religieuses du Sacré-Cœur.	Coutances	Manche.	78
417	Sœurs de la Providence.	Evreux	Eure.	82
422	Miséricorde de Bordeaux.	Bordeaux.	Gironde.	2
425	Ursulines.	Montigny-sur-Vingeanne.	Côte-d'Or.	1
281	Sœurs de la Providence	Langres	Haute-Marne.	167
283	Providence de Saint-Rémi	Chartres.	Eure-et-Loir.	6
284	Miséricorde	Moutcuq.	Lot.	37
285	Saint-Cœurs de Jésus et de Marie	Saint-Quay.	Côtes-du-Nord.	2
288	Sœurs Sainte-Agnès	Arras	Pas-de-Calais.	2
293	Augustines.	Idem.	Idem.	16
294	Providence.	Idem.	Idem	20
300	Ursulines	Flavigny.	Côte-d'Or.	1
457	Réunion au Sacré-Cœur de Jésus	Libourne.	Gironde	3
459	Filles de la Croix.	Limoges	Haute-Vienne.	22
302	Compassion (garde-malades).	Rouen	Seine-Intérieure.	17
305	Pauvres Sœurs de Saint-François-d'Assise.	Avignon	Vaucluse.	12
309	Petites Sœurs de Saint-François-d'Assise.	Angers.	Maine-et-Loire.	16
311	Sacré-Cœur de Jésus et Marie, *dites* de Louvencourt.	Amiens.	Somme.	4
442	Saint-Sacrement.	Castres.	Tarn.	1
464	Immaculée-Conception	Lourdes	Basses-Pyrénées.	18
475	Sainte-Marthe	Angoulême.	Charente.	32
474	Sainte-Enfance de Jésus et Marie	Sainte-Colombe (Sens).	Yonne	30
175-731	Petites Sœurs des Pauvres	Saint-Fern.	Ille-et-Vilaine.	5
476	Sœurs de la Miséricorde	Albi.	Tarn.	2
477	Présentation de Notre-Dame	Castres.	Idem.	16
480	Immaculée-Conception	Nogent-le-Rotrou.	Eure-et-Loir.	23

491	Sœurs de Notre-Dame-des-Anges	Puypéroux	Charente	24
314	Zélatrices de la Sainte-Eucharistie	Paris	Seine	2
483	Charité chrétienne	Lille	Nord	1
486	Sœurs de Sainte-Anne	St-Hilaire-St-Florent	Maine-et-Loire	5
489	Instruction de l'Enfant-Jésus	Aurillac	Cantal	19
490	Instruction chrétienne (Providence)	Troyes	Aube	50
324	Sœurs de Notre-Dame	Saint-Antoine	Isère	3
330	Sœurs de Sainte-Chrétienne	Longuyon	Meurthe-et-Moselle	14
334	Saint-Joseph	Cusset	Allier	18
335	Notre-Dame-de-Chartres	Chartres	Eure-et-Loir	37
388	Sœurs de la Charité	Besançon	Doubs	16
341	Sœurs de Saint-François *dites* des Récollets	Doué-la-Fontaine	Maine-et-Loire	1
346	Augustines de Saint-Cœur-de-Marie	Nantes	Loire-Inférieure	2
492	Sœurs de Saint-Joseph *dites* de l'Union	Rodez	Aveyron	2
496	Providence	Sens	Yonne	83
499	Saint-Roch	Felletin	Creuse	8
355	Immaculée-Conception	Castres	Tarn	18
357	Notre-Dame-des-Anges	Paris	Seine	1
358	Saint-Thomas-de-Villeneuve	Idem	Idem	29
362	Filles-de-Notre-Dame-des-Douleurs	Tarbes	Hautes-Pyrénées	11
364	Ursulines de Jésus	Malet-de-Saint-Côme	Aveyron	49
368	Notre-Dame-de-Bon-Secours	Troyes	Aube	63
509	Marie-Thérèse Servantes de Jésus	Nîmes	Gard	3
510	Saint-Joseph	Saint-Flour	Cantal	14
513	Miséricorde-du-Sacré-Cœur-de-Jésus	Isigny	Calvados	2
518	Saint-Joseph	Estaing	Aveyron	42
519	Saint-Joseph-de-l'Union	La Besse	Idem	32
523	Cœur-Immaculé-de-Marie	Saint-Loup	Haute-Saône	8
527	Trinitaires (Sœurs)	Valence	Drôme	78
528	Chanoinesses de Saint-Augustin	Moulins	Allier	23
376	Pauvre-Enfant-Jésus	Remiremont	Vosges	7
377	Sœurs-de-Saint Joseph	Abbeville	Somme	26
378	Sœurs de la Miséricorde	Rouen	Seine-Inférieure	13
379	Congrégation d'Ernemont	Idem	Idem	93
380	Providence (hospitalières)	Idem	Idem	86
338	Servantes de Marie	Claye-Souilly	Seine-et-Marne	1
381	Charité et Instruction-Chrétienne	Nevers	Nièvre	153
382	Sainte-Famille	Amiens	Somme	249
383	Franciscaines	Lille	Nord	3

NUMEROS des RÉCÉPISSÉS	NOM DE LA CONGREGATION	LIEU où est situé L'ÉTABLISSEMENT PRINCIPAL	DEPARTEMENT	NOMBRE des ÉTABLISSEMENTS tant principaux que particuliers pour lesquels l'autorisation est demandée
384	Doctrine Chrétienne	Bordeaux	Gironde	56
385	Augustines	Nancy	Meurthe-et-Moselle	8
387	Saint-Joseph-de-Nazareth	Valenciennes	Nord	3
388	Augustines *dites* Sœurs-Noires	Bailleul	*Idem*	1
389	Providence de Sainte-Thérèse	Avesnes	*Idem*	30
515	Augustines	Abbeville	Somme	19
546	Providence	Saint-Brieuc	Côtes-du-Nord	11
547	Saint-Enfant-Jésus *dites* de Saint-Maur	Chaumont	Haute-Loire	40
548	Saint-Paul-Saint-Maurice	Chartres	Eure-et-Loir	201
549	Sainte-Famille	Villefranche	Aveyron	183
550	Notre-Dame-de-Rodez	Saint-Sernin	*Idem*	1
552	Marie-Immaculée	Bourges	Cher	49
391	Charité	*Idem*	*Idem*	114
392	Augustines-de-Notre-Dame-de-la-Miséricorde	Paris	Seine	1
553	Sainte-Union	Sin-le-Noble	Nord	36
554	Saint-Enfant-Jésus	Reims	Marne	3
555	Sœurs de Saint-Augustin	Cambrai	Nord	19
396	Filles de Sainte-Marie	Broons	Côtes-du-Nord	10
398	Saint-Joseph	Le Puy	Haute-Loire	19
399	Saint-Joseph-de-Cluny	Paris	Seine	126
703	Cœur-Immaculé de Marie	Guilmarais	Ille-et-Vilaine	2
704	Petites-Sœurs des Malades	Mauriac	Cantal	79
559	Dames de Sainte-Clotilde	Paris	Seine	3
560	Sœurs Sainte-Marie	*Idem*	*Idem*	8
565	Charité de Saint-Vincent-de-Paul	*Idem*	*Idem*	899
567	Saint-Joseph	Le Cheylard	Ardèche	1
568	Notre-Dame-de-Bon-Secours	Charly	Aisne	10

569	Notre-Dame-de-la-Treille	Lille	Nord.	15
570	Filles de l'Enfant-Jésus.	*Idem*	*Idem*.	109
571	Filles de l'Enfant-Jésus.	Soissons	Aisne.	2
573	Carmélites.	Avranches	Manche.	59
706	Notre-Dame-de-Saint-Erme.	Saint-Erme.	Aisne.	42
707	Saint-Jacut (Sœurs de).	Saint-Jacut.	Morbihan.	45
711	Notre-Dame-Auxiliatrice-de-Bon-Secours	Paris.	Seine.	7
713	Sœurs de la Providence.	Laon.	Aisne.	5
714	Hospitalières de Saint-Nicolas.	Doué-la-Fontaine.	Maine-et-Loire	1
716	Filles de la Croix-Saint-André.	La Puye	Vienne.	286
575	Filles de la Croix.	Paris.	Seine.	1
718	Sœurs de la Sagesse	Saint-Laurent-sur-Sèvre	Vendée.	321
577	Doctrine chrétienne (Sainte-Enfance)	Digne	Basses-Alpes.	46
721	Sœurs de la Foi	Haroué.	Meurthe-et-Moselle	2
722	Charité de Saint-Louis.	Vannes.	Morbihan.	5
723	Marie-Immaculée.	Marseille.	Bouches-du-Rhône.	3
724	Providence.	Séez.	Orne.	3
725	Filles de la Croix	Saint-Quentin	Aisne.	2
727	Sœurs du Sauveur et de la Sainte-Vierge.	La Souterraine.	Creuse.	25
578	Sainte-Philomène.	Salvert.	Vienne.	51
579	Saint-Charles	Le Puy.	Haute-Loire	4
580	Hospitalières de la Croix.	*Idem*.	*Idem*.	17
581	Dominicaines de la Mère Agnès.	*Idem*.	*Idem*.	19
583	Sœurs de Saint-Joseph.	Bourg	Ain.	97
730	Saint-Joseph de la Présentation.	Verdun.	Meuse	15
584	Sœurs de Notre-Dame de Lorette.	Bordeaux.	Gironde.	4
585	Immaculée-Conception de la Vierge.	*Idem*.	*Idem*.	30
731	Sœurs de Saint-Aignan.	Orléans.	Loiret	28
732	Présentation de la Sainte-Vierge.	Tours	Ind-e-et-Loire	176
735	Sœurs de Saint-Martin.	Bourgueil.	*Idem*.	36
737	Sainte-Marthe.	Périgueux	Dordogne.	13
587	Ursulines de Jésus.	Chavagnes.	Vendée.	13
589	Tiers-ordre régulier de Saint-François	Saint-Chinian	Hérault.	11
590	Sœurs de Saint-Joseph.	Bordeaux.	Gironde	31
741	Saint et Immaculé Cœur-de-Marie.	Niort	Deux-Sèvres	7
591	Saint-Joseph	Veyreau	Aveyron	44
592	Divin Rédempteur	Epinal	Vosges.	48

V. — RÉSUMÉ

DÉSIGNATION	CONGRÉGATIONS AYANT FORMÉ DES DEMANDES		AU POINT DE VUE DE LA COMPÉTENCE IL SERAIT STATUÉ SUR CES DEMANDES :			
			PAR LOIS		PAR DÉCRETS (Congrégations déjà autorisées.)	
	Nombre de congrégations.	Nombre d'établissements.	Nombre de congrégations.	Nombre d'établissements.	Nombre de congrégations.	Nombre d'établissements.
Congrégations. { d'hommes.	44	2.007	61	1.964	3	48
{ de femmes.	551	7.865	395	1.619	156	6.246
Totaux.............	615	9.872	456	3.583	159	6.289

TABLE DES MATIÈRES

Lettre-Préface de M. Henri Brisson.   v

Discours de M. Waldeck-Rousseau   1

Projets de loi du gouverne͞   t relatifs aux Congrégations religieuses   61

Rapport Fernand Rabier   99

    Congrégations enseignantes.   120

    Congrégations prédicantes   154

    Chartreux   191

ANNEXES

Avis des préfets   241

Tableau comparatif des biens possédés par les Congrégations en 1880 et en 1900 dressé par M. Bonnange .   298

Lettres de Napoléon   309

Liste des demandes d'autorisation formées par les Congrégations du 2 juillet au 10 octobre 1901   315